UTB **2807**

Eine Arbeitsgemeinschaft der Verlage

Beltz Verlag Weinheim · Basel
Böhlau Verlag Köln · Weimar · Wien
Verlag Barbara Budrich Opladen · Farmington Hills
facultas.wuv Wien
Wilhelm Fink München
A. Francke Verlag Tübingen und Basel
Haupt Verlag Bern · Stuttgart · Wien
Julius Klinkhardt Verlagsbuchhandlung Bad Heilbrunn
Lucius & Lucius Verlagsgesellschaft Stuttgart
Mohr Siebeck Tübingen
C. F. Müller Verlag Heidelberg
Orell Füssli Verlag Zürich
Verlag Recht und Wirtschaft Frankfurt am Main
Ernst Reinhardt Verlag München · Basel
Ferdinand Schöningh Paderborn · München · Wien · Zürich
Eugen Ulmer Verlag Stuttgart
UVK Verlagsgesellschaft Konstanz
Vandenhoeck & Ruprecht Göttingen
vdf Hochschulverlag AG an der ETH Zürich

StandardWissen Lehramt

herausgegeben von
Jakob Ossner

JAKOB OSSNER

Sprachdidaktik Deutsch
Eine Einführung für Studierende

2., überarbeitete Auflage

FERDINAND SCHÖNINGH
PADERBORN · MÜNCHEN · WIEN · ZÜRICH

Der Autor:

Jakob Ossner lehrte an den Pädagogischen Hochschulen Ludwigsburg, Heidelberg, Weingarten sowie an der Johann Wolfgang Goethe-Universität Frankfurt Sprachwissenschaft und Sprachdidaktik; seit 2003 Rektor der Pädagogischen Hochschule Weingarten; seit 2004 Mitglied des Rats für deutsche Rechtschreibung sowie Vorsitzender des »Symposion Deutschdidaktik e.V.«. Schwerpunkte seiner Arbeit sind Untersuchungen zur Sprachbewusstheit und Schriftsprachlichkeit; Mitherausgeber des Handbuchs *Didaktik der deutschen Sprache* (UTB 8237).

Bibliografische Information der Deutschen Nationalbibliothek
Die Deutsche Nationalbibliothek verzeichnet diese Publikation in der Deutschen Nationalbibliografie; detaillierte bibliografische Daten sind im Internet über http://dnb.d-nb.de abrufbar.

Gedruckt auf umweltfreundlichem, chlorfrei gebleichtem Papier (mit 50 % Altpapieranteil)
2., überarbeitete Auflage 2008

© 2006 Verlag Ferdinand Schöningh GmbH & Co. KG, Paderborn
Verlag Ferdinand Schöningh GmbH & Co. KG, Jühenplatz 1, D-33098 Paderborn
Internet: www.schoeningh.de

Schöningh ISBN 978-3-506-75630-5

Printed in Germany
Einbandgestaltung: Atelier Reichert, Stuttgart auf Grundlage eines Entwurfes von Alexandra Brand und Judith Karwelies
Layout: Alexandra Brand und Judith Karwelies

UTB-Bestellnummer: ISBN 978-3-8252-2807-1

Vorwort zur Reihe

StandardWissen Lehramt – Studienbücher für die Praxis

Wie das gesamte Bildungswesen wird sich auch die künftige Lehramtsausbildung an Kompetenzen und Standards orientieren. Damit rückt die Frage in den Vordergrund, was Lehrkräfte wissen und können müssen, um ihre berufliche Praxis erfolgreich zu bewältigen. Das Spektrum reicht von fachlichen Fähigkeiten über Diagnosekompetenzen bis hin zu pädagogisch-psychologischem Wissen, um Lehren als Unterstützung zur Selbsthilfe und Lernen als eigenaktiven Prozess fassen zu können.

Kompetenzen werden nicht in einem Zug erworben; Lehrerbildung umfasst nicht nur das Studium an einer Hochschule, sondern ebenso das Referendariat und die Berufsphase. Die Reihe StandardWissen Lehramt bei UTB bietet daher Lehramtsstudierenden, Referendaren, Lehrern in der Berufseinstiegsphase und Fortbildungsteilnehmern jenes wissenschaftlich abgesicherte Know-How, das sie im Rahmen einer neu orientierten Ausbildung wie auch später in der Schule benötigen. Fachdidaktische und pädagogisch-psychologische Themen werden gleichermaßen in dieser Buchreihe vertreten sein – einer Basisbibliothek für alle Lehramtsstudierenden, Referendare, Lehrerinnen und Lehrer.

Inhalt

Vorwort

1 EINLEITUNG

Seite 14 1.1 Expertenhandeln: Können und Wissen

17 1.2 Wissen und Können für didaktisches Handeln

18 1.3 Kompetenzen
19 1.3.1 Fachliche Kompetenz
20 1.3.2 Personale Kompetenz
26 1.3.3 Evaluations- und Entwicklungskompetenz

26 1.4 Didaktik und Methodik
27 1.4.1 Methoden und Methodismus
29 1.4.2 Passung

31 1.5 Wissensarten: Wissen – Können – Bewusstheit

34 1.6 Was dieses Buch leistet

35 Zusammenfassung

36 Aufgaben

2 DIE STRUKTUR DES FACHES DEUTSCH

38 2.1 Die Einteilung in Arbeitsbereiche in Lehrplänen

41 2.2 Ein analytisches Modell der Arbeitsbereiche

44 2.3 Ein Kompetenzmodell für die Deutschdidaktik

47 2.4 Integrativer Deutschunterricht als Klammer
für die Arbeitsbereiche

49 Zusammenfassung

50 Aufgaben

3 MEHRSPRACHIGKEIT UND SPRACHBEWUSSTHEIT

53 3.1 Mehrsprachigkeit
53 3.1.1 Innere Mehrsprachigkeit
55 3.1.2 Sprachenübergreifende Mehrsprachigkeit
57 3.1.3 Diagnose und Förderung im Kontext von Zweitsprachigkeit

68 3.2 Sprachbewusstheit
Zusammenfassung
Aufgaben

4 MÜNDLICHKEIT

72 4.1 Fachliche Kompetenz
72 4.1.1 Mediale und konzeptionelle Mündlichkeit
85 4.1.2 Mediale Mündlichkeit und konzeptionelle Schriftlichkeit: Rhetorik
Zusammenfassung

89 4.2 Didaktisch-methodische Kompetenz
90 4.2.1 Kompetenz: Hochsprache
91 4.2.2 Kompetenz: Gesprächsfähigkeit
95 4.2.3 Rhetorische Kompetenz
Zusammenfassung

97 4.3 Diagnose-, Beurteilungs- und Förderkompetenz
97 4.3.1 Erzählkreis als Förderung
98 4.3.2 Förderung rhetorischer Fähigkeiten
Zusammenfassung
Aufgaben

5 SCHRIFTLICHKEIT: SCHREIBEN

102 5.1 Texte schreiben
104 5.1.1 Fachliche Kompetenz
Zusammenfassung

112 5.1.2 Didaktisch-methodische Kompetenz
Zusammenfassung
121 5.1.3 Diagnose-, Beurteilungs- und Förderkompetenz
Zusammenfassung
Aufgaben

136 5.2 Motorisches Schreiben
136 5.2.1 Fachliche Kompetenz
Zusammenfassung
143 5.2.2 Didaktisch-methodische Kompetenz
Zusammenfassung
147 5.2.3 Diagnose-, Beurteilungs- und Förderkompetenz
Zusammenfassung
Aufgaben

151 5.3 Rechtschreiben
151 5.3.1 Fachliche Kompetenz
Zusammenfassung
168 5.3.2 Didaktisch-methodische Kompetenz
Zusammenfassung
188 5.3.3 Diagnose-, Beurteilungs- und Förderkompetenz
Zusammenfassung
Aufgaben

6 SPRACHE THEMATISIEREN

198 6.1 Fachliche Kompetenz
199 6.1.1 Der Satz
209 6.1.2 Wortarten
221 6.1.3 Semantik und Pragmatik
Zusammenfassung

226 6.2 Didaktisch-methodische Kompetenz
Zusammenfassung

239 6.3 Diagnose, Beurteilungs- und Förderkompetenz
Zusammenfassung
Aufgaben

7 EIN BEISPIEL FÜR INTEGRIERTEN DEUTSCHUNTERRICHT – ARBEIT MIT EINEM SCHULBUCH

248 7.1 Themasuche und Lesestoffe

251 7.2 Anschlussstellen und Integration der Arbeitsbereiche

256 7.3 Arbeiten mit einem Schulbuch
Zusammenfassung
Aufgaben

8 KLEINE BÜCHERKUNDE FÜR DAS LEHRAMT DEUTSCH (SPRACHDIDAKTIK)

260 8.1 Bibliographien

261 8.2 Fachwörterbücher

261 8.3 Lexika, Handbücher

261 8.4 Jahrbücher

262 8.5 Einführungen und Gesamtdarstellungen

262 8.6 Zeitschriften

264 8.7 Ausgewählte weiterführende Literatur

266 8.8 Didaktische Materialien

266 8.9 Weitere Literatur

267 9 BIBLIOGRAPHISCHE ANGABEN ZU DIESEM EINFÜHRUNGSBAND

277 10 LÖSUNGEN ZU DEN AUFGABEN

291 11 REGISTER

Vorwort zur 1. Auflage

Von einer Einführung erwartet man Orientierung und grundlegendes Wissen, auf das sich aufbauen lässt. Vollständigkeit dagegen kann keine Einführung erreichen.

Orientierung erhält die Leserin/der Leser dadurch, dass das Gegenstandsfeld, also die Didaktik der deutschen Sprache, strukturiert und ihr/ihm ein begriffliches Raster zur Verfügung gestellt wird, das hilft, künftig einschlägige Fragen argumentativ nachvollziehbar zu beantworten. Dazu ist es nötig, das zu einem bestimmten Zeitpunkt verfügbare Wissen dargestellt bzw. dort, wo solches nicht leicht zu finden ist, die Problemlage erörtert zu bekommen. Erst wenn man orientiert ist, kann Wissen virulent werden. Aber für jemanden, der ein Lehramt studiert, ist Wissen allein zwar notwendig, aber für seinen späteren Beruf nicht hinreichend. Daher geschieht die Hauptorientierung in der Einführung nicht entlang einer Strukturierung des Wissens, sondern entlang von Kompetenzen, die zwar im Studium nicht vollständig erreicht werden können, die aber dort angebahnt werden müssen. Erst vor dem Hintergrund von spezifischen Kompetenzen für eine/n Deutschlehrer/in wird dann wiederum Wissen interessant, ohne das allerdings nichts geht.

Wenn also in diesem Band viel von Wissen und seinen Unterarten die Rede ist, so dient dieses den nötigen Kompetenzen, über die eine Lehrkraft verfügen sollte – und eine Einführung sollte einem Anfänger hierzu eine Orientierung geben.

Einführungen gehen, wie der große Wissenschaftssoziologe Ludwik Fleck betont hat, mit Handbüchern einher. Daher verweist diese Einführung als Ganzes und in Teilen auf das zweibändige Handbuch *Didaktik der deutschen Sprache*, das 2003 ebenfalls bei Schöningh in der utb-Reihe verlegt wurde. Wie schon das Handbuch behandelt auch diese Einführung nur den Teil »Sprachdidaktik«. Dies ist aus systematischer Sicht bedauerlich, da damit der unbegründeten Trennung in Sprach- und Literaturdidaktik Vorschub geleistet wird, andererseits aber trifft es die Realität an den Hochschulen, an denen beide Abteilungen meistens personell getrennt sind.

Zum Sprachgebrauch: Im Text immer von Lehrerinnen und Lehrern, Schülerinnen und Schülern zu sprechen ist sehr umständlich. Daher heißen die Lehrerinnen und Lehrer *Lehrkräfte* und die Schülerinnen und Schüler werden nur *Schülerinnen* genannt. Das ist zwar sprachlich ungewöhnlich, da im Deutschen das Maskulinum generisch ist, aber es trifft zumindest die empirische Wirklichkeit, die mehr Schülerinnen als Schüler kennt. Alle anderen Berufs- und Personenbezeichnungen erfolgen in der generischen maskulinen Form – dass immer alle, gleich welchen Geschlechts, mitgemeint sind, versteht sich von selbst.

Vorwort zur 2. Auflage

Die erste Auflage hat erfreulichen Zuspruch bekommen. Die 2. Auflage folgt im Wesentlichen der 1. Auflage. Neu konzipiert sind die Kapitel 3 und 4. Das alte Unterkapitel 4.3.3 wurde 3.1.3; außerdem wurde es um das Konzept der *Basisqualifikationen* von Ehlich und den *Sprachprofilbogen* von Grießhaber erweitert.

Für die zweite Auflage danke ich herzlich Ute Fischer, die dafür gesorgt hat, dass diese weniger Fehler enthält als die erste. Regina Kunz schließlich hätte schon in der ersten Auflage Dank gebührt.

Weingarten, im Herbst 2007   *Jakob Ossner*

EINLEITUNG | 1

1.1 Expertenhandeln: Können und Wissen

Von einer Didaktik eines Faches erwartet man häufig, dass sie Verfahren bereithält, die helfen, Unterricht zu gestalten, also eine Antwort auf die Frage, was man tun solle, gibt. Eine solche Frage hat eine sehr große Spannbreite. Mit ihr kann man ebenso danach fragen, ob *Andorra* von Max Frisch für eine 10. Klasse Realschule angemessen ist oder ob es sinnvoll ist, die *Worttrennung am Zeilenende* in der 2. Klasse Grundschule einzuführen; man kann aber auch danach fragen, was man konkret tun solle, wenn man Andorra als Lektüre ausgewählt hat oder *Worttrennung am Zeilenende* im Stoffverteilungsplan steht.

Aufgaben der Fachdidaktik Deutsch Die Fachdidaktik Deutsch sollte eine Antwort geben können, wenn es um Stofffragen und ihre Verteilung auf Klassenstufen geht, sie ist aber sicherlich überfordert, wenn sie ganz konkrete Antworten zur Planung ganz konkreter Unterrichtsstunden geben soll. Letztere erfordern ein Wissen höchst konkreter Art über das Vorwissen der Schülerinnen, die konkret unterrichtet werden sollen, über den bisherigen Unterricht usw., was nur vor Ort, aber nicht allgemein gegeben werden kann. Hier kann die Deutschdidaktik nur insofern weiterhelfen, als sie den Rahmen zieht, in dem Antworten zu erwarten sind, ohne sie allerdings geben zu können. Bei den ersteren Antworten aber muss die Deutschdidaktik nicht nur Wissen bereitstellen, sondern auch Methoden, mit denen solches Wissen überprüfbar erzeugt wird.

Die Deutschdidaktik kann also, wie andere Wissenschaften auch, nicht aus sich heraus die richtige Handlung erzeugen, aber *Als Handlungswissenschaft hilft die Deutschdidaktik, rationale Entscheidungen zu treffen* sie kann als Wissenschaft helfen, dass die einschlägigen Handlungen rational und nachvollziehbar getroffen werden. Der Handelnde kann mit Hilfe der Wissenschaft sein Handeln begründen und gegenüber anderem Handeln abgrenzen.

Hierin unterscheidet sich ein Deutschlehrer, der konkrete Entscheidungen für seine Klasse treffen muss, in nichts von einem Arzt. Wie diesem die Medizin nicht aus sich heraus sagen kann, wie dieser oder jener Patent zu behandeln ist, so kann auch die Deutschdidaktik einer Lehrkraft nicht die konkreten Entscheidungen abnehmen, aber sie kann ihr helfen, diese Entscheidungen begründet und nachvollziehbar zu gestalten.

Keine Wissenschaft kann ein hinreichendes Wissen für die Lösung konkreter Entscheidungen liefern, aber sie kann immer notwendiges Wissen bereitstellen.

Dass dies nur so sein kann, verstehen wir unmittelbar. Aber warum ist dies so? Der Grund liegt in dem Umstand, dass Wissen niemals unmittelbar in Können umschlägt. Für das Handeln in einer Klasse ist aber in allererster Linie Können erforderlich, zu dem Wissen beiträgt. Gilbert Ryle, auf den die neuere Diskussion um die Begriffe *Wissen* und *Können* zurückgeht (s. Ryle 1949/1969), verweist auf den Unterschied zwischen einem, der Witze erzählen kann und einem, der eine Theorie über Witze hat oder zwischen einem Konzertpianisten und einem Musikkritiker. Wer eine gute und treffende Musikkritik schreiben kann, der muss nicht selbst Klavier spielen können, wer gut Witze erzählen kann, der muss nicht eine Theorie des Witzes im Hinterkopf haben. Wissen und Können ist also nicht dasselbe. Im Deutschen unterscheiden wir sogar begrifflich streng die beiden Bereiche, sodass man den Eindruck bekommen kann, dass beide überhaupt nichts miteinander zu tun hätten. Im Englischen ist der Zusammenhang deutlicher: *Knowing how* im Gegensatz zu *Knowing that*. Auch das Können hat ein Wissen und ein Wissen, das überhaupt kein Können implizierte, wäre sonderbar luftig. Der Zusammenhang wird besonders beim Experten deutlich. Ein Künstler ganz ohne Musiktheorie und selbst ein Witzerzähler, der keine Vorstellungen über Wirkungen und Wirkweisen seines Erzählens hat, handelte vielleicht begnadet intuitiv, aber nicht professionell. Umgekehrt: ein Musikkritiker, der kein Instrument spielen kann und ein Witztheoretiker, der noch nie einen Witz erzählt hat, kann vielleicht das eine oder andere Mal mit seinem Urteil richtig liegen. Als einen wirklichen Experten würden wir ihn aber kaum ansehen.

Wissen und Können sind also zwei unterschiedliche Sphären, aber sie sind nicht vollkommen getrennt. Wissen hilft dem Experten, indem es ihn kompetent macht, Entscheidungen richtig zu treffen. Aber: Wenn eine Entscheidung richtig, d.h. nachvollziehbar und rational getroffen wird, heißt dies nicht, dass die richtige Entscheidung getroffen worden wäre. Auch ein Experte kann danebenliegen. Aber er müsste zumindest die Gründe seines Scheiterns wiederum rational, d.h. durch Anwenden von Wissen, angeben können.

Wissen und Können

Angemessen und richtig

Dieser Unterschied wird in dem Begriffspaar *angemessen – richtig* deutlich.

Eine Handlung kann angemessen sein, aber trotzdem nicht richtig und sie kann richtig sein, ohne dass man sie im Vorfeld als angemessen erkannt hätte. Angemessen ist eine Handlung, wenn die Diagnose, die zu ihrer Ausführung führte, zu dieser Handlung führte; die Diagnose kann aber falsch gewesen sein. Beispiele aus dem medizinischen Alltag kennen wir alle. Umgekehrt kann jemand intuitiv das Richtige tun, ohne dass er dafür angemessene Gründe gehabt hätte.

Wenn wir Handeln lehrbar machen wollen, dann können wir nicht das richtige Handeln garantieren, aber wir können angemessenes Handeln lehren. Manchmal nennen wir solches Handeln eines *nach bestem Wissen und Gewissen*. Damit meinen wir, dass es objektiv (Wissen) als auch subjektiv (Gewissen) überprüft worden ist. Das verfügbare und systematisierbare Wissen sagt einem nichts anderes als die nicht immer systematisierbare Erfahrung. Gewissen sagt aber auch, dass es ethisch überprüft worden ist, denn jedes Handeln muss auch auf seine ethischen Implikationen geprüft werden.

Es könnte sein, dass, wenn man nur seine Handlungsziele vor Augen sieht, eine oder mehrere Handlungen zur Erreichung dieser Ziele genau richtig wären, diese Handlungen aber ethische Maßstäbe verletzen. Der Zweck (Handlungsziele) heiligt aber nicht jedes Mittel (auszuführende Handlungen).

Fassen wir kurz zusammen:

Aufgabe der Fachdidaktik

Die Deutschdidaktik muss ein Wissen bereitstellen, das für einen Lehrer als Experten für seine Entscheidungen notwendig ist. Dieses Wissen wird allerdings nicht aus sich heraus die richtigen Handlungen erzeugen; es wird ihm aber Gründe für angemessenes Handeln bereitstellen. Dieses angemessene Handeln muss dann auch noch auf seine ethische Verantwortbarkeit hin überprüft werden.

Kompetenz

Wir nennen so jemanden auch *kompetent*. Seine Kompetenz zeigt sich im angemessenen Handeln, das für andere begründbar dargelegt werden kann. Dies bedeutet nichts anderes, als dass der kompetente Experte aus mehreren Handlungsmöglichkeiten (Handlungsalternativen) eine als diejenige auswählt, die unter allen anderen den Vorzug genießt, was er mit Gründen belegen kann. Dazu braucht er entsprechendes Wissen.

Es ist also nicht so, das Wissen zum Handeln führte, sondern vielmehr so, dass Handeln Wissen benötigt, wenn wir von Expertenhandeln bzw. von kompetentem Handeln sprechen.

1.2 Wissen und Können für didaktisches Handeln

Welches Wissen braucht eine Lehrkraft für ihr didaktisches Expertenwissen? Die Antwort ergibt sich, wie bei jedem Handeln, aus dem Ziel, das man sehr allgemein so umschreiben kann: Schüler/innen lernen im Rahmen gesteuerter Lernprozesse einen Stoff.

Das Wissen für didaktisches Expertenhandeln muss hierzu drei Felder umfassen:
a) das Lernfeld (Stoff)
b) das Personenfeld (Schülerinnen)
c) das Institutionsfeld (Schule als Institution, die gesteuerte Lernprozesse möglich macht).

Felder für Expertenhandeln

Wenn man dieser Darstellung folgt, dann sagt man auch, dass jede Didaktik eine Wissenschaft für Lehrkräfte als Experten ist. So wie die Wissenschaft der Medizin sich zuallererst an den Arzt richtet, damit dieser angemessen mit Patienten umgehen kann, so richtet sich die Didaktik an Lehrkräfte, damit diese angemessen mit Schülerinnen umgehen können. Daher tauchen Lehrkräfte bei den drei Feldern nur vermittelt als Rollenträger in Institutionen auf.

Mit Blick auf das Lernfeld muss eine Lehrkraft den Stoff beherrschen, den sie vermittelt. Das ist leicht gesagt. Man kann von einer Lehrkraft nicht erwarten, dass sie jeden Stoff in all seinen Verästelungen und Besonderheiten beherrscht. Verlangen aber muss man, dass sie die Grundlagen und Grundzüge kennt, den systematischen Zusammenhang der Wissenselemente sowie die Methoden, wie sich fachliches Wissen aufbaut.

Wissen im Lernfeld

Hinsichtlich des Personenfeldes braucht eine Lehrkraft Wissen über die Schülerinnen und ihre Sozialisation und Entwicklung allgemein und in einem Fach. Sie muss etwas über Lernprozesse allgemein und im Besonderen wissen und schließlich muss sie etwas wissen über Lernen in Gruppen im Rahmen von Institutionen.

Wissen im Personenfeld

Wissen im Institutionsfeld

Wenn man das Wissen auf das Können bezieht, dann braucht eine Lehrkraft ein fachliche, eine personale und eine institutionelle Kompetenz (s. Abb. 1).

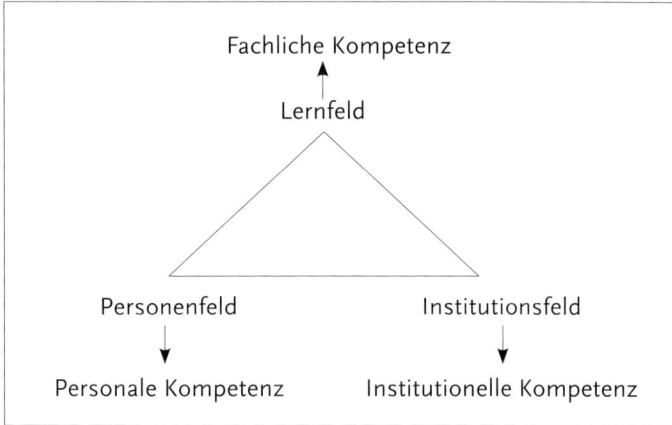

Abb. 01 | Didaktisches Dreieck

1.3 Kompetenzen

Im Folgenden werden die Kompetenzen näher ausgeführt. Wirklich konkret werden sie dann in den einschlägigen Kapiteln behandelt werden.

Mat. 1: Kompetenz

Kompetenz ist ein viel gebrauchter Begriff der neuesten Bildungsdiskussion. Gemeint ist mit einer Kompetenz (aus dem Englischen *competence*) eine Fähigkeit oder Fertigkeit, in bestimmten Situationen bestimmte Dinge angemessen zu tun. Dabei reicht es nicht aus, dass jemand einmal angemessen handelt, sondern man muss, um *kompetent* zu sein, über eine entsprechende Disposition verfügen.

»Nach Weinert (2001, S. 27 f.) versteht man Kompetenzen als ›*die bei Individuen verfügbaren oder durch sie erlernbaren kognitiven Fähigkeiten und Fertigkeiten, um bestimmte Probleme zu lösen, sowie die damit verbundenen motivationale, volitionalen und sozialen Bereitschaften und Fähigkeiten, um die Problemlösungen in variablen Situationen erfolgreich und verantwortungsvoll nutzen zu können‹.*

Beispielsweise drückt sich die Kompetenz beim Erwerb einer Fremdsprache – wenn man kommunikative Handlungsfähigkeit als Bildungsziel vorgibt – darin aus, wie gut man kommunikative Situationen bewältigt, wie gut man Texte unterschiedlicher Art verstehen und selbst adressatengerecht Texte verfassen kann, aber unter anderem auch in der Fähigkeit, grammatische Strukturen korrekt aufzubauen und bei Bedarf zu korrigieren, oder in der Fähigkeit und Bereitschaft, sich offen und akzeptierend mit anderen Kulturen auseinanderzusetzen. [...] Hierbei spielen nicht nur kognitive Wissensinhalte eine Rolle; diese sind vielmehr – wie Weinert im obigen Zitat hervorhebt und das zuletzt genannte Beispiel der sog. interkulturellen Kompetenz besonders deutlich macht – mit Einstellungen, Werten und Motiven verknüpft.« (Klieme u.a. 2003, S. 21)

1.3.1 Fachliche Kompetenz

Die fachliche Kompetenz umfasst die folgenden Fähigkeiten:

– Unterrichtsinhalte fachwissenschaftlich basiert beschreiben und erklären können. Von einer Lehrkraft muss man erwarten können, dass sie den Stoff nicht nur in der didaktischen Zubereitung kennt, sondern die Lerninhalte fachwissenschaftlich beschreiben und erklären kann. Besonders die Fähigkeit zur Erklärung ist eine wichtige Fähigkeit, denn eine Lehrkraft muss einen Stoff nicht nur wiedergeben, sondern muss immer imstande sein zu erklären, warum etwas so ist, wie es ist. Der Begriff der Erklärung verbindet die fachliche Kompetenz mit der personalen Kompetenz, denn Erklärungen sind letztlich immer auch mit Blick auf Schülerinnen interessant.

– Fachwissenschaftliche Methoden zur Erkenntnisgewinnung anwenden können. Wenn Lehrkräfte erklären können sollen, dann müssen sie vor allem die Methoden, mit denen in einem Fach Erkenntnisse gewonnen werden, beherrschen. Im Falle der Deutschdidaktik sind das Methoden einer wissenschaftlichen Textinterpretation und die Methoden der Sprachwissenschaft, um zu Erkenntnissen in diesem Gebiet zu kommen.

Aufgaben im Bereich der fachlichen Kompetenz

Unterrichtsinhalte

Fachliche Methoden

19

An einer späteren Stelle (s. 1.4.1) wird der Unterschied zwischen dem, was unter einer Erkenntnismethode und einer Unterrichtsmethode zu verstehen ist, erklärt werden.

Anschlussfähiges Wissen

– Anschlüsse an fachliches Wissen und fachliche Methoden herstellen können. Lehrkräfte brauchen anschlussfähiges Wissen, d.h. sie müssen Übergänge von einem Stoff zum andern bewerkstelligen können und die Reichweite von Methoden beurteilen können.

– An der wissenschaftliche Diskursentwicklung teilnehmen können.

Teilnahme an der wissenschaftlichen Diskursentwicklung

Wissen, das einmal im Studium erworben wurde, veraltet schnell. Daher müssen Lehrkräfte an der Wissensentwicklung teilnehmen – und dazu brauchen sie die Fähigkeit, ihr erworbenes Wissen weiterzuentwickeln, sei es selbstständig oder über Fortbildungen. Das erworbene Wissen darf also nicht abgeschlossen und hermetisch, sondern muss offen für Neuerungen sein.

Teilnahme am gesellschaftlichen Fachdiskurs

– Den gesellschaftlichen Diskurs zu einem Fach mitverfolgen und mitgestalten können. Damit ist gemeint, dass eine Lehrkraft immer auch Fachfrau/-mann ist und deshalb ihr Fach und die Diskussion in ihrem Fach mitverfolgen kann. Ein Deutschlehrer ist auch Germanist. Man könnte meinen, dass dies nur für den Gymnasiallehrer gelte; aber es gilt ebenso für den Grundschullehrer. Ein gutes Beispiel dafür ist die Rechtschreibreform, die 1996 in Kraft trat. Das Rechtschreibthema ist für Grundschullehrer brisanter als für Gymnasiallehrer.

Ästhetische und ethische Bewertung

– Unterrichtsrelevante Sachverhalte bewerten (ethisch, ästhetisch) können. Deutschlehrerinnen haben es mit ästhetischen Gegenständen zu tun. Das bedeutet, dass sie in der Lage sein müssen, ästhetische Urteile, auch Werturteile, zu fällen. Das betrifft vor allem die ästhetische Eignung von Literatur; darüber hinaus müssen sie zum Beispiel eine verletzende, ja menschenverachtende Sprache, einschätzen können.

1.3.2 Personale Kompetenz

Lehrkräfte brauchen vor allem eine personale Kompetenz. Das heißt, dass sie mit Blick auf die Schülerinnen handeln können müssen.

Die personale Kompetenz ist in vier verschiedene Kompetenzbereiche unterteilt.

• **Erziehungskompetenz**
Als erstes ist zu nennen eine Erziehungskompetenz:
Lehrkräfte aller Schularten sind auch Erzieher der Schülerinnen.
Sie sind für die Kinder ebenso wie für die Jugendlichen und selbst
für die jungen Erwachsenen Bezugspersonen, die mit ihrem Ver-
halten wirken und prägen.

– Zu ihren Aufgaben gehört, dass sie Kinder, Jugendliche und
  junge Erwachsene in der Schule begleiten. Dabei spielt die
  Vorbildrolle, die sie einnehmen, ob sie wollen oder nicht, eine
  besondere Rolle.

    Aufgaben im Bereich der Erziehungskompetenz

– Sie müssen die Schülerinnen angemessen unterstützen können, nicht nur in fachlicher, sondern auch in menschlicher
  Hinsicht. Dabei darf die Rolle einer Lehrkraft nicht überschritten werden.

– Lehrkräfte haben es immer mit sehr unterschiedlichen Schülerinnen zu tun. Daher müssen sie Heterogenität nicht nur
  erdulden, sondern mit ihr gewinnbringend umgehen können.

– Schließlich müssen Lehrkräfte mit Konflikten, vor allem solchen, wie sie in Gruppen auftreten, konstruktiv umgehen können und Methoden der Konfliktbewältigung beherrschen.

Erziehungskompetenz ist eine ein Fach übergreifende Kompetenz. Aber gerade Deutschunterricht spielt hier eine Rolle. Zu den
Erziehern von Schülerinnen gehören auch die literarischen Figuren, die Auseinandersetzung mit den Werten und Idealen, für
die sie stehen; Konfliktbewältigung ist auch eine Methode des
Sprechens. Daher ist der Erziehungsauftrag im Fach Deutsch
nicht nur wie in jedem Fach gegeben, sondern das Fach selbst
trägt unmittelbar mit seinem Inhalt zum Erziehungsauftrag bei.

    Erziehungskompetenz ist eine übergreifende Kompetenz

• **Kommunikationskompetenz**
Lehrkräfte brauchen eine hohe Kommunikationskompetenz.

– Sie müssen sich mit den Schülerinnen nicht nur fachlich, sondern auch pädagogisch auseinandersetzen. Unterrichtskom-
  munikation umfasst dabei nicht nur den Dialog mit dem Einzelnen, sondern vor allem auch mit einer Gruppe (Klasse).
  Dabei muss der Stoff so aufbereitet werden, dass er von Schülerinnen selbstständig erarbeitet werden kann. Als Erziehe-
  rinnen müssen Lehrkräfte Schülerinnen als Kinder, Heran-
  wachsende und junge Erwachsene begegnen und ihnen
  weiterhelfen können.

    Aufgaben im Bereich der Kommunikationskompetenz

- Sie müssen mit Eltern kommunizieren können – wiederum in fachlicher und in pädagogischer Hinsicht.
- Kommunikationskompetenz ist gegenüber Kolleginnen erfordert. Eine moderne Schule erfordert Teamarbeit bei der Findung von Schul- und Klassencurricula, bei der Bewertung von Schülern, bei der Definition von Fördermaßnahmen.
- Schließlich müssen Lehrkräfte ihr Fach und ihren Unterricht, überhaupt Problemlagen der Schule, in der Öffentlichkeit darstellen können.

Auch für die Kommunikationskompetenz gilt, dass das Fach Deutsch selbst Mittel zur Kommunikation trainiert und reflektiert. Daher muss die Lehrkraft hier auch zeigen, was sie lehrt.

• Didaktische und methodische Kompetenz im engeren Sinne

Die Lehrkunst besteht darin, dass ein Stoff so aufbereitet wird, dass ihn sich Schülerinnen selbstständig erarbeiten können. Eine Lehrkraft kann also einen Unterrichtsstoff nicht nur wiedergeben, so wie es der Stand der Wissenschaft aussagt, sondern muss den Stoff so aufbereiten, dass Schülerinnen sich selbstständig zum jeweiligen Stand durcharbeiten können. Im Deutschunterricht ist dies zum Beispiel der Fall bei Interpretationen. Durch geschickte Akzentuierung und Kontextuierung sollte ein gesellschaftlich angemessenes Verständnis eines Textes erzeugt werden können. Etwas anders ist es, wenn in einem Gebiet, etwa dem Schriftspracherwerb in der Grundschule, nicht eine wissenschaftlich gestützte Erkenntnis das Ziel ist, sondern wie beim Schreiben- und Lesenlernen eine Kulturtechnik. Hier ist es die Aufgabe einer Lehrkraft, wissenschaftliche Erkenntnisse auf ihren didaktischen Nutzen hin abzuklopfen und gegebenenfalls anzuwenden. Eine Lehrkraft steht damit immer vor der Frage, was in didaktischer Hinsicht zu tun das Beste ist. Dabei muss sie im Rahmen des didaktischen Dreiecks (siehe oben) operieren.

- Die wichtigste Kompetenz für eine Lehrkraft ist daher die zu angemessenen didaktischen Entscheidungen. Die Grundfigur für solche Entscheidungen ist, dass Handlungsalternativen auf ihre Wünschbarkeit hin eingeschätzt werden. In diesem Zusammenhang muss eine Lehrkraft in der Lage sein, Wahrscheinlichkeit für das Eintreten von Folgen abschätzen zu können.

Was bedeutet dies?

(Randnotizen)
Aufgaben im Bereich der didaktisch-methodischen Kompetenz

Angemessene didaktische Entscheidungen

Die Wünschbarkeit einer Handlung kann eine Lehrkraft nur einschätzen, wenn sie eine einigermaßen klare Vorstellung von ihren Zielen hat. Daher gehört zur didaktischen Entscheidungskompetenz die Kompetenz, realistische Ziele formulieren zu können. Bei der Einschätzung der Folgen muss eine Lehrkraft ein Gespür dafür haben, was bei welcher Handlung eintreten könnte. Um dies zu können, braucht eine Lehrkraft Wissen über die Schülerinnen im Allgemeinen (*Was können/tun Schülerinnen in diesem Alter?*) und im Besonderen (Wie *reagiert diese Klasse? Wie reagiert dieser Schüler?*). Das heißt, sie muss auch ihren bisherigen Unterricht einschätzen und bewerten können.

Für die Formulierung ihrer Ziele in einem fachlichen Unterricht braucht eine Lehrkraft ein fachliches Wissen. Um den Stoff für die je konkreten Schülerinnen personengerecht aufzubereiten, braucht eine Lehrkraft Wissen über die Schülerinnen, die sie unterrichtet. Fachwissen und Wissen über Sozialisation und Entwicklung von Kindern, Jugendlichen und jungen Erwachsenen müssen also richtig miteinander verrechnet werden, damit Unterricht gelingen kann.

– Dabei stellen sich die Problemlagen aber immer wieder anders, je nachdem, ob ein Themengebiet initiiert, ob es erarbeitet oder ob es abgeschlossen wird. Zur Initiierung gehört, dass eine Lehrkraft ein Themengebiet in den Horizont der Schülerinnen zu bringen vermag, dass sie es für Schülerinnen so gestaltet, dass sie in der Beschäftigung damit einen Sinn zu erkennen vermögen. Dies ist eine Bedingung für jede Art intrinsischer Motivation. Eine Lehrkraft sollte also immer einfache und verständliche Antworten auf die Frage, warum man sich gerade jetzt mit diesem und jenem beschäftigen solle, haben. Dabei fallen manche Antworten leicht, weil sie instrumentell zu anderen sind. Wer schreiben können will, sollte einigermaßen flüssig und auch richtig schreiben können. Aber warum sollte Schillers *Tell* gelesen werden? In einem Unterricht, in dem man die Schülerinnen nicht nur als Objekte von Belehrung sieht, versagen sich Antworten wie die, dass der *Tell* zum Kanon gehöre und man deswegen da durchmüsse. Es versteht sich von selbst, dass die Weckung von Sinn bei den Schülerinnen nur dann gelingen wird, wenn die Lehrkraft selbst einen Sinn in ihrem Tun sieht. Für die Erarbeitung ist es wichtig, dass die Handlungsziele transparent sind. Nur so kann entschieden werden, ob man auf der richtigen Spur ist.

Ziele für Entscheidungen

Wissen für Entscheidungen

Sinnkonstitution als Bedingung für Entscheidungen

23

Reflexion und Evaluation

- Dasselbe gilt für die Reflexion und Evaluation am Schluss. Häufig steht im Unterricht an dieser Stelle eine Abschlussarbeit als Baustein für die Bewertung (Evaluation) von Schülerinnen. Mit Reflexion und Evaluation ist aber etwas anderes gemeint. Zum einen zielt beides auf eine Reflexion des vergangenen Unterrichts gemeinsam mit den Schülerinnen. Auf diese Weise lernen Schülerinnen sich bewusst zu verhalten. Bewusstsein drückt sich immer darin aus, dass nicht etwas getan wird, sondern man sich zum Tun auch verhält. Zum andern muss aber eine Lehrkraft auch selbst ihren Unterricht für sich und beispielsweise gegenüber den Eltern oder mit Blick auf eine schulinterne oder -externe Evaluation bewerten können. Immer wieder stellen sich hier dieselben Fragen: Welche Ziele wurden verfolgt? Welche Ziele sind auf welchem Niveau erreicht worden? Wo besteht Förderbedarf?

Medieneinsatz

- Um fachliches Lernen zu initiieren und zu brauchbaren Lernergebnissen zu kommen, müssen Lehrkräfte Medien funktional einsetzen können.

Dabei sollte man zwischen einem engeren und einem weiteren Medienbegriff unterscheiden.

Zu den engeren Medien gehören die menschliche Stimme und das gesamte Auftreten einer Person. Lehrkräfte brauchen daher ein Bewusstsein vor allem über die Wirkungen, die sie mit ihrer Stimme und Modulationen von ihr erreichen können; dies gilt nicht minder für ein ihnen zur Verfügung stehendes Verhaltensrepertoire. (Auch hier gilt, dass dies selbst wiederum Gegenstand des Deutschunterrichts ist; daher gilt die Forderung für Deutschlehrer auch hinsichtlich ihrer Glaubwürdigkeit besonders.) Darüber hinaus brauchen Lehrkräfte Wissen über den angemessenen Einsatz technischer Medien. Wiederum gilt, dass die Lehrkraft hier nicht nur Kompetenz für die Gestaltung ihres Unterrichts haben muss, sondern dass die Unterweisung in den Medien zum Teil Gegenstand des Faches Deutsch ist (z.B. Textverarbeitung usw.)

• **Diagnose-, Beurteilungs- und Förderkompetenz**

Diagnose von Entwicklungs- und Lernständen

Zu den wichtigsten Kompetenzen einer Lehrkraft gehört es,
- Entwicklungs- und Lernstände diagnostizieren zu können. In dieser Hinsicht muss man deutlich zwischen *Fehler* und *Irrtum*

(vgl. Ossner 2003, S. 364 ff.) unterscheiden. Eine Schülerin kann etwas falsch machen und sich trotzdem auf dem richtigen Lernweg befinden. In diesem Fall begeht die Schülerin einen Irrtum, ein wirklicher Fehler liegt dagegen nicht vor. Solche Fälle finden sich beispielsweise, wenn eine Regel (etwa in der Orthographie) überdehnt wird, ohne dass die Schülerin diese Überdehnung hätte einschätzen können. Ein Erstklässler mag auf diese Weise *Verkel schreiben, weil er das Präfix ver- unterstellt. In einem solchen Fall muss eine Lehrkraft auch die positive Leistung sehen können.

Das Beispiel zeigt, dass ein Irrtum ein Fehler bezogen auf einen Lernstand ist. Einem Grundschüler der dritten oder vierten Klasse muss man dagegen zurechnen, dass in *Ferkel* ver- nicht Präfix sein kann, weil dann kein Stamm identifizierbar ist. Für eine Reihe von Lernfeldern gibt es heute Forschung zur Entwicklung des Lernens. Auf diese Weise hat eine Lehrkraft einen Maßstab, der ihr hilft, Lernverläufe einzuschätzen. Aber man darf nie vergessen, dass didaktische Diagnose auf keinem objektiven Grund ruht. Wenn der Chemiker wissen will, ob etwas eine Lauge oder eine Base ist, diagnostiziert er dies mit einem Lackmusstreifen. Solche objektiven Methoden kann es in der Didaktik nicht geben. Immer ist der Einzelfall besonders zu prüfen. Forschungen zu Entwicklungsständen geben aber eine Folie ab, vor der brauchbare Hypothesen formuliert werden können.

– Lehrkräfte müssen Schülerinnen auch beurteilen. Im Deutschunterricht hat Aufsatzbeurteilung eine lange Tradition. Man erwartet zu Recht von einer Lehrerbeurteilung, dass sie valide (sachgerecht), objektiv (den Tatsachen entspricht) und stabil (d.h. über die Zeit hinweg gleich) ist. Vor allem aber muss sie auch transparent sein, sonst wird sie als willkürlich empfunden.   Beurteilung

Zur Transparenz gehört auch, dass sie deutlich macht, wie die beurteilte Schülerin vorwärts kommen kann, was sie kann und was sie besser machen kann.

Diagnose, Beurteilung und Förderung gehören zusammen. Eine Diagnose liefert einer Lehrkraft Hypothesen, wie ein Kind gefördert werden kann und eine Beurteilung, wie es gefördert werden muss. Dabei sollte man sehen, dass alle Kinder, gleich, ob sie   Einheit von Diagnose, Beurteilung und Förderung schlecht oder gut abschneiden, einen Förderbedarf haben – nur ist er je unterschiedlich.

1.3.3 Evaluations- und Entwicklungskompetenz

Lehrkräfte handeln in einem institutionellen Rahmen. Lernen in der Schule ist nicht wie im Alltag beiläufig und zufällig, sondern gesteuert; es sollte effizient sein. Eine Lehrkraft ist also nicht nur Begleiter von Kindern, sondern hat eine definierte Rolle innerhalb des Systems Schule. In dieser Rolle hat sie auch zur Weiterentwicklung der Institution ihren Beitrag zu leisten. Eine moderne Schule muss sich als ein lernendes System begreifen. Dazu gehört, dass eine Lehrkraft auch sich selbst und die Institution evaluieren (Eigenevaluation), dieses Ergebnis mit dem einer Fremdevaluation vergleichen und nötige Folgerungen ziehen können muss.

Lehrkräfte als Rolleninhaber

1.4 Didaktik und Methodik

Fachliche Methoden – Unterrichtsmethoden

Eben wurde von einer didaktisch-methodischen Kompetenz gesprochen. Das suggeriert, dass die Didaktik und die Methodik eng zusammengehören.

Manchmal hört man die Formel, dass die Didaktik eine Antwort auf die Frage gebe, was man, und die Methodik, wie man etwas tun solle.

Diese Unterscheidung ist wenig hilfreich, da zwischen einem *Was?* und einem *Wie?* mannigfache Beziehungen bestehen. Wenn eine Lehrkraft weiß, was sie tun, aber nicht weiß, wie sie etwas ausführen soll, fehlt ihr eine entscheidende Kompetenz. Außerdem muss man, wie bereits erwähnt, beim Begriff der Methode streng zwischen einer Unterrichtsmethode und der fachlichen Methode, wie eine Erkenntnis gewonnen wird, unterscheiden.

Unter Unterrichtsmethode versteht man, wie ein Lernstoff sozial, kommunikativ und medial angeeignet wird: Fragen, die sich hier auftun sind etwa: Ist Einzelarbeit, Partnerarbeit oder Gruppenarbeit vorzuziehen? Arbeitet man mit dem Schulbuch oder einem Arbeitsblatt? Erschließt man den Stoff über einen Lehrervortrag, ein Schülerreferat oder mit Fragen? Stellt man den Schülerinnen Materialien zur Selbsterarbeitung bereit, plant man

Wochenplan , Freiarbeit, ein Projekt und dergleichen mehr? Hierfür gilt, dass keine der besagten Methoden an und für sich gut oder schlecht ist, sondern dass ihre Angemessenheit jeweils zu prüfen ist. Wovon hängt die Angemessenheit ab? Wiederum kann man diese Frage nur beantworten, wenn man sich die Ziele, die man verfolgt, vergegenwärtigt. Dabei kann ein Unterrichtsverfahren selbst ein Ziel sein. Im Deutschunterricht müssen beispielsweise Schülerreferate ihren Platz haben, Gruppenarbeit kann man nicht nur anordnen, man muss sie auch richtig organisieren und bestimmte Prozeduren erlernen.

Die Verfahren sind auch an übergeordnete Ziele gekoppelt. Wer die Selbstständigkeit von Schülerinnen als Ziel verfolgt, kann nicht nur Verfahren wählen, die die Schülerinnen in eine abhängige Rolle zwängen. Wer die Fähigkeit zur Teamarbeit fördern will, muss Gruppenarbeit initiieren. Aber es wäre ein gedanklicher Fehler, wenn man glaubte, dass dann nur noch Gruppenarbeit angebracht wäre.

Innerhalb der Institution ist eine bedeutsame Frage, in welchem Verhältnis Aufwand und Ertrag zueinander stehen.

1.4.1 Methoden und Methodismus

Unterrichten ist eine komplexe Problemlösungsaufgabe, für die es keine Lösungsrezepte unabhängig von der jeweiligen Situation, im Besonderen von den Schülerinnen, gibt. Komplex – nicht kompliziert – ist die Aufgabe, weil Unterrichten ein vielschichtiges, oft undurchschaubares Geflecht verschiedener Bedingungsfaktoren ist. Lehrkräfte haben es nicht nur mit einer Variablen zu tun, sondern mit vielen Variablen, die miteinander vernetzt sind. Zudem hat Unterrichten, wie jedes komplexe Problem, immer eine *interne Dynamik*, »die Realitätsausschnitte sind nicht passiv, sondern – in gewissem Maße – aktiv« (Dörner 1989, S. 62). Schließlich ist Unterrichten, wie andere komplexe Probleme auch, *intransparent*, das heißt, dass dem Akteur viele Merkmale der Situation gar nicht unmittelbar zugänglich sind. Häufig merkt man erst im Nachhinein, dass man als Lehrkraft etwas hätte lassen sollen, weil man es mit einer nicht einschätzbaren Tagesform einzelner Kinder zu tun hatte oder weil ein Thema Implikationen hatte, die man nicht abschätzte usw.

Unterrichten als komplexe Problemlösungsaufgabe

Dörner fasst seine Betrachtung einer komplexen Handlungssituation so zusammen:

»*Ein Akteur in einer komplexen Handlungssituation [gleicht] einem Schachspieler, der mit einem Schachspiel spielen muss, welches sehr viele (etwa einige Dutzend) Figuren aufweist, die mit Gummifäden aneinanderhängen, sodass es ihm unmöglich ist, nur eine Figur zu bewegen. Außerdem bewegen sich seine und des Gegners Figuren auch von allein, nach Regeln, die er nicht genau kennt oder über die er falsche Annahmen hat. Und obendrein befindet sich ein Teil der eigenen und der fremden Figuren im Nebel und ist nicht oder nur ungenau zu erkennen*« (Dörner 1989, S. 66).

Wenn die Lösung komplexer Probleme scheitert, sind meistens die folgenden Ursachen auszumachen:

Gründe für Scheitern

- Handeln ohne vorherige Situationsanalyse
- Nichtberücksichtigung von Fern- und Nebenwirkungen sowie der Ablaufgestalt von Prozessen. Lernen braucht Zeit. Kurzfristige Erfolge bedeuten wenig in komplexen Handlungssituationen. Gefragt sind langfristige Erfolge. Daher kann Unterricht weder in 45-Minuten-Einheiten noch nach der Systematik von in dieser Zeitspanne (vermeintlich) erreichten Lernzielen gemessen werden.
- Methodismus und Projektemacherei. Darunter versteht Dörner die Neigung, sog. *Bewährtes* ohne Prüfung der jeweiligen Situation anzuwenden. Dörner hat dabei festgestellt, dass zwei oder drei geglückte Fälle meistens völlig genügen, um von einer *bewährten Methode* zu sprechen und dass Methodismus sich gerne an Autoritäten, die den Zeitgeist bestimmen, ausrichtet. Damit hat Methodismus sowohl eine konservative als auch eine modische Seite. Da methodistisches Vorgehen nicht nach den Besonderheiten der jeweiligen Situation fragt, sondern diese an die Methode anpasst, ist es nicht verwunderlich, dass Scheitern naheliegt. Die Folge ist häufig eine Flucht in den Zynismus. Nicht das eigene Verhalten wird für das Scheitern verantwortlich gemacht, sondern die Verhältnisse, die Umstände, der mangelnde Wille oder die Dummheit der anderen sind schuld.

Methodismus im Deutschunterricht

Im Rahmen des Deutschunterrichts wurde das Problem des Methodismus intensiv seit der Fibeldebatte diskutiert. Meiers (1986, S. 53) spricht von *Fibeltrott* und von *Eiskanaldidaktik*:

»*Eiskanaldidaktik als bildhafter Ausdruck meint die Gesamtheit der Maßnahmen im Unterricht, durch die die Schüler zwangsläufig – Eiswand rechts, Eiswand links, – zu dem Punkt, dem Ende des*

Eiskanals, hingeleitet werden, der durch die Institution oder eine Person vorgegeben ist; und dies soll möglichst schnell und reibungslos (denn Eiskanäle sind glatt und abschüssig) geschehen – eben wie auf der Bob-Rennbahn. Nur nach oben ist frei, denn ein bisschen Luft braucht der Mensch. Wer den Windungen des Eiskanals nicht folgt, fliegt raus.«

1.4.2 Passung

Meiers setzt dem eine *Anregungsdidaktik* für das Kind entgegen. Eine solche Didaktik führt notgedrungen zu einer Neudefinition der Aufgaben einer Lehrkraft. Es geht nicht mehr um Lehren und Belehren, damit Kinder im Nachvollzug lernen, sondern darum, Kinder zum eigenständigen Lernen zu führen. Lernen ist nicht Übernahme, sondern aktive Aneignung. Damit hat sich die Frage nach der sog. *richtigen Methode* von selbst erledigt. Mit der Orientierung auf die Subjekte des Lernens, die Kinder, geht es nicht mehr darum, Kinder

Passung der Unterrichtsmethoden

»Das Spannungsfeld betrifft

die Organisationsform:	einzeln oder in Gruppen	vs. gemeinsam im Frontalunterricht
das Lernergebnis:	offen [...]	vs. festgelegt
	Wichtig: das Kind selbst kann mit dem Ergebnis zufrieden sein.	
den Lernweg:	offen	vs. festgelegt
	Wichtig: Festgelegte Lernwege (z.B. Verfahren des Erlesens) sollten nur Angebote sein, nicht aber Vorschriften; denn Lernprozesse sind stets individuell.	
den Umgang mit Fehlern:	Fehler tolerieren, selbst finden lassen, Produkte der Norm schrittweise angleichen vs. Fehler korrigieren	
	Wichtig: Das Kind gewinnt Zutrauen in das eigene Vermögen. Es entwickelt seine Lernbereitschaft; es erprobt sich im neuen Lernbereich.	
die Interaktion:	Spielraum für Erkundungen geben; Fragen beantworten vs. Instruktionen geben; Aufgaben formulieren; Regeln nennen *Wichtig:* Das Richtige bestätigen; das Können in den Vordergrund stellen, auch da, wo es erst ganz schmal ist.«	

Tab. 01 | Passung von Methoden

einer Methode zu unterwerfen, sondern nach den besonderen Erfordernissen einer Klasse zu unterrichten. Damit ist zugleich gesagt, dass kein Unterrichtsverfahren aus sich heraus schon wertvoller wäre als ein anderes. Vielmehr vollzieht sich Unterricht immer in einem Spannungsfeld von Gegensätzen, das Dehn (1988, S. 15 f., vgl. Tab. 1) in Form von Gegenüberstellungen beschrieben hat.

Dehn gebraucht für das Ausloten dieser Gegensätze den Begriff der »Passung zwischen Lernprozess und Lehrverfahren«. Das bedeutet, es geht um die Suche eines Verfahrens, das den Kindern und der zu vermittelnden Sache angemessen ist.

Eine der Konsequenzen daraus ist, dass – ähnlich wie bei den Lern-Prozessen die Lern-Voraussetzungen eine bedeutende Rolle spielen – auch bei den Lehr-Prozessen die Lehr-Voraussetzungen außerordentlich wichtig sind. Damit tritt an die Stelle einer festen Methode das Wissen einer Lehrkraft

Wissen für Passung

- von den jeweiligen Kindern, ihren sozialen und psychischen Lernvoraussetzungen und Entwicklungsmöglichkeiten;
- vom Lernprozess der Kinder, ihren Fortschritten, Stagnationen und Rückschritten;
- von der Struktur des Lerngegenstandes, den sachlichen Grundlagen des Lernens in einem bestimmten Arbeitsbereich, den nötigen Arbeitstechniken und Übungsmöglichkeiten.

Ein Unterricht, in dem solches Wissen immer wieder neu konkretisiert wird, folgt dem Prinzip des *genetischen Lehrens*, so wie Wagenschein diesen Begriff eingeführt hat:

Genetisches Lehren (Wagenschein)

»[Ich] stelle dem genetischen Unterricht den vorwiegend üblichen gegenüber, den ich also darlegend nennen möchte. Dogmatisch, wie man manchmal sagt, wäre nicht treffend, denn der Schüler braucht in ihm nicht rezeptiv zu bleiben und kann vom Denken Gebrauch machen. Ganz irreführend wäre es, nur ihn als »systematisch« zu bezeichnen, denn auch das genetische Verfahren hat immer das Ziel, Ordnung zu stiften. Nur ist die Entdeckung des Systems (besser: der Systematisierbarkeit eines Gegenstandsbereichs) psychologisch und pädagogisch gesehen, etwas ganz anderes als die Kenntnisnahme (auch die verstehende), der dem Fachmann vorliegenden (nicht dem Anfänger) fertigen Strukturen: mit Hilfe von Denkwerkzeugen, die zu diesem Zweck (dem Schüler nicht erkennbaren Zweck) vorher eingeübt werden. Dieses darlegende Lehren ist vergleichbar der Führung durch eine geordnete Ausstellung der Funde einer abgeschlossenen Expedition. Dabei kann sie eine

gute Führung sein, indem sie den Geführten zu Wort kommen, fragen und verstehen lässt, und ihm sogar Aufgaben stellt, die ihm kleinere Schritte selbsttätig zu tun erlauben [...]« (Wagenschein 1968, S. 79).

Von den Unterrichtsverfahren muss man die fachlichen Methoden unterscheiden. Sie sind streng an das Lernfeld gebunden und unterliegen daher nicht einer gewissen Varianz. Die fachlichen Methoden gehören in das Feld der Erklärungskompetenz einer Lehrkraft. Fachliche Methoden erlauben, eine Erkenntnis nachvollziehbar und überprüfbar zu erzeugen. Sie gehören in das Feld des fachlichen Problemlösungswissens.

Fachmethode

Fachliche Methoden müssen schließlich an den Lernstand und das Vermögen von Schülerinnen angepasst werden. So kann man linguistisch die Worttrennung am Zeilenende mit zwei grundsätzlichen Verfahren beschreiben. Allerdings braucht man dazu eine theoretische Begrifflichkeit, über die Schülerinnen nicht verfügen können, wenn die Worttrennung am Zeilenende in der Schule behandelt wird. Daher muss die fachliche Methode in eine fachliche Unterrichtsmethode, die dasselbe schülerangemessen leistet, umgewandelt werden. Diese darf nicht nur Wissen wie die Fachmethoden, sondern muss auch ein Können erzeugen.

Fachliche Unterrichtsmethode

Wir haben damit den Begriff der Methode dreifach bestimmt (vgl. Tab. 2):

Unterrichtsmethode	fachliche Unterrichtsmethode	Fachmethode
soziale, kommunikative, mediale Verfahren im Unterricht	schülerangemessene Verfahren zum Erwerb fachlichen Wissens und Könnens	fachliche (wissenschaftliche) Methode zur Erkenntnisgewinnung

Dreifache Bestimmung des Begriffs Methode

Tab. 02 | Der Begriff der Methode

Wenn man von Methode spricht, sollte man wissen, welchen Begriff man gerade im Sinn hat.

1.5 Wissensarten: Wissen – Können – Bewusstheit

Bis jetzt war immer wieder von Wissen die Rede und es wurde deutlich, dass dabei unterschiedliche Arten von Wissen eine Rolle spielen.

Wissen ist nicht gleich Wissen: Wissensarten

31

In der Pädagogischen Psychologie unterscheidet man vier verschiedene Wissensformen (vgl. Tab. 3):

Deklaratives Wissen	Problemlösungs-wissen	Prozedurales Wissen	Metakognitives Wissen
Wissen über Sachverhalte	Wissen über Strategien zur Bewältigung von Problemsituationen	Wissen, das psychomotorischen und kognitiven Fertigkeiten zugrunde liegt	Wissen, das die Reflexion über das eigene Wissen und über die eigenen Handlungen steuert
Wissen	Können	Können	Bewusstheit

Tab. 03 | Wissensarten nach Mandl u. a. (1986)

In umgangssprachlicher Ausdrucksweise würde man *deklaratives Wissen* ebenfalls *Wissen* nennen (jemand **weiß, dass** Thomas Mann den *Zauberberg* geschrieben hat); *Problemlösungswissen* entspricht umgangssprachlich einem Können; jemand weiß/kennt Wege zur Lösung eines Problems (jemand **weiß, wie** man ein Akkusativobjekt bestimmen kann). *Prozedurales Wissen* ist ebenfalls ein *Können*. Jetzt stehen Routinen, die Fertigkeiten steuern, im Vordergrund (jemand **weiß, wie** man *und* schreibt). (Man beachte: Unter prozeduralem Wissen versteht man nicht ein Wissen über Fertigkeiten, sondern das Beherrschen von Fertigkeiten.) *Metakognitives Wissen* schließlich ist am besten mit *Bewusstheit* auszudrücken (jemand ist sich seines Tuns bewusst). In der Erläuterung oben wurde das Begriffspaar *wissen, dass* ... vs. *wissen, wie* verwandt, das der englischen Unterscheidung *knowing that* vs. *knowing how* entspricht.

Wissensarten bei Lehrkräften und Schülerinnen

Alle Wissensarten sind auf Lehrkräfte wie auf Schülerinnen anwendbar (vgl. Tab. 4).

Wissensarten hängen untereinander zusammen

Die verschiedenen Wissensarten hängen miteinander zusammen. Verstandenes deklaratives Wissen ist das Ergebnis methodischer Anstrengungen; Problemlösungswissen beinhaltet einerseits deklaratives Wissen über die Methode, andererseits beherrscht man eine Methode erst, wenn man über die Routinen ihrer Durchführung verfügt. In prozedurales Wissen geht deklaratives Wissen ein: Man muss sich die Verhältnisse bei der Kommasetzung deklarativ bewusst gemacht haben, eh man sie »blind« beherrscht. Zu metakognitivem Wissen gehört, dass jemand

	Lehrkraft	Schülerin
Deklaratives Wissen	Breites stoffliches Wissen, das über das zu Lehrende hinausreicht	Stoffliches Wissen wie: Daten aus der Literaturgeschichte, Definitionen aus der Grammatik, die Kenntnis einer Rechtschreibregel, die Merkmale einer Textsorte...
	Deklaratives Wissen entsteht durch Faktenlernen	
Problem-lösungswissen	Breites Wissen – unterrichtsmethodisch – fachmethodisch	Fachmethodisches Wissen: Interpretieren eines Textes, Bestimmung grammatischer Sachverhalte; Schreiben als Problemlösung
	Problemlösungswissen zeigt sich im intelligenten Anwenden von Methoden zur Erkenntnisgewinnung	
Prozedurales Wissen	Repertoire an Routinen und Verfahren für die Unterrichtsgestaltung und für den Wissenserwerb auf Seiten der Schülerinnen.	Beispiele sind: Die Beherrschung der Orthographie, wenn sie keine besondere Aufmerksamkeit mehr braucht, motorisches Schreiben, nachdem man die Schreibtechnik beherrscht, Prozeduren für das Überarbeiten (Revidieren) von Texten ...
	Prozedurales Wissen entsteht durch Üben und zeigt sich vor allem im automatisierten Können	
Metakognitives Wissen	Kenntnis seiner Fähigkeiten und Grenzen; Kenntnis nützlicher Lehrstrategien, eigene Empfindungen einschätzen können ...	Kenntnis seiner Fähigkeiten und Grenzen; Kenntnis nützlicher Lernstrategien, Fähigkeit, eigene Empfindungen einschätzen zu können ...
	Metakognitives Wissen ist eng an Reflexion geknüpft.	

Tab. 04 | Lehrer und Schülerwissen

weiß, was er deklarativ, methodisch und prozedural weiß. (Wissen über Wissen nennt man metakognitives Wissen.)

Für die Schule bedeutet diese Unterscheidung, dass Wissen in allen Arten bereitzustellen ist und dass man darauf achtet, welche Form das Wissen annehmen sollte. Das hat ebenso Auswirkungen auf den Wissenserwerb wie die Wissensüberprüfung.

Wissensart und Unterricht hängen zusammen

33

Deklaratives Wissen erwirbt man anderes als Problemlösungswissen und dieses anders als prozedurales Wissen, das immer auf Übung hin angelegt ist und schließlich ist metakognitives Wissen auf eine reflexive Aneignung angewiesen. So unterschiedlich die Aneignungsarten, so unterschiedlich auch die Möglichkeiten der Überprüfung. Der typische Modus, deklaratives Wissen zu überprüfen ist der des Abfragens, methodisches Wissen kann nur überprüft werden, wenn eine Problemlösungsaufgabe gestellt wird; prozedurales Wissen zeigt sich in der Ausführung. Man kann den Grad der jeweiligen Beherrschung überprüfen. Dabei ist das Auszählen von Fehlern nur eine Möglichkeit, besser kann der Grad der Beherrschung durch Analyse des jeweiligen Zugriffs analysiert werden. (Darüber wird v.a. bei der Rechtschreibung ausführlicher gehandelt.)

Metakognitives Wissen kann überprüft werden, indem Selbsturteile richtig eingeschätzt werden.

Noch einmal: Wissen und Können

Problemlösungswissen und prozedurales Wissen mündet offensichtlich in ein Können. Beide unterscheiden sich vor allem darin, dass Problemlösungswissen meistens explizit ist. Man macht sich explizit klar, wie ein Problem zu lösen ist. Dagegen ist prozedurales Wissen ein implizites Wissen. Man schreibt handschriftlich, d.h. man verfügt über die Prozeduren des Handschreibens, ohne genau erklären zu können, wie das vor sich geht.

Dagegen sind deklaratives Wissen und metakognitives Wissen ein knowing that.

Sowohl Lehrkräfte als auch Schülerinnen müssen über Wissen und Können in der ganzen Bandbreite verfügen.

1.6 Was dieses Buch leistet

Wissen kann man lehren, Kompetenzen können nie direkt vermittelt werden, sondern sind immer das Ergebnis individueller Anstrengung und dabei gewonnener Erfahrung. Kompetent ist jemand, der sagen kann, was er kann und auch, was er nicht kann. Dabei darf der eingangs beschriebene Unterschied zwischen *ich weiß* und *ich kann* nicht übersehen werden.

Dieses Buch will Studierenden einen Weg weisen, deutschdidaktische Kompetenzen aufzubauen und zu erwerben, indem es deutschdidaktisches Wissen bereitstellt, das für die genannten Kompetenzen nötig ist. Erst in der richtigen Anwendung dieses Wissens, im Vollzug entsprechender Handlungen wird sich ein Können herausbilden können.

Die Hauptgliederung des Buches folgt dabei einer systematischen Gliederung des Faches in Arbeitsbereiche. Bei jedem Arbeitsbereich werden dann die fachlichen und personalen Kompetenzen ins Blickfeld gerückt. Evaluations- und Entwicklungskompetenzen, die überfachlicher Natur sind, werden in diesem Buch dagegen kaum angesprochen. Bei den personalen Kompetenzen liegt der Schwerpunkt auf den didaktisch-methodischen Kompetenzen und den Kompetenzen im Diagnose-, Beurteilungs- und Förderbereich. Erziehungs- und Kommunikationskompetenz, die wiederum nicht typisch für den Deutschunterricht sind, werden nur am Rande gestreift.

Im nächsten Kapitel werden die Arbeitsbereiche des Faches Deutsch diskutiert und dann wird das fachliche, didaktisch-methodische Wissen, sowie das Wissen im Diagnose-, Beurteilungs- und Förderbereich Arbeitsbereich für Arbeitsbereich erörtert werden. Das Buch hat also folgenden Aufbau (vgl. Tab. 5):

	Arbeitsbereich 1	Arbeitsbereich 2	Arbeitsbereich 3
Wissen für fachliche Kompetenz	Kap. 4.1	Kap. 5.1.1 Kap. 5.2.1 Kap. 5.3.1	Kap. 6.1
Wissen für didaktisch-methodische Kompetenz	Kap. 4.2	Kap. 5.1.2 Kap. 5.2.2 Kap. 5.3.2	Kap. 6.2
Wissen für Diagnose, Beurteilungs- und Förderkompetenz	Kap. 4.3	Kap. 5.1.3 Kap. 5.2.3 Kap. 5.3.3	Kap. 6.3

Tab. 05 | Aufbau des Buches

Zusammenfassung

In diesem Kapitel sind die folgenden Begriffe eingeführt worden:
- *Wissen und Wissensarten*
- *Können*
- *Kompetenzen*
- *Methode und Methodismus*

35

Eine didaktische Disziplin sollte jemand instand setzen, Kompetenzen, die für die Ausbildung eines Lehrerberufs in einem Fach nötig sind, zu erwerben. Kompetenzen können aber immer nur subjektiv erworben werden; daher kann keine Didaktik aus sich heraus eine gute Lehrkraft ausbilden. Als eine wissenschaftliche Disziplin kann aber eine Fachdidaktik Wissen bereitstellen, das hilft, Kompetenzen auszubilden; mehr noch: dieses Wissen ist notwendig, wenn auch nicht hinreichend, um die nötigen Kompetenzen aufzubauen. Wissen erzeugt nicht aus sich heraus Können, aber ein Können, das auf keinem Wissen beruht und damit sich selbst erklären kann, ist nicht rational und nicht das Können eines Experten. Wissen dient dazu, rationale Entscheidungen zu treffen, die kommunizierbar sind. Dazu muss das verfügbare Wissen herangezogen werden, um aus möglichen Handlungsalternativen diejenige auszuwählen, die die angemessenste ist. Aber eine rational ausgewählte und als angemessen angesehene didaktische Entscheidung ist nicht notwendigerweise auch die richtige. Sie ist vielmehr eine Hypothese, die richtige zu sein.

Wissen ist ein Begriff, der Verschiedenes meint. Aber Erwerb und Überprüfung von Wissen ändert sich, je nachdem, welches Wissen gerade im Blickfeld steht. Wissen meint auch Können und Bewusstheit, ohne dass dies in eins zu setzen wäre. Lehrerwissen zielt auf Wissenserwerb bei den Schülern, aber trotzdem sind beide nicht nur in ihrer Funktion, sondern auch in ihrer Struktur unterschiedlich.

Aufgaben

1. Zeichnen Sie das didaktische Dreieck und ordnen Sie die folgenden Kompetenzen den entsprechenden Feldern zu: angemessener Umgang mit Heterogenität; unterrichtsrelevante Sachverhalte kennen; systemische Bewertung von Institutionen; didaktisch angemessene Entscheidungen; Entwicklungs- und Lernstände diagnostizieren.

2. Suchen Sie je ein deutschdidaktisches Beispiel zu *deklarativem Wissen, Problemlösungswissen, prozeduralem Wissen, metakognitivem Wissen.*

3. Notieren Sie zwei Pro- und zwei Contraargumente zur These: *Jede Stunde braucht Methodenwechsel.*

DIE STRUKTUR DES FACHES DEUTSCH | 2

2.1 Die Einteilung in Arbeitsbereiche in Lehrplänen

Arbeitsbereiche des Deutschunterrichts

Deutschunterricht wird seit langem in Arbeitsbereiche eingeteilt. Dabei sind in der Geschichte des Deutschunterrichts diese Arbeitsbereiche immer wieder anders benannt worden. Interessant sind hier die Bezeichnungen, die sich in Lehr- oder Bildungsplänen finden. Solche Pläne entstehen auf der Grundlage der fachlichen Diskussion, sie berücksichtigen die Tradition, sie sind aber vor allem auch Ausdruck des politischen Willens eines Bundeslandes hinsichtlich seiner Bildungspolitik. Im Folgenden sind einige Deutschpläne der 1990er Jahre aufgelistet (vgl. Tab. 6). (Die 1990er Jahre wurden gewählt, weil sich ab 2003 mit der Einführung nationaler Bildungsstandards die Lage grundsätzlich geändert hat.)

	Art des Plan	Hauptschule	Realschule	Gymnasium
Baden-Württemberg	schulartbezogener Jahrgangsplan, geordnet nach Fächern	1994 • Sprechen, Schreiben, Spielen • Literatur und andere Texte • Sprachbetrachtung und Grammatik	1994 • Sprechen und Schreiben • Literatur, andere Texte und Medien • Sprachbetrachtung und Grammatik	1994 • Sprechen und Schreiben • Literatur, andere Texte und Medien • Sprachbetrachtung und Grammatik
Bayern	schulartbezogener Jahrgangsplan, geordnet nach Fächern	1997 • Sprechen und Schreiben • Lesen und Mediengebrauch • Sprachbetrachtung und Rechtschreiben	1995 • Sprechen und Schreiben • Sprachlehre und Sprachbetrachtung • Sachtexte, Literatur und Medien	1991 • Mündlicher Sprachgebrauch • Schriftlicher Sprachgebrauch • Sprache: Sprachlehre, Sprachbetrachtung, sprachliche Übungen • Literatur und Sachtexte, Medien

	Art des Plan	Hauptschule	Realschule	Gymnasium
Saarland	fachbezogener Jahrgangsplan	2001 Erweiterte Realschule/Bildungsabschluss Hauptschule • Sprechen • Schreiben • Lesen • Grammatik • Rechtschreiben	2001 Erweiterte Realschule/ Mittlerer Bildungsabschluss • Sprechen • Schreiben • Lesen • Grammatik • Rechtschreiben • Umgang mit Medien	2001 • Sprechen und Schreiben • Umgang mit Texten und Medien • Reflexion über Sprache
Hessen	Rahmenrichtlinien	1995 • Sprechen und Schreiben • Lesen/Umgang mit Texten • Kulturelle Praxis		
	schulartbezogener Jahrgangsplan, geordnet nach Fächern	2002 • Sprechen und Schreiben • Texte und Medien	2002 • Sprechen und Schreiben • Lesen/Umgang mit Texten • Kulturelle Praxis	2002 • Sprechen und Schreiben • Lesen und Umgang mit Texten • Reflexion über Sprache
Sachsen-Anhalt	schulartbezogener Jahrgangsplan, geordnet nach Fächern	Sekundarschule 1999 • Mündlicher und schriftlicher Sprachgebrauch • Reflexion über Sprache und Sprachgebrauch • Umgang mit Texten • Umgang mit Medien		1999 • Mündlicher und schriftlicher Sprachgebrauch • Reflexion über Sprache und Sprachgebrauch • Umgang mit Texten • Umgang mit Medien

Tab. 06 | Bezeichnung der Arbeitsbereiche des Faches Deutsch

Die kleine Übersicht zeigt, dass weder die Anzahl der Arbeitsbereiche stabil ist noch die Bezeichnungen für die Arbeitsbereiche gleich sind; dasselbe gilt für den Zuschnitt. In einigen Bundesländern ist nicht einmal die Bezeichnung über die Schularten hinweg gleichbleibend.

Auffällig ist, dass ein Arbeitsbereich *Lesen, Literatur* – wie auch immer er im Einzelnen heißt – in allen Bundesländern ausgegrenzt ist. Dagegen bilden *Sprechen* und *Schreiben* manchmal einen Arbeitsbereich, manchmal zwei verschiedene, wobei Hessen *Sich informieren* noch zu *Sprechen* schlägt. Besonders uneinheitlich ist die Grenzziehung zwischen *Schreiben* und *Sprache untersuchen*. Teilweise wird aus dem Schreiben das Rechtschreiben herausgebrochen und der Sprachbetrachtung zugeschlagen. Es findet sich auch, dass aus der Orthographie, die unter Schreiben auftaucht, die Zeichensetzung herausgebrochen ist und in die Grammatik eingeordnet ist.

Sprache und Sprachgebrauch untersuchen
Sprache zur Verständigung gebrauchen,
fachliche Kenntnisse erwerben,
über Verwendung von Sprache nachdenken und sie als System verstehen

Methoden und Arbeitstechniken
werden mit den Inhalten des Kompetenzbereichs erworben

Sprechen und Zuhören	**Schreiben**	**Lesen – mit Texten und Medien umgehen**
zu anderen, mit anderen, vor anderen sprechen, Hörverstehen entwickeln	reflektierend, kommunikativ und gestalterisch schreiben	Lesen, Texte und Medien verstehen und nutzen, Kenntnisse über Literatur erwerben
Methoden und Arbeitstechniken *werden mit den Inhalten des Kompetenzbereichs erworben*	*Methoden und Arbeitstechniken* *werden mit den Inhalten des Kompetenzbereichs erworben*	*Methoden und Arbeitstechniken* *werden mit den Inhalten des Kompetenzbereichs erworben*

Tab. 07 | Arbeitsbereiche der nationalen Bildungsstandards 2004 (Mittlerer Bildungsabschluss)

Terminologisch am uneinheitlichsten ist überhaupt der Arbeitsbereich, der mit Grammatik zu tun hat. Ganz offensichtlich sind hier die Benennungen Programm. *Reflexion über Sprache* meint etwas anderes als die mehr kontemplative *Sprachbetrachtung* und diese etwas anderes als *Sprache untersuchen*. Man kann auch die Ausdrücke *Sprachbewusstheit* (s. u.) und *Sprachthematisierung* finden.

Diese Verschiedenheiten zeigen etwas von der Schwierigkeit, den Deutschunterricht zu gliedern.

Als jüngstes Modell kann das der nationalen Bildungsstandards genommen werden. Dort findet man die folgende Einteilung, wie in Tab. 7 dargestellt.

Deutlich wird hier *Sprache und Sprachgebrauch untersuchen* – eine bis dahin so nicht gebrauchte Bezeichnung – den anderen drei Arbeitsbereichen übergeordnet. Die Denkfigur besagt, dass es in allen Arbeitsbereichen auch um Sprache geht. Das ist nicht richtiger, als dass in jedem Arbeitsbereich gesprochen oder geschrieben wird – mit der Konsequenz, dass dann diese Bereiche übergeordnet wären.

Modell der Arbeitsbereiche in den nationalen Bildungsstandrads

2.2 Ein analytisches Modell der Arbeitsbereiche

Das Fach Deutsch tut sich also schwer mit seiner Gliederung. Eine intensive Diskussion hierüber gibt es aber nicht. Vielmehr gehört die Gliederung in Arbeitsbereiche bislang zu den vortheoretischen Annahmen, die gesetzt und nicht selbst der Erörterung unterzogen werden. Dies ist ein ausgesprochener Mangel, der deutlich wird, wenn man Arbeitsbereiche als Kompetenzbereiche von Schülern fasst. Es macht einen großen Unterschied, ob Kompetenzen, die erworben werden, übergeordnet sind oder nicht, ob sie andere, untergeordnete, umfassen oder nicht. Wir wissen heute wenig über diese Verhältnisse, die empirisch durchleuchtet werden müssten. Solange kann man sich nur auf ein analytisches Modell stützen, das aus der Analyse der Sache selbst gewonnen wird. Dabei muss man bedenken, dass ein analytisches Modell unter Umständen auseinandernimmt, was tatsächlich zusammengehört. Ein Schimmel kann als weißes Pferd analysiert werden; das aber bedeutet nicht, dass ein Schimmel aus dem Pferdsein und der Eigenschaft weiß bestünde.

Ein analytisches Modell der Arbeitsbereiche

Wie kann man ein analytisches Modell gewinnen? Herkömmlich wird Schrift lediglich als Umsetzung der mündlichen Sprache in einen graphischen, sichtbaren Modus verstanden. Erst in der Schriftlichkeitsforschung wurde das Augenmerk darauf gelenkt, dass mit der »Technologisierung des Wortes« (Ong 1986) die mündliche Sprache nicht nur dauerhaft verfügbar und damit einer Reflexion zugänglich wird, sondern sich damit auch eine Veränderung in der Sprache selbst vollzieht. Schrift ist das Medium, das wegen seiner Dauerhaftigkeit Raum und Zeit überbrücken kann.

Erst die Schrift ermöglicht Konzepte wie die des Wortes, des Satzes und des Textes und eine Theorie der Sprache. Umgekehrt darf man aber auch die mündliche Sprache nicht nur als einen Modus ansehen, der das Geschriebene tönen lässt.

Da sich hinter der Unterscheidung zwischen mündlicher und schriftlicher Sprache also nicht nur ein medialer, sondern auch ein konzeptioneller Unterschied verbirgt und auf der konzeptionellen Ebene verschiedene Grade der Abstufung denkbar sind, müssen alle Formen der Ausbildung und Differenzierung auf Mündlichkeit und Schriftlichkeit hin gedacht werden.

Mündlichkeit und Schriftlichkeit grundlegend für Arbeitsbereiche

Dabei ergeben sich logisch vier Zustände (Koch & Österreicher 1986):

- Medial und konzeptionell mündlich:
  Dies ist der Modus der spontanen Rede in Face-to-Face-Situationen. Die Ausbildung personaler Intelligenz zur Erfassung der Situation und des Beziehungsaspektes einer Kommunikation, um ein personen- und situationsangemessenes Register wählen zu können, aber auch aktives Zuhören zu üben, ist hier die Zielperspektive.

- Medial schriftlich – konzeptionell schriftlich:
  Hier liegt eines der großen Ziele der Schule. Das Medium und seine besonderen Anforderungen müssen in der Schule gelehrt und gelernt werden. Dazu gehören vor allem die hochsprachlichen Anforderungen. In besonderer Weise müssen aber die Bedingungen und Erfordernisse einer Kommunikation auf Distanz gelernt werden. Dazu gehört vor allem, dass reflektiert wird, was es bedeutet, an einen nichtanwesenden Leser zu schreiben und auf welche Weise die Kommunikationsbedingungen kontrolliert werden können. Konzeptionelle Schriftlichkeit fördert unter einem kognitiven Blickwinkel die Dezentrierung und lehrt die Perspektive eines andern, auch wenn dieser nicht anwesend ist, zu übernehmen. In diesem Sinne bringt konzeptionelles Schreiben eine entwickelte Grammatik hervor und verweist auf eine solche.

- Medial mündlich – konzeptionell schriftlich:
  Rhetorische Fähigkeiten verweisen auf diesen Modus. Der mündliche Modus verlangt, dass ein guter Redner auf sein Publikum eingehen kann; auf der anderen Seite aber ist er speziell oder routiniert vorbereitet, gewöhnlich in schriftlicher Form. Die Ausbildung von Flexibilität bei vorgegebenen Konzepten, Beziehungs- und Sachaspekt in Beziehung zueinander setzen zu können, ist hier Ziel.
- Medial schriftlich – konzeptionell mündlich:
  Hier handelt es sich entweder um eine Spielart, die darin besteht, das Medium nicht auszureizen oder zu unterlaufen (Tagebucheinträge, »Parlandostil«; Sieber 1998) oder um ein Entwicklungsstadium, wonach die Möglichkeiten des Mediums noch nicht erreicht sind.

Bei allen vier Modalitäten geht es darum, geeignete Formulierungen für den jeweiligen Anlass und die jeweilige Hörer- oder Leserschaft zu finden.

Auf der Grundlage des Gesagten ergeben sich die beiden folgenden grundlegenden Handlungsfelder des Deutschunterrichts:

Handlungsfelder des Deutschunterrichts

- Mündlichkeit unter medialem und konzeptionellem Blickwinkel,
- Schriftlichkeit unter medialem und konzeptionellem Blickwinkel.

Hinzu kommt als drittes großes Feld die
- Thematisierung der Sprache

Diese grundlegenden Handlungsfelder müssen weiter ausdifferenziert und konkretisiert werden.

Da in medialer und konzeptioneller Schriftlichkeit sowohl das eigenständige Schreiben als auch das Lesen von Texten und die damit verbundene kulturelle Rezeption aufgehoben ist, macht es Sinn, dieses Handlungsfeld entsprechend zu teilen, sodass sich nun unter Berücksichtigung der Tradition die vier Handlungsfelder *Sprechen/Hören, Schreiben, Lesen und Verstehen* sowie *Sprache thematisieren* ergeben.

Unter didaktischer Perspektive, die Ziele anstrebt und sie erreichen will, kann diese Einteilung immer noch nicht befriedigen.

Zu weiteren Differenzierungen kommt man, wenn man die Wissensdifferenzierung der Pädagogischen Psychologie heranzieht. Zwar muss in allen Handlungsfeldern jede Wissensart er-

Wissensdifferenzierung und Arbeitsbereiche

worben werden, jedoch sind die einzelnen Arten verschieden gewichtet. Im Handlungsfeld *Schreiben* gibt es zwei Bereiche, in denen das jeweilige Ziel erreicht ist, wenn die zu erwerbenden Fertigkeiten genügend prozeduralisiert sind. Das ist das *Motorische Schreiben*, das sein Ziel in einer geläufigen Verkehrsschrift am Ende der Klassenstufe 4 erreicht hat und das *Richtig schreiben* (Orthographie), das am Ende der Sekundarstufe I so beherrscht sein muss, dass es beim Schreiben von Texten nur noch in besonderen Fällen Aufmerksamkeit auf sich zieht.

Es ist demzufolge sinnvoll, das Handlungsfeld *Schreiben* in weitere Bereiche auszudifferenzieren, so dass sich schließlich die folgende Gliederung ergibt (vgl. Tab. 8):

Mündlichkeit unter medialem und konzeptionellem Blickwinkel	Schriftlichkeit unter medialem und konzeptionellem Blickwinkel			Thematisierung der Muttersprache
Sprechen/ Hören	Schreiben		Lesen und Verstehen	Sprache thematisieren
	Motorisches Schreiben	Richtig schreiben	Texte schreiben	

Tab. 08 | Analytisches Modell der Arbeitsbereiche

2.3 Ein Kompetenzmodell für die Deutschdidaktik

Für diese Ausdifferenzierung der Inhaltsbereiche des Faches wurden, wie oben erwähnt, die Wissensarten aus der Pädagogischen Psychologie (s. Kap. 1.5) herangezogen. Diese liefern zusammen mit den Inhaltsbereichen eine Matrix, die wiederum als Grundmodell für ein Kompetenzmodell des Deutschunterrichts geeignet ist (vgl. Abb. 2).

Grundmodell für ein Kompetenzmodell

Die Matrix definiert 24 Felder, die man als Kompetenzen, die zu erwerben sind, interpretieren kann. Dabei muss man nun zweierlei berücksichtigen:

Gewichtung von Wissen und Können

a) Wissen, Können und Bewusstheit muss man gewichten. Wie oben schon ausgeführt, ist prozedurales Wissen bei *motorischem Schreiben* hochgewichtet, während metakognitives hinderlich sein kann (s. unten, Kap. 5.2). Metakognition hat bei *Sprache*

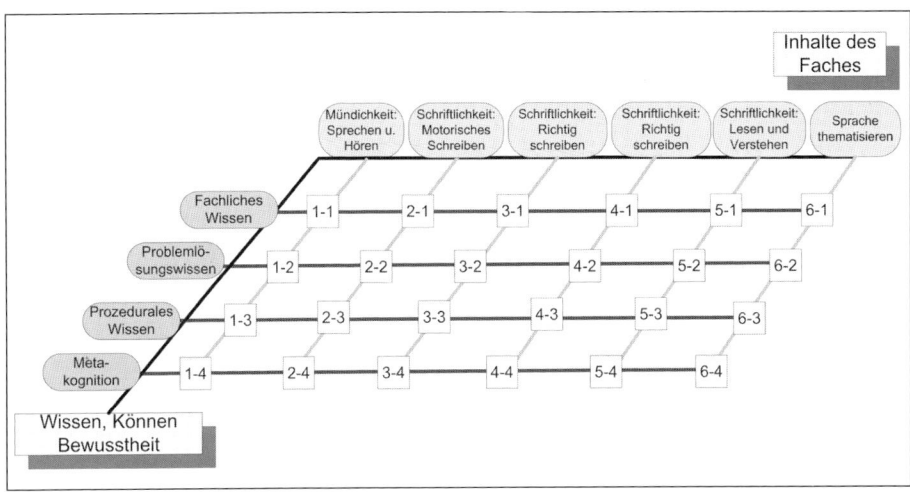

Abb. 02 | Kompetenzmodell (Grundmodell)

thematisieren einen hohen Stellenwert, fachliches Wissen hält sich dagegen bei *Richtig schreiben* in Grenzen.

b) Wie ebenfalls oben schon ausgeführt, sind die definierten Felder auf Entwicklungsstufen zu beziehen. Auf diese Weise kann man dann sagen, welche Kompetenz wann erworben wird (deskriptiv-empirische Sicht) bzw. werden sollte (normative Sicht). Das Grundmodell wird damit zu einem dreidimensionalen Raum erweitert (vgl. Abb. 3). Nun erhält man, wenn man nur drei Entwicklungsstufen annimmt, 72 Punkte, die man ausweisen kann. Auf dem Punkt 4-2-2 (vgl. Abb. 3) kann man beispielsweise fragen, welches Problemlösungswissen eine Schülerin auf der Entwicklungsstufe 2 hat (empirische Frage) bzw. haben sollte (normative Frage). Um eine solche Frage sinnvoll stellen zu können, muss die Deutschdidaktik natürlich aufgrund empirischer Untersuchungen Entwicklungsniveaus definiert haben. Dieses zu leisten ist eine der großen Aufgaben der gegenwärtigen Deutschdidaktik.

Erweiterung des Modells: Entwicklungsstufen

Die Mächtigkeit des Grundmodells zeigt sich schließlich auch darin, dass es auch zu einem Modellraum für Anforderungsniveaus erweitert und entsprechend interpretiert werden kann (vgl. Abb. 4).

Erweiterung des Modells: Anforderungsstufen

45

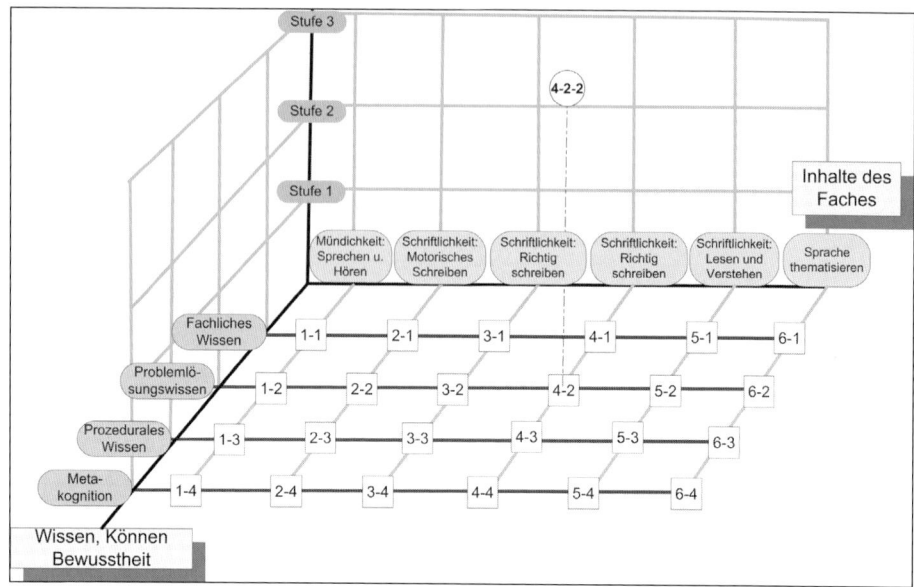

Abb. 03 | Kompetenzmodell mit Entwicklungsstufen

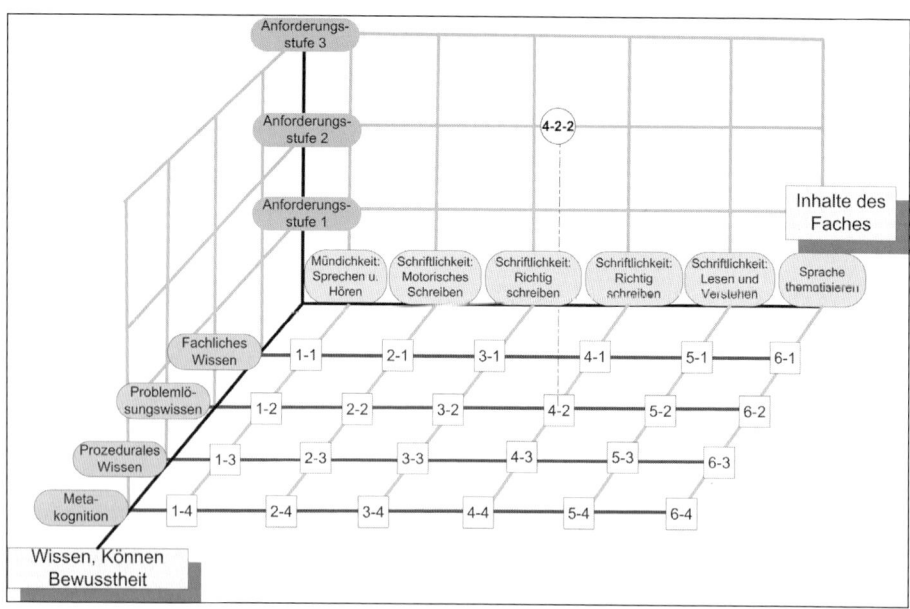

Abb. 04 | Kompetenzmodell mit Anforderungsstufen

46

Dieses Modell »erzeugt« Aufgaben. Die Frage, die nun gestellt werden kann, lautet z.B. am Punkt 4-2-2: Welche Aufgabe des Anforderungsniveaus 2 überprüft das nötige Problemlösungswissen bei *Richtig schreiben*? Wiederum ist es eine Aufgabe der Deutschdidaktik, solche Anforderungsniveaus zu definieren. Auch hier arbeitet die Deutschdidaktik gegenwärtig mit einem besonderen Nachdruck.

Das gezeigte Grundmodell ist ein analytisches Modell. Das soll besagen, dass es aus der Analyse des Wissens und der Arbeitsbereiche des Faches Deutsch gewonnen wurde. Eine spannende Frage ist, ob ein analytisches Modell auch einer empirischen Überprüfung standhält. Dazu sind Forschungen, wie sie mit PISA (Programme for International Student Assessment) begannen und mit DESI (Deutsch-Englisch-Schülerleistungen-Intenational) fortgeführt wurden, nötig.

Analytischer Charakter des Modells

Die Deutschdidaktik steht erst am Anfang der Entwicklung von Kompetenzmodellen. Bis ein allgemein anerkanntes Modell entwickelt ist, können Modelle, wie die eben beschriebenen, als heuristische Modelle gelesen werden. Heuristisch bedeutet, dass sie helfen, ein komplexes Phänomen zu strukturieren und Fragen zu stellen.

2.4 Integrativer Deutschunterricht

Der Ausdruck *Arbeitsbereich* suggeriert, dass sich Deutschunterricht einteilen lässt in die genannten Bereiche. Dabei ist heute die Trennung in Sprach- und Literaturunterricht, in der sich die Trennung in der Ausbildung in Sprach- und Literaturdidaktik widerspiegelt, gang und gäbe, aber auch die Reservierung eigener Unterrichtsstunden für Rechtschreiben oder Grammatik findet sich.

Alle Handlungsfelder gehören aber zusammen und müssen auch unter der Leitlinie eines verbundenen, integrierten Deutschunterrichts aufeinander verweisend gesehen werden (vgl. dazu auch das 7. Kapitel, in dem das Thema Integration noch einmal aufgegriffen wird). Die analytische Trennung (vgl. Übersicht) darf das nicht verdecken. Sie macht lediglich die Struktur sichtbar.

Integrativer Deutschunterricht als Klammer

So ist z. B. »Gespräche führen« der inneren Logik nach im Handlungsfeld *Sprechen/Hören* anzusiedeln; aber jeder geschriebene Text, egal ob von den Schülern geschrieben oder als literarischer Text, ist Anlass, um Gespräche zu führen (z. B. das literarische Gespräch als Methode des Literaturunterrichts) und Gespräche aller Art können wiederum Anlass sein, Sprachliches zu thematisieren. Hier besteht nun allerdings die Gefahr, dass alles nur am Rande und beiläufig angesprochen wird.

Deutschunterricht muss nun zwischen der Skylla der Isolierung der Arbeitsbereiche und der Charybdis der Beiläufigkeit einen angemessenen Weg finden.

Werden die Arbeitsfelder isoliert, besteht die Gefahr, dass der Deutschunterricht in Bereiche zerfällt, die in Wirklichkeit aufeinander bezogen sind. Mögliche Synergien gehen verloren. Noch größer ist die Gefahr, dass er in einen aus sich heraus interessanten und motivierenden Unterricht und in einen sinnentleerten zerfällt, da die Schüler die Bedeutsamkeit des Lernstoffes (noch) nicht einschätzen können. Wird alles mit allem verbunden, verliert der Unterricht Systematik und geht nicht tief genug.

Die Lösung dieses Dilemmas liegt darin, dass vier Fragen beantwortet werden müssen:
– Was ist für die Schülerinnen jetzt sinnvoll und motiviert sie?
– Welchen Stoff über die Arbeitsbereiche hinweg müssen die Schülerinnen lernen?
– Welche Verbindung gibt es zwischen den Stoffinhalten? Was kann mit was gewinnbringend, lernfördernd verbunden werden?
– Was muss systematisch gelernt und vertieft werden?

Hat man auf die erste Frage eine sinnvolle Antwort gefunden, hat man zugleich den Ausgangspunkt definiert. Das Weitere ergibt sich daraus, dass von diesem Ausgangspunkt aus Verbindungen zu dem Stoff gefunden werden müssen, der zum schulischen Curriculum gehört. So ist es z. B. sinnvoll, ein grammatisches Thema, etwa die Wortstellung, anhand eines literarischen Textes mit auffälliger Wortstellung zu thematisieren. Um Wortstellung allerdings zum Beispiel als stilistisches Produktionsmittel verfügbar zu machen, genügt ein solches beiläufiges Ansprechen nicht, vielmehr muss der Fokus des schulischen Unterrichts auf das Thema verschoben, Wortstellung und die Wirkung unterschiedlicher Wortstellungen erklärt und erarbeitet werden; aber auch dieses Wissen bliebe abstrakt, solange es nicht für die eigene Produktion verfügbar gemacht würde, die wiederum Anlass sein

Fokussierungen im integrativen Unterricht

48

kann, Orthographisches zu besprechen. Wir hätten also eine Kette von Fokussierungen, denen die folgenden Arbeitsbereiche zuzuordnen sind (vgl. Tab. 9):

Ausgangspunkt: Ein aus sich heraus als sinnvoll empfundener literarischer Text	Wortstellung	Eigene Produktion	orthographisches Problem
Lesen und Verstehen	Thematisierung von Sprache	Texte schreiben	Orthographie

Tab. 09 | Integration der Arbeitsbereiche

Aus sich heraus wäre das Thema Wortstellung vermutlich wenig motivierend für die Schülerinnen, über die Literatur ist es sinnvoll geworden und kann nun vertieft behandelt werden.

Es gehört zu den wichtigsten Aufgaben einer Lehrkraft, tragfähige Verbindungen zu finden; die Aufgabe von Schulbüchern ist es allemal (s. Beispiel am Schluss des Buches).

Der gegenseitige Bezug und die analytische Trennung, Integration und Systematik können auch unter dem Gesichtspunkt intelligenten und trägen Wissens gesehen werden.

Integration und Systematik

Die Einteilung in Handlungsfelder und die Aufteilung in Bereiche rechtfertigen sich also systematisch von der Sache her und didaktisch von der Art des Wissens, das erreicht werden sollte. Der gegenseitige Bezug zeigt Schülern, dass es sich beim schulischen Wissen nicht um träges, sondern um anschlussfähiges intelligentes Wissen handelt. Aber erst die systematische Behandlung versetzt sie in die Lage, selbst intelligent Anschlüsse herzustellen.

Zusammenfassung

In diesem Kapitel ist die Struktur des Faches Deutsch dargestellt worden. Dabei fällt auf, dass es keine einheitliche Terminologie in der Bezeichnung der Arbeitsbereiche gibt. Selbst die Anzahl der Arbeitsbereiche ist unterschiedlich. Unter einer analytischen Perspektive ergeben sich vier große Handlungsfelder. Spaltet man das Handlungsfeld Schreiben in seine Komponenten auf, so ergeben sich sechs

Arbeitsbereiche. Für diese Analyse wurden die grundlegende Unterscheidung in Mündlichkeit und Schriftlichkeit sowie die Wissensarten herangezogen.

Die analytische Trennung spiegelt mögliche systematisch zu vertiefende Handlungsfelder wieder, die aber eine ganz unterschiedliche Motivation für Schülerinnen haben. Daher muss eine Lehrkraft intrinsisch motivierende Ausgangspunkte finden und tragfähige Anschlussstellen. Integration ist notwendig, um einen Lernstoff in den Sinnbezirk einer Schülerin zu bringen; Systematik ist nötig, um Schülerinnen einen Stoff beherrschen zu lassen, dass sie selbst handlungsfähig werden.

Die analytische Struktur des Faches spiegelt nicht Kompetenzbereiche von Schülerinnen wider. Wie diese aussähen, ist eine empirische Frage und heute nicht beantwortbar.

Aufgaben

1. Vergleichen Sie die angeführten Lehrpläne der Länder der Sekundarstufe 1 mit den nationalen Bildungsstandards. Wo finden Sie die größten Unterschiede, wo die größten Übereinstimmungen.
2. Was bedeutet *analytisches Modell der Arbeitsbereiche?*
3. Wenn man *Mündlichkeit* und *Schriftlichkeit* mit *Medialität* und *Konzeptionalität* kreuzt, ergeben sich vier Möglichkeiten. Suchen Sie Beispiele, die zu jedem Paar passen.

MEHRSPRACHIGKEIT UND SPRACHBEWUSSTHEIT | 3

Sprache ist nicht nur Medium, sondern auch Werkzeug des Denkens

Sprache ist nicht nur das Medium unserer Kommunikation, sie ist auch nicht nur ein Werkzeug des Denkens, vielmehr vollzieht sich in ihr das Denken, das durch sie erst eine Form erhält. Daher bedeutet jede sprachliche Bildung auch eine Formung des Denkens, ja der Persönlichkeit eines Menschen. Durch Sprache erwirbt man die Kultur einer Gemeinschaft und wird in ihre Tradition eingebunden, und sie ermöglicht die Identifikation mit dieser Kultur. Das Ziel sprachlicher Bildung muss darin liegen, dass Kinder und Jugendliche sich einen selbstständigen Zugang zur Welt eröffnen, indem sie sich der konventionellen Formen der jeweiligen Gemeinschaft bedienen und sie schöpferisch und zukunftszugewandt gebrauchen. Da zwischenmenschliche Beziehungen wesentlich durch die Sprache geprägt werden und sich die höheren geistigen Tätigkeiten im Medium der Sprache vollziehen, ist die sprachliche Bildung von Kindern, Jugendlichen und jungen Erwachsenen nicht nur die Grundlage, auf der Wissen in den Fächern erworben werden kann, sondern auch das Ziel.

Das Sprachvermögen gehört zur genetischen Ausstattung des Menschen. Der Mensch kommt aber nicht mit einer fertigen Sprache auf die Welt, daher muss er sich auch die Muttersprache (Erstsprache) erarbeiten; sie ist ihm als Bildungsaufgabe aufgegeben. Dabei wird bereits die Ausbildung *der* und *in der* eigenen

Mehrsprachigkeit und Interkulturalität

Muttersprache als Teil einer Mehrsprachigkeit gesehen, die ihrerseits Interkulturalität zum Ziel hat. Die Basis, von der aus Interkulturalität gedacht wird, ist die jeweilige Amtssprache.

Sprachliche Bildung mit dem Ziel von Mehrsprachigkeit und Interkulturalität umfasst die Ausbildung und Verfeinerung
– der Muttersprache in Form »innerer Mehrsprachigkeit« (vgl. Wandruszka 1990);
– weiterer Sprachen als »äußere Mehrsprachigkeit«, im Folgenden *sprachenübergreifende Mehrsprachigkeit* genannt;
Sprachliche Bildung bedeutet in der Schule vor allem schriftsprachliche Bildung und die Pflege der mündlichen Sprache, in der sich die spontane und unmittelbare Kommunikation vollzieht. Hierzu gehört auch eine sprachliche Bildung, die den medialen Anforderungen genügt. Sprachliche Bildung zielt auf einen bewussten Sprachgebrauch.

3.1 Mehrsprachigkeit

Im europäischen Referenzrahmen für Sprachen heißt es: »*Mehrsprachigkeit betont die Tatsache, dass sich die Spracherfahrung eines Menschen in seinen kulturellen Kontexten erweitert, von der Sprache im Elternhaus über die Sprache der ganzen Gesellschaft bis zu den Sprachen anderer Völker. [Ziel ist eine, J.O.] kommunikative Kompetenz, zu der alle Sprachkenntnisse und Spracherfahrungen beitragen und in der die Sprachen miteinander in Beziehung stehen. In verschiedenen Situationen können Menschen flexibel auf verschiedene Teile dieser Kompetenz zurückgreifen, um eine effektive Kommunikation mit einem bestimmten Gesprächspartner zu erreichen. Zum Beispiel können Gesprächspartner von einer Sprache oder einem Dialekt zu einer oder einem anderen wechseln und dadurch alle Möglichkeiten der jeweiligen Sprache oder Varietät ausschöpfen, indem sie sich z. B. in einer Sprache ausdrücken und den Partner in der anderen verstehen. Man kann auch auf die Kenntnis mehrerer Sprachen zurückgreifen, um den Sinn eines geschriebenen oder gesprochenen Textes zu verstehen, der in einer eigentlich ›unbekannten‹ Sprache verfasst wurde; dabei erkennt man zum Beispiel Wörter aus einem Vorrat an Internationalismen, die hier nur in neuer Gestalt auftreten*«(Europäischer Referenzrahmen für Sprachen 2001. http://www.goethe.de/z/50/commeuro/de-index.htm).

Mehrsprachigkeit im europäischen Referenzrahmen

Vor diesem Hintergrund werden unter dem Begriff der *sprachenübergreifenden Mehrsprachigkeit* nicht nur einzelne Amtssprachen gegeneinander gestellt, mit dem Konzept der *inneren Mehrsprachigkeit* wird darüber hinaus auch die Muttersprache Deutsch in ihrem Varietätenreichtum erfasst.

Mehrsprachigkeit zielt also auf die Vielfalt innerhalb einer Sprache ebenso wie auf die Vielfalt der Sprachen.

3.1.1 Innere Mehrsprachigkeit

In Deutschland bedeutet *innere Mehrsprachigkeit* aus didaktischer Sicht, die Vielfalt der deutschen Sprache als eine ständige Bildungsaufgabe mit dem Ziel zu sehen, dass verschiedenen Varietäten und Modi angeeignet werden. Dabei sind verschiedene Varietäten und Stilebenen zu unterscheiden:

Innere Mehrsprachigkeit aus didaktischer Sicht

- dialektale Varietäten, die der unterschiedlichen geographischen Verteilung entsprechen (vgl. Abb. 5), und soziolektale Varietäten, die von den verschiedenen sozialen Gruppen benutzt werden;
- formelle und informelle Stilebenen, die in unterschiedlichen Kommunikationssituationen angebracht sind.

Primat der Hochsprache

Das Konzept der inneren Mehrsprachigkeit nivelliert nicht die verschiedenen Varietäten und Stilebenen, sondern hält am Primat der Hochsprache bzw. Standardsprache (vgl. Mat. 2) als Kommunikationsform mit der größten Reichweite als unbedingtem Lernziel fest, ohne allerdings andere Varietäten abzuwerten.

Mat. 2: Hochsprache – Standardsprache

Der Begriff **Hochsprache** weist auf die Notwendigkeit der Pflege und Bildung hin. Er trägt also in sich eine normative und eine didaktische Komponente. Der Begriff *Standardsprache* ist ein beschreibender (deskriptiver) Begriff. Er ist bei der wissenschaftlichen Beschreibung einer Sprache angebracht. (Vgl. Homburger Empfehlungen zur Förderung europäischer Hochsprachen. In: Ehlich u. a. 2000, S. 387–389.

Hochsprache und schriftliche Sprache

Der Begriff der Hochsprache ist unmittelbar verbunden mit dem der schriftlichen Sprache. An ihr orientiert sich die Hochsprache auch in der mündlichen Form. Doch gesprochene und geschriebene Sprache dürfen nicht nur in einem einseitigen Abbildungsverhältnis zueinander gedacht werden, sondern sie müssen als zwei verschiedene Modi, Sprache zu gebrauchen, betrachtet werden.

Sprachendifferenzbewusstsein

Ziel ist auf der Grundlage eines »Sprachdifferenzbewusstseins« (Neuland 1993) die kommunikative Kompetenz der sprachlich gebildeten Persönlichkeit, die sich verständlich, personen- und situationsangemessen in Wort und Schrift ausdrücken kann und auch ein Bewusstsein von diesen Sprachhandlungen hat. Hierzu gehören sowohl Kenntnisse über historische Varietäten, die sich auf unterschiedliche Zeitabschnitte im Laufe der Sprachentwicklung beziehen, als auch die bewusste Vermittlung der verschiedenen Fachsprachen. Hier hat jedes Unterrichtsfach explizit eine Sprachlernfunktion wahrzunehmen.

Abb. 05 | Dialekte in Deutschland

3.1.2 Sprachenübergreifende Mehrsprachigkeit

Gemeinhin versteht man unter Mehrsprachigkeit, dass eine Person mehrere Sprachen und nicht nur mehrere Varietäten einer Sprache beherrscht. Dafür wird im Folgenden der Begriff der

Äußere Mehrsprachigkeit

sprachenübergreifenden oder *äußeren Mehrsprachigkeit* gebraucht. Darüber hinaus ist bekannt, dass zwei- oder mehrsprachiges Aufwachsen die gesamte Sprachentwicklung beeinflusst. Ein schulischer Ausbau beider Sprachen ist bei zweisprachig aufwachsenden Kindern von Vorteil sowohl für die Entwicklung der Zweitsprache als auch für die allgemeine Leistungsfähigkeit. Ziel ist eine aktive Mehrsprachigkeit der Schüler, verstanden als Fähigkeit zur Kommunikation auf einem funktional angemessenen Niveau in den verschiedenen Lebensbereichen.

Zu einer solchen Entwicklung haben alle Unterrichtsfächer beizutragen. Es müssen Anstrengungen unternommen werden, diejenigen sprachlichen Anforderungen, die das Lernen des Unterrichtsstoffes voraussetzen, festzustellen und die dafür notwendigen sprachlichen Mittel zu lehren. Hierfür ist eine enge Kooperation zwischen Fach- und Sprachlehrern erforderlich.

Insgesamt sollte die Schule einen bewussten Umgang mit Mehrsprachigkeit pflegen und vermitteln und so eine positive Wertung von Mehrsprachigkeit unterstützen.

In Deutschland gibt es an der Ostgrenze mit dem Sorbischen und an der Nordgrenze mit dem Dänischen und Friesischen eine historisch bedingte Mehrsprachigkeit. Die Schüler wohnen hier in einem doppelten kulturellen Umfeld. In Österreich gibt es eine slowenische und ungarische Minderheit. Dabei gehört es zu den wesentlichen Aufgaben der Schule, die sich in der jeweiligen Sprache manifestierende Kultur an spätere Generationen weiterzugeben. In diesem Sinne kommt der Pflege und dem Ausbau des Sorbischen bzw. Dänischen eine besondere Bedeutung zu, wobei das Konzept der inneren Mehrsprachigkeit auch hier gilt.

Gesellschaftlich bedingte Mehrsprachigkeit aufgrund von Migration

Deutsch als Zweitsprache

Anders verhält es sich bei der gesellschaftlich bedingten Mehrsprachigkeit aufgrund von Migration. Schüler mit einem Migrationshintergrund sind durch unterschiedliche Kultur- und Lebenserfahrungen geprägt und müssen sich in einer ungewohnten Umwelt und Kultur orientieren. Meist haben die Schüler eine sprachliche Primärsozialisation in der Herkunftssprache der Familie, daneben wird in unterschiedlichem Maße die deutsche Sprache gebraucht. Man spricht in diesem Zusammenhang von *Deutsch als Zweitsprache.* Kinder mit Migrationshintergrund kommen also mit sehr unterschiedlichen Ausprägungen von Zweisprachigkeit in die Schule. Tab. 10 gibt Aufschluss über den Ausländeranteil in den verschiedenen Schularten/-formen, wobei hinter jedem Ausländer aber nicht grundsätzlich Zweisprachigkeit vermutet werden darf.

Schulart	Schuljahr			
	2004/05		2005/06	
	absolut	Anteil in %	absolut	Anteil in %
Vorklassen	4.340	23,3	1.272	15,5
Schulkindergärten	6.961	23,7	4.521	20,7
Grundschulen	361.419	11,5	354.277	11,2
Schulartunabhängige Orientierungsstufen	18.216	16,4	16.001	15,6
Hauptschulen	203.092	18,7	193.618	18,9
Schularten mit mehreren Bildungsgängen	11.864	3,1	12.100	3,6
Realschulen	97.868	7,2	99.058	7,5
Gymnasien	98.371	4,1	101.660	4,2
Integrierte Gesamtschulen	70.463	13,1	70.392	13,5
Freie Waldorfschulen	1.575	2,1	1.616	2,1
Förderschulen	67.421	15,9	65.550	15,7
Abendhauptschulen	501	38,6	474	35,0
Abendrealschulen	5.471	26,3	5.234	24,1
Abendgymnasien	2.755	13,4	2.753	13,0
Kollegs	997	5,6	1.005	5,5
Insgesamt	**951.314**	**9,9**	**929.531**	**9,8**

Quelle: Statistisches Bundesamt (http://www.destatis.de → Bildung → Schulstatistik

Tab. 10 | Ausländische Schülerinnen (Stand 2006)

3.1.3 Diagnose und Förderung im Kontext von Zweitsprachigkeit

Es gehört zu den Aufgaben der Schule, sprachliche Bildung durch Anschluss an die sprachliche Primärsozialisation gezielt zu fördern. Für die schulische und soziale Integration ist es besonders wichtig, die deutsche Sprache – als Amtssprache und als Medium der schulischen Bildung – prinzipiell laufbahnbegleitend und in allen Fächern so zu lehren, dass eine gleichberechtigte Wahrnehmung von Bildungs- und Berufschancen gewährleistet ist.

Pflege der Herkunftssprache

Doch auch die schulische Pflege und Entwicklung der Herkunftssprache ist nach sprachwissenschaftlichen Erkenntnissen eine wichtige Voraussetzung für den Bildungserfolg zweisprachig aufwachsender Schüler. Wesentlich ist dabei, dass der herkunftssprachliche Unterricht koordiniert mit dem Unterricht in der deutschen Sprache und im Fachunterricht erteilt wird; dies gilt u. a. für die Alphabetisierung und die fachspezifische Sprache im Unterricht. Es müssen situativ angemessene Lösungen gefunden werden: z. B. integrierter Herkunftssprachenunterricht, Kooperation mit unterschiedlichen Partnern, Einbeziehung in den Deutschunterricht, vor allem im Sinne des Sprachenvergleichs (vgl. Mat. 4) und, wo es sich anbietet, auch in anderen Fächern.

Wie auch immer die politische Ideologie sein mag, faktisch ist Deutschland ein Einwanderungsland. Wollte man sich in der Vergangenheit damit beruhigen, dass durch den Sprachkontakt als solchem spätestens in der dritten Generation kein Sprachproblem mehr auftaucht, so zeigen die Fakten das Gegenteil.

Neuere Forschungen ergeben, dass Zweisprachigkeit durchaus ein Vorteil ist, wie man überhaupt Mehrsprachigkeit als Normalzustand ansehen kann (s.o.). Die Frage ist, warum dies bei Zweitsprachigkeit im Großen und Ganzen nicht der Fall ist. Hilfreich ist hier die Unterscheidung zwischen Immersion und Submersion (vgl. Tab. 11). Diese Unterscheidung geht auf Cummins (1980) zurück. Unter *Immersion* (*Eintauchen*) wird ein Sprachunterricht wie etwa auf zweisprachigen Schulen verstanden, bei dem beispielsweise manche Sachfächer in einer zweiten Sprache (L2) unterrichtet werden; dagegen versteht man unter *Submersion* (*Untertauchen*) die Beschulung zweitsprachlicher Kinder in Regelschulen ohne besondere Maßnahmen. Ihre eigene Muttersprache (L1) spielt dabei keine oder kaum eine Rolle.

Immersion und Submersion

Grießhaber stellt Immersion und Submersion folgendermaßen gegenüber:

58

	Immersion	Submersion
L_2-Kompetenz bei Beginn	niedrig bei allen Schülern	niedrig bei einem Teil der Schüler
L_2-Verwendung	wird belohnt	wird bestraft, Zeichen begrenzter intellektueller und schulischer Begabung
L_1 Lehrerkompetenz	vorhanden	in der Regel nicht vorhanden
Vertrautheit mit L_1 Kultur	vorhanden	in der Regel nicht vorhanden (andere Erwartungen)
Bewertung der L_1	respektiert, später als Fach eingeführt	kritisiert / unterdrückt, meist nicht im regulären Unterricht
Resultat	meist erfolgreich	meist deutlicher Misserfolg

Tab. 11 | Immersion und Submersion
(Grießhaber: http://spzwww.uni-muenster.de/~griesha/sla/cummins/imm-sub.html, 1.8.2007)

Daraus kann man wiederum den Schluss ziehen, dass eine systematische didaktische Einbeziehung der Herkunftssprache (als Gegenstand und Medium des Unterrichts) sinnvoll ist. Man kann nicht darauf bauen, dass ständiger Sprachkontakt automatisch zu positiven Ergebnissen führt. Dies ist eine Aufgabe für den Unterricht überhaupt, nicht nur für den Deutschunterricht.

Wünschenswert wäre also ein Unterricht, in dem zweisprachige Kinder und Jugendliche zweisprachig unterrichtet werden. Davon ist die Realität allerdings häufig weit entfernt und ein solcher Zustand ist auf die Schnelle auch nicht erreichbar. Daher ist zu überlegen, welche Maßnahmen auf alle Fälle förderlich sind (vgl. Mat. 3):

Mat. 3: Zur Situation zweisprachig aufwachsender Kinder und Jugendlicher

Allgemein akzeptierte Erkenntnisse über zweisprachig aufwachsende Kinder und Jugendliche

Die folgenden Aussagen können als derzeitiger Konsens in den Forschungen zu Zweisprachigkeit und zweisprachiger Bildung gelten. Sie stellen die wissenschaftlichen Voraussetzungen bildungspolitischen Handelns dar, die bei praktischen bildungspolitischen Entscheidungen zu beachten sind:

1. Individuelle und gesellschaftliche Zwei- und Mehrsprachigkeit sind, weltweit und weltgeschichtlich betrachtet, eine Normalität. Die europäischen Einwanderungsstaaten erfahren heute – nach einer vorangegangenen Epoche starker Sprachvereinheitlichung in den Grenzen ihrer Territorien – diese Normalität von neuem. Eine künftige Ausweitung von Zwei- und Mehrsprachigkeit in diesen Staaten ist wesentlich wahrscheinlicher als ein Rückgang.

2. Individuelle Zweisprachigkeit stellt keine intellektuelle Überforderung dar. Sie hat als solche keine negativen Auswirkungen auf die soziale, geistige und sprachliche Entwicklung von Kindern und Jugendlichen. Nicht selten geht sie sogar mit einer früher entwickelten Sprachbewusstheit einher.

3. Die Erstsprache und die Zweitsprache zweisprachiger Kinder und Jugendlicher beeinflussen sich im Entwicklungsprozess gegenseitig im Sinne von Transfereffekten. Die in der Öffentlichkeit manchmal vertretene Vorstellung von systematischen Blockadeeffekten ist wissenschaftlich nicht haltbar.

4. Persönliche Probleme mit der Zweisprachigkeit haben Ursachen im engeren oder weiteren sozialen Umfeld. Diese können vielfältig und komplex sein. Die wissenschaftliche Systematisierung der Zusammenhänge ist jedoch nicht so weit vorangeschritten, dass allgemeingültige Aussagen hierüber vertreten werden könnten.

5. Schulische Erfolge oder Misserfolge zweisprachiger Schülerinnen und Schüler sind Ergebnisse von Interaktionsgeschichten zwischen der Schule und den Schülerinnen und Schülern. Der Erwerb der Zweitsprache bis zu einem Niveau, das eine chancengleiche Teilhabe am Unterricht gleichaltriger (einsprachiger) Schülerinnen und Schüler ermöglicht, ist auch unter günstigen Umständen ein mehrjähriger Prozess. (Es ist zu berücksichtigen, dass sich das Zielniveau von Schuljahr zu Schuljahr erhöht.)

6. Auf Seiten der Schülerinnen und Schüler sind die Sozialschichtzugehörigkeit und die Beherrschung der Unterrichtssprache die beiden einflussreichsten Faktoren.

7. Auf Seiten der Schule ist das Verhältnis der Einflussfaktoren nicht geklärt. In Betracht zu ziehen sind das Schulklima, die Passung des Curriculums und die Qualität des Unterrichts, welche ihrerseits von der sprachlichen und didaktischen Qualifikation der Lehrkräfte abhängt. Unter sonst gleichen Bedingungen hat eine Nutzung der Erstsprache im Unterricht positive Auswirkungen auf das fachliche Lernen und den Erwerb der Zweitsprache auf dem von der Schule geforderten Niveau.
[Reich & Roth 2002, S. 41]

Zu den auch unter psychohygienischen Gesichtspunkten sinnvollsten Maßnahmen gehört die Akzeptanz und Wertschätzung der Sprachen im Klassenzimmer. Hilfreich ist hier ein Sprachvergleich auf verschiedenen Ebenen (vgl. Mat. 4):

Beispiele für Sprachenvergleich

Mat. 4: Sprachen im Vergleich

– Phonologisch:
Deutsche Silbenstruktur: (K)KVK(K) (K=Konsonant; V=Vokal);
Im Deutschen gibt es Konsonantenhäufungen am Silbenanfang und am Silbenende. Das Türkische dagegen kennt nur KV.
Im Italienischen gibt es lange und kurze Konsonanten, im Deutschen gibt es diese Unterscheidung nicht. Dagegen kennt das Italienische keine langen und kurzen Vokale.
– Lexikalisch:

	Deutsch	Italienisch	Griechisch	Serbisch/ Kroatisch	Türkisch
Namen	Hans	Giovanni	Ιάνις (Jannis)	Ivan	–
Grüßen	Guten Tag Auf Wiedersehn	buon giorno arriverderci	καλημήρα (kalimära) αντίο (antio)	dobar dan do videnja	iyi günler güle güle
Bitten	Bitte	prego, per favore	παρακαλώ (parakalo)	molim	lütfen
Danken	Danke	grazie	ευχαριστώ (efcharisto)	hvala	teşekkür ederim

	Deutsch	Italienisch	Griechisch	Serbisch/ Kroatisch	Türkisch
Wochen- namen	Sonntag (Tag der Sonne) Montag Dienstag Mittwoch Donnerstag Freitag Samstag	domenica (Tag des Herrn) lunedi martedi mercoledi giovedi venerdi sabato	κυριακή (kiriaki) (Tag des Herrn) δεύτερα (deftera) τρίτη (triti) τετάρτη (tetarti) πέμπτη (pempti) παρασκευή (paraskevi) σάβατο (savato)	nedjelja (Tag, an dem man nichts tut) ponedjeljak utorak srijeda cetvrtak petak subota	pazar (Markttag) pazartesi salı çarsamba perşembe cuma cumartesi
Verwandt- schaft	Mutter	madre	η μητέρα (i mitera)	majka	anne
	Vater	padre	ο πατέρας (o pateras)	otac	baba

– Syntaktisch

Begleiter – Namenwort	die Schule	la scuola	το σχολειο (to scholeio)	skola	okul
Fürwort-Verb	ich gehe	vado	πηγαίνω (pijéno)	idem	ben gidiyorum
Großschrei- bung.	x	–	–	–	–

dt.	ich		spreche	Deutsch	mit		meinen	Eltern
ital.			parlo	italiano	ai		miei	genitori
rumän.	eu		vorbesc	Romaneste	cu		parentii	mei
türk.	ben		ailemle	Almanca			konuşuyorum	
	ich		mit meinen Eltern		deutsch	spreche		

[vgl. Oomen-Welke 1998, S. 135.]

Solche Listen können problemlos in einer Klasse erstellt werden. Bedeutsam ist, dass sie nicht nur folkloristische Bedeutung haben, sondern zum Zweck des Sprachvergleichs sowie unterschiedlicher Problemlösungen durch unterschiedliche Sprachen genutzt werden. Sprachkontrast bewirkt Sprachaufmerksamkeit, die allen Schülerinnen in einer Klasse zugute kommt.

Der Förderbedarf in sprachheterogenen Klassen wird häufig über Förderunterricht gegeben. Allerdings besteht bis heute das von Reich (2001, S. 64; hier zitiert nach Siebert-Ott 2003, S. 36) beschriebene Defizit:

„Ansätze zu einer spezifischen Didaktik des DaZ entwickelten sich in diesem Arbeitsfeld in einer diskontinuierlichen Weise. In der Praxis gab und gibt es mehr oder minder intuitive, mehr oder minder gelungene Versuche der Übertragung von Methoden des (primarschulischen, muttersprachlichen) Deutschunterrichts auf Deutsch als Zweitsprache."

Ein ähnliches Urteil ist über sprachstandsdiagnostische Verfahren zu fällen, wobei allerdings in den letzten Jahren ein sehr erfreulicher Anstieg an einschlägigen Arbeiten zu verzeichnen ist. Am besten haben sich freie Sprachproduktionen der L2-Schülerinnen bewährt, deren sprachliche Daten auf den verschiedenen linguistischen Ebenen gedeutet werden müssen.

Sprachstandsdiagnose

Dabei kann man mindestens die folgenden Basisqualifikationen unterscheiden:

Basisqualifikationen

„A die rezeptive und produktive phonische Qualifikation (Lautunterscheidung und -produktion, Erfassung und zielsprachliche Produktion von suprasegmentalen-prosodischen Strukturen, sonstige paralinguistische Diskriminierung und Produktion);

B die pragmatische Qualifikation I (aus dem Einsatz von Sprache bei anderen deren Handlungsziele erkennen und darauf angemessen eingehen sowie Sprache angemessen zum Erreichen eigener Handlungsziele einsetzen);

C die semantische Qualifikation (die Zuordnung sprachlicher Ausdrücke zu Wirklichkeitselementen und zu Vorstellungselementen sowie zu deren Kombinatorik rezeptiv und produktiv herstellen);

D die morphologisch-syntaktische Qualifikation (zunehmende Befähigung, komplexe sprachliche Formen, Form- und Wortkombinationen sowie Kombinationen zu Sätzen und von Sätzen zu verstehen und herzustellen);

E die diskursive Qualifikation (Strukturen der formalen sprachlichen Kooperation erwerben; Befähigung zum egozentrischen handlungsbegleitenden Sprechen und zur sprachlichen Kooperation im Zusammenhang mit aktionalem Handeln, zur Narration, zum kommunikativen Aufbau von Spiel- und Phantasiewelten);

F die pragmatische Qualifikation II (die Fähigkeit, die Einbettung von Handlungsbezügen in unterschiedlichen sozialen Wirklichkeitsbereichen zu erkennen und die angemessenen Mittel zur kommunikativen Einflussnahme auf diese Wirklichkeitsbereiche zielführend nutzen);

G die literale Qualifikation (erkennen und produzieren von Schriftzeichen, Umsetzung mündlicher in schriftliche Sprachprodukte und umgekehrt; Entwicklung von Graphie, Lesevermögen, Orthographie und schriftlicher Textualität, Auf- und Ausbau von Sprachbewusstheit) [...].

Die verschiedenen Basisqualifikationen haben charakteristische Entwicklungszeitfenster, innerhalb derer sie einsetzen und kontinuierlich ausgebildet werden." (Ehlich 2005, S. 12)

Die einzelnen Basisqualifikationen werden in den einzelnen Kapiteln dieses Buches noch an den verschiedenen Stellen unter „Diagnose- und Förderkompetenz" behandelt werden. An dieser Stelle soll besonders auf die pragmatischen Basisqualifikationen und die Basisqualifikation D, die mit den anderen Qualifikationen eng interagiert, hingewiesen werden.

Pragmatische Basisqualifikationen Die Basisqualifikation B (pragmatische Qualifikation I) verweist in besonderer Weise auf „sprachliche Sequenzialität. In der Kindergarten- und Vorschulzeit wird die virtuose Nutzung sprachlicher Handlungsmuster zunehmend erweitert und ausgebaut. Zugleich wird die Befähigung zum Arbeiten mit der Verkettung sprachlicher Handlungen rezeptiv (im Zuhören über längere Turn-Strecken der Bezugspersonen) und in der Entwicklung narrativer und deskriptiver Verfahren aufgebaut" (Ehlich 2005, S. 23). Die Basisqualifikation F (pragmatische Qualifikation II) zielt auf die „Fähigkeit [...], die Einbettung von Handlungen und Handlungsfolgen in unterschiedlichen sozialen, insbesondere institutionellen Wirklichkeitsbereichen zu erkennen [...]. Dies ist von grundlegender Bedeutung beim Eintritt in andere institutionelle Zusammenhänge als die der Familie – also konkret in den Kindergarten, die Vorschule und dann die Schule. Der Einsatz sprachlicher Handlungsmittel, um in diesen Wirklichkeitsbereichen kommunikativ zu bestehen und erfolgreich auf ihre Veränderung einzuwirken, gehört zu jenen Basisqualifikationen, ohne die erfolgreiches Handeln in komplexen Gesellschaften nicht möglich ist. Rückzüge in Primärstrukturen wie die der Familie oder gar der Mutter-Kind-

Dyade allein markieren eine erhebliche sozialisatorische Entwicklungsstörung, die als kommunikative Störung von wahrscheinlich weitreichenden Konsequenzen für die weitere individuelle Biographie ist" (Ehlich 2005, S. 24).

In diesem Zusammenhang sind auch ethnolinguistische Varietäten wie das sog. *Kanak* von Interesse: Präpositionen und Artikel fallen aus, das neutrale grammatische Geschlecht wird generalisiert, bestimmte deutsche und türkische Wörter werden bevorzugt, z.B. *lan, langer, konkret, isch schwör, siktir lan* („verpiss dich"). Charakteristische Äußerungen sind *isch geh markplatz* oder *hey lan, isch geb dir konkret handy* oder die Drohung *siktir lan, isch schwör langer isch mach disch tot.* Durch die Übernahme prosodischer und phonetischer Eigenschaften aus dem Türkischen wird das Deutsche verfremdet (vgl. Keim & Androutsopoulos (2000).

Solange es sich hier um eine ethnolektale Gruppensprache handelt, die zu Identifikationszwecken gesprochen wird, ist die Schule nicht gefragt. Tritt eine solche Sprache in das Klassenzimmer, braucht sie wegen ihrer Unangemessenheit eine (pädagogisch) angemessene Korrektur, die durch Sprachkontrast die Unterschiede deutlich macht.

Wichtig ist an dieser Stelle auch der Hinweis, dass aus den mündlichen Fähigkeiten nicht auf Sprachfähigkeiten überhaupt geschlossen werden darf. Knapp (1997) weist zu Recht darauf hin, dass auf Grund der häufig bereits recht gut entwickelten mündlichen Kommunikationsfähigkeiten die (schriftlichen) Sprachkenntnisse, über die die Schüler in der Zweitsprache Deutsch verfügen, überschätzt würden.

Hinsichtlich der Basisqualifikation D sind heute die besten Diagnoseinstrumente vorhanden. Grießhaber (2005) schlägt eine Profilanalyse vor, die sich einfach handhaben lässt. Zur Erhebung wird ein „Sprachprofilbogen" (vgl. Mat. 5) verwandt. Diesen füllen Lehrkräfte bei passenden Gelegenheiten aus.

Morpho-syntaktische Basisqualifikation und Sprachprofilbogen

65

Mat. 5: Sprachprofilbogen zur Diagnostik

Sprachprofilbogen
Für jede Äußerung in der entsprechenden Rubrik ein Strich:
Stufe 4: **Nebensätze** mit finitem Verb in Endstellung:

... nach subordinierenden Konjunktionen (*dass, wenn, weil, ...*)
➢ *..., **weil** der auch mal mit seiner Klasse gefahren **ist**.*

Stufe 3: **Subjekt** nach *finitem Verb*

...nach vorangestellten Deiktika oder Adverbialausdrücken:
➢ *Da **ist** der **Papa**.*
➢ *Und dann **hat** der **Hund** äh gegessen.*

Stufe 2: **Separierung** *finiter* & infiniter Verbteile:

➢ *Perfekt mit Hilfsverb hat/sein und Vollverb: Und ich **habe** dann **geweint**.*
➢ *Modalverb und Vollverb: Ich **wollte** den auch **hinwerfen**.*
➢ *trennbare Vorsilbe am Satzende: Ich **bring** noch Legos **mit**.*

Stufe 1: *Finites Verb* in einfachen Äußerungen:

➢ *Der Benjamin **hat** einen Schlitten.*

Stufe 0: **Bruchstückhafte** Äußerungen, ohne finites Verb:

➢ (akustisch) nicht verstehbare Äußerung
➢ grammatisch unvollständige Äußerung: Mein Bruder. Sieben.
➢ Floskel- oder formelhafte Äußerung: Danke • Bisschen • Ich auch.

Profil: Äußerungen Stufe 0:____/ 1:____/ 2:____/ 3:____/ 4:____/
Ermittelte Stufe: ____
[Grießhaber 2005, S. 45]

Grießhaber gibt für den Einsatz folgende Hinweise:

- **Allgemeine Erfordernisse**:

Aussagekräftige Sprachprobe: freie Konversation mit längeren Passagen, am besten Erzählungen; eventuell auch Pausengespräche; insgesamt bis zu ca. 20-30 min. je Kind

- **Sequentiell: Kodierung & Auswertung nach dem Gespräch:**

Tonaufnahme zur sicheren Auswertung (notwendig); in der Regel Einzelgespräche

Ressourcen: 1 Lehrkraft: Vorbereitung, Durchführung, Auswertung; Material für Sprechanlässe (Bilder, Bücher, Handpuppen, ...); optional: Tonaufnahmegerät (z.B. MPR3-Rekorder), eventuell Tonträger

- **Simultan: Kodierung während des Gesprächs:**

In der Regel in der Gruppe (Klasse)

Ressourcen: 2 Lehrkräfte (Teamteaching): A: Kommunikation mit dem/den Proband/en; B: Beobachtung der Kommunikation und Notizen; Material für Sprechanlässe

- **Material für Sprechanlässe:**

Bilderbücher - besonders mit Ausklappbildern - haben sich als gute Sprechanlässe erwiesen (viele Migrantenkinder besitzen keine derartigen Bilderbücher)

- **Kodierung**

Wie sollen Äußerungen kodiert werden, in denen Strukturen zweier Stufen, z.B. der zweiten und der dritten, enthalten sind? → Äußerungen werden nur einmal erfasst und zwar mit der jeweils höchsten Stufe.

- **Zuverlässigkeit:**

Ist das Verfahren zuverlässig, wenn die Profile sich von Tag zu Tag ändern?

Zwar kann man Sprache über längere Zeit nicht gezielt steuern, aber die verwendete Sprache ist von der Handlungskonstellation und vom Diskurs abhängig: bei Bilderbüchern erfolgen gestisches Zeigen auf Bildteile und sprachliches Zeigen mit Zeigewörtern - ‚da' – parallel → bewirkt Strukturen mit vorangestelltem Adverbial und eventuell Subjekt-Verb-Inversion; Erzählungen erfordern typischerweise Perfekt-Strukturen mit Trennung von Finitum und infinitem Partizip (vgl. Grießhaber: http://spzwww.uni-muenster. de/~griesha/sla/tst/prf-anwenden.html; 1.8.2007)

Dabei gibt Grießhaber zu bedenken, dass der Sprachprofilbogen der grammatischen Erwerbsfolge folgt: „Es ist bisher nicht gelungen, diese Erwerbsreihenfolge durch Unterricht entscheidend zu verän-

Hinweise zum Einsatz des Sprachprofilbogens

67

dern. Positiv gewendet kann man diese Systematizität auch zur Diagnose des erreichten Erwerbsstands nutzen" (Grießhaber: http://spz www.uni-muenster.de/~griesha/fsu/gram/lehrbar.html; 1.8.2007).

Die Basisqualifikationen sowie eine Sprachprofilanalyse sind für alle Schülerinnen von Bedeutung. Allerdings besteht bei Schülerinnen mit Migrationshintergrund häufig ein besonderer Diagnose- und Förderbedarf, der durch eine Gesamtschau auf die notwendigen Qualifikationen und besondere Instrumente wie dem Profilbogen, befriedigt werden kann.

3.2 Sprachbewusstheit

Sprachbewusstheit als reflektierter Sprachgebrauch

Häufiger war nun von Sprachbewusstheit die Rede. Die Deutschdidaktik muss diesen Begriff in den Mittelpunkt stellen, da die Schülerinnen bereits über Sprache verfügen, wenn sie in die Schule kommen. Zwar erlernen sie hier neue Varietäten einer Sprache, insbesondere die Varietät Hochsprache/Standardsprache, aber nicht in dem Sinne, wie in Sachfächern neue Sachverhalte der Welt erworben werden. Insbesondere ist das Ziel jeder Sprachbetrachtung, nicht nur den Sprachgebrauch auszudehnen, sondern ihn auch bewusster zu gestalten. *Bewusst* bedeutet in diesem Zusammenhang, dass man sich nicht nur sprachlich verhält, also spricht, wie einem der Schnabel gewachsen ist, sondern dass man bewusst spricht/schreibt, also seinen Sprachgebrauch auch rechtfertigen kann. Bewusster Sprachgebrauch lässt sich reflektierend lernen am Beispiel guter Literatur. Dabei ist die Frage, warum ein Autor gerade so und nicht anders formuliert hat, leitend; sie lässt sich produzierend erarbeiten, indem verschiedene mögliche Formulierungen gegeneinander abgewogen werden.

Wir werden bei der Diskussion der Arbeitsbereiche immer wieder diskutieren müssen, wie sich Sprachbewusstheit in der Mündlichkeit, in der Schriftlichkeit und schließlich bei der Untersuchung von Sprache darstellt. Mit dem Begriff der Sprachbewusstheit ist ein grundlegender Leitbegriff für den Deutschunterricht gefunden.

Zusammenfassung

In diesem Kapitel sind die Begriffe Mehrsprachigkeit und Sprachbewusstheit eingeführt und Möglichkeiten der Diagnose und Förderung von Deutsch als Zweitsprache gezeigt worden.

Mehrsprachigkeit ist nicht nur Ausgangspunkt, sondern auch Ziel des Deutschunterrichts.

Mehrsprachigkeit sollte als innere und äußere Mehrsprachigkeit gedacht werden. Mit innerer Mehrsprachigkeit sind die verschiedenen dialektalen und sozialen Varietäten und unterschiedlichen Stilebenen einer Sprache, z. B. des Deutschen, gemeint, mit äußerer Mehrsprachigkeit, dass Menschen verschiedene Sprachen sprechen. Hier kann man wieder unterscheiden zwischen Deutsch als Zweitsprache (DaZ) und Fremdsprachen. Von DaZ spricht man, wenn Kinder nichtdeutscher Muttersprache mit einer nichtdeutschen Herkunftssprache das Deutsche in einer deutschen Umgebung – häufig ungeplant – erlernen; dagegen wird eine Fremdsprache meistens in der Schule planvoll erworben. Die Aneignung einer Zweitsprache unterscheidet sich also von der einer Fremdsprache dadurch, dass sie für die Lerner/innen ein lebensnotwendiges Verständigungsmittel darstellt und auch außerhalb des Unterrichts, z. B. im Kontakt mit Einheimischen, gebraucht und verwendet wird. Kinder mit Migrationshintergrund haben meistens einen besonderen Förderbedarf. Daher wurden in diesem Kapitel einschlägige Instrumentarien behandelt.

Mehrsprachigkeit muss zusammen mit Sprachbewusstheit, die sich in planvollem und reflektiertem Sprachgebrauch zeigt, gedacht werden. Sprachbewusstheit ist ein Leitbegriff der Deutschdidaktik, der alle Arbeitsbereiche durchzieht.

Aufgaben

1. Ordnen Sie diese Orte nach ihrer Dialektzugehörigkeit: *Ansbach, Bern, Frankfurt, Freiburg, Hannover, Heilbronn, Innsbruck, Oldenburg, Regensburg, Saarbrücken*
2. Ordnen Sie die Begriffe richtig zu: *Innere Mehrsprachigkeit, äußere Mehrsprachigkeit, Fremdsprachen, DaZ, Sorbisch, Dialekt, Fachsprachen.*
3. Ordnen Sie die Jahrgänge 2004/05/06 in der Tabelle des Statistischen Bundesamtes zu den ausländischen Schülern nach dem Prozentrang. Vergleichen Sie die Zahlen mit der Entwicklung zum Zeitpunkt Ihrer Lektüre. Welche Schlüsse ziehen Sie daraus?
4. ZESA (kodierter Name einer Schülerin) macht folgende Äußerungen (vgl. Grießhaber: http://spzwww.uni-muenster.de/~griesha/sla/tst/prf-o-zesa-a.html;

69

1.8.2007):
Der Jäger • • mit de Brille.
Ein Gewehr.
Und der Hase de Gewehr.
Und ...
... schließen.
Und • in de schlach chch.
Und die Brille nemt die Hase und Gewehr.
Und schlaft.
Und Hase bringt Sonne schläft auch die (Ge).
Ja und schlaft und ...
Und Brille Hase nehm und Gewehr.
Und ähm der Hase will den nehm ff.
... anziehn Ge/
Brille anzieht und Gew an (geschl) hm ...
Ja, und ...
Und de ( ).
Ja
(„Reen, renn, renn") hat der gesagt.
Und die ...
... (die) Brunn gegangen und ...
Ja, und geschlagt.
Geschossen und die ...
Die und die.
Tee und ...
Die Tasse.
Ein ...

Legen Sie eine Profilanalyse auf der Grundlage des Sprachprofilbogens an.

MÜNDLICHKEIT 4

Der muttersprachliche Unterricht hat die mündliche Sprache der Schüler zu entwickeln, dabei ist das wesentliche Ziel der Erwerb der Hochsprache auch im Mündlichen.

Mündliche Sprache kann konzeptionell mündlich oder konzeptionell schriftlich sein. Unter dem Gesichtspunkt der Wirkung (rhetorische Kommunikation) bzw. um eine personen- und situationsangemessene Varietät wählen zu können, muss personale Intelligenz zur Erfassung der Situation und des Beziehungsaspektes in einer Face-to-Face-Kommunikation ausgebildet werden. Analoges gilt für aktives Zuhören als Grundlage einer angemessenen sprachlichen Interaktion. Rhetorik darf nicht als Kunst der Überredung gesehen oder in die Nähe von Propaganda gerückt werden, sondern sollte als Kunst der verständlichen, partnerbezogenen und situationsgerechten Rede verstanden werden.

Zur mündlichen Sprache gehört neben der konzeptionellen Verständlichkeit, die sich in der Wahl der passenden Varietät und ihrer Durchführung ausdrückt, auch mediale Verständlichkeit (artikuliertes, orthoepisches Sprechen).

4.1 Fachliche Kompetenz

4.1.1 Mediale und konzeptionelle Mündlichkeit

- **Face-to-Face-Kommunikation, Daten der Kommunikation und Beziehungsaspekt**

Medial mündlich bedeutet, dass gesprochen wird, *konzeptionell mündlich* bedeutet, dass die Art und Weise des Sprechens den Bedingungen mündlicher Sprache folgt.

Medial und konzeptionell mündliche Sprache ist eine Sprache der Nähe, d.h. Sprecher und Hörer stehen sich face to face gegenüber. Damit wird aber nicht nur das Gesagte zum Gegenstand der Kommunikation, sondern immer auch das ganze Gegenüber in seiner Körperlichkeit, die selbst wieder Zeichen wird. Die gesamte Körperhaltung, insbesondere die Kopfhaltung, Mimik und Gestik, bis hin zur Kleidung sind in einer Face-to-Face-Kommunikation ebenso interpretierbares Zeichen wie die sprachlichen Zeichen, bei denen die sog. suprasegmentalen Einheiten – also Intonation mit Betonungen, Kadenzen (Intonationsverlauf am

Medial und konzeptionell mündliche Sprache ist eine Sprache der Nähe

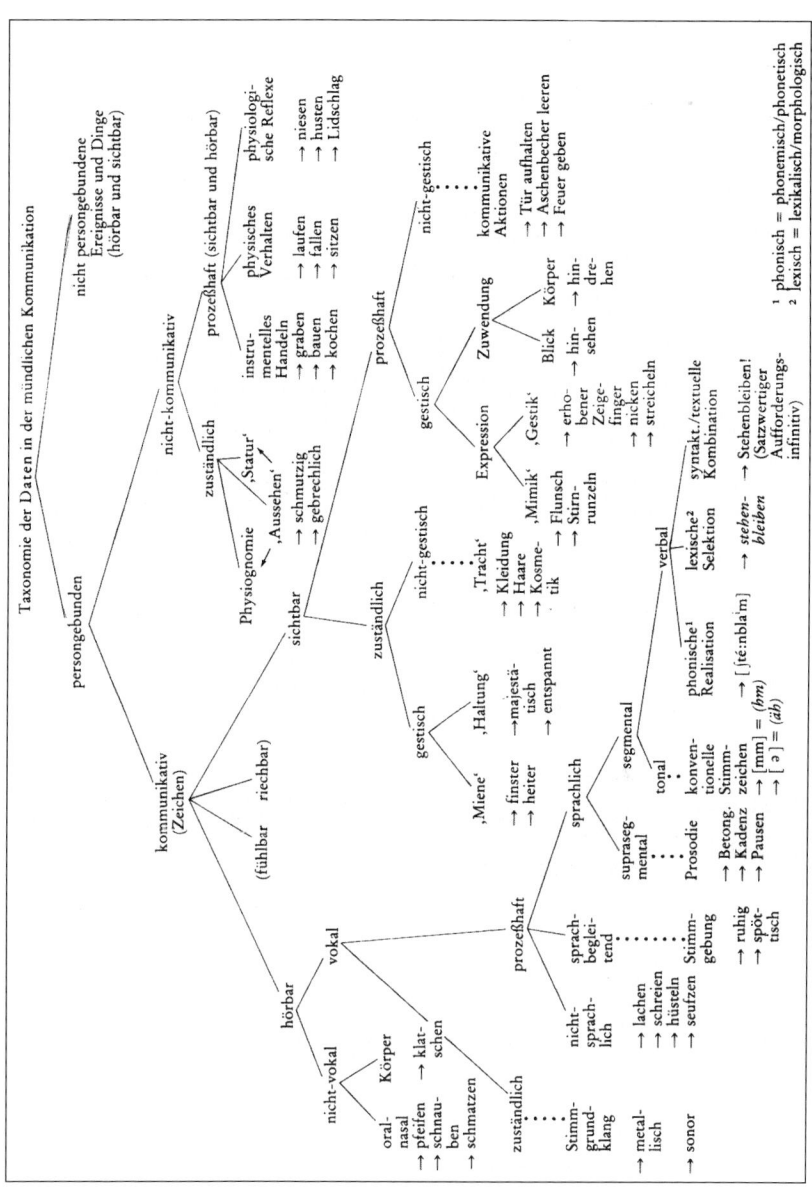

Abb. o6 | Taxonomie der Daten in der mündlichen Kommunikation (Henne & Rehbock 1979, S. 62)

Ende einer Äußerung) sowie Pausen – nun »die Musik machen« (vgl. Abb. 6: *Taxonomie der Daten in der mündlichen Kommunikation* von Henne & Rehbock 1979).

Interpretation von Daten der Kommunikationssituation

Eine gelingende Kommunikation verlangt die Interpretation solcher Daten, die jedoch nur teilweise auf der Grundlage von gesellschaftlichen Konventionen geregelt ist. Hinzu kommt immer ein situativ-strategischer Anteil. Angenommen, jemand erscheint sehr nachlässig gekleidet zu einem eher formellen Gespräch, so hält er zwar eine gesellschaftliche Konvention nicht ein, es ist aber die Frage, ob dies ein Ausdruck der Nachlässigkeit, bewusster Persönlichkeitsausdruck (dann würde der Betreffende seine Kleidung vermutlich nicht *nachlässig*, sondern vielleicht *bequem* nennen) oder gezielte Provokation ist. Je nachdem, wie diese Frage entschieden wird, ergeben sich unterschiedliche Beziehungsdefinitionen, die den weiteren Gesprächsverlauf bestimmen werden. Dabei ist nicht nur der sog. *erste Eindruck* entscheidend, sondern ebenso die Überlegung nach dem Warum: Warum diese Nachlässigkeit, dieser übersteigerte Persönlichkeitsausdruck, diese Provokation; worauf zielt dies? Wer darauf keine Antworten geben kann, ist gut beraten, wenn er ein solches Datum ignoriert und seine weiteren Ziele verfolgt und damit das Gegenüber zwingt zu reagieren.

Unterschiedliche Interpretation verbaler und nichtverbaler Daten

Zur Interpretation verbaler und nichtverbaler Daten, wie sie in einer Face-to-Face-Kommunikation ständig übermittelt werden und interpretiert werden müssen, gibt es eine interessante Befundlage: Nichtverbale Daten werden nicht nur anders aufgenommen und verarbeitet als verbale, sie werden insgesamt als glaubwürdiger angesehen als verbale Daten. Neurophysiologisch werden die beiden Datenmengen in unterschiedlichen Arealen verarbeitet.

Inhalts- und Beziehungsaspekt der Kommunikation

Häufig wird in diesem Zusammenhang vom *Inhalts- und Beziehungsaspekt* der Kommunikation gesprochen (vgl. Mat. 6). Mit diesen Ausdrücken ist gemeint, dass in einer Face-to-Face-Kommunikation nicht nur der verbale Text (Inhaltsaspekt) zählt, sondern dass sich in und durch eine Kommunikation auch Beziehungen definieren. Dabei spielt vor allem das Wie der kommunikativen Handlungen, das die Gesamtwirkung bestimmt, eine entscheidende Rolle.

Mat. 6: Kommunikationsaxiome nach Watzlawick u.a.

Auf den **Beziehungs- und Inhaltsaspekt** von Kommunikation haben besonders nachdrücklich die Psychologen Watzlawick, Beavin und Jackson hingewiesen. In ihrem Buch *Menschliche Kommunikation* stellen sie 5 pragmatische Axiome auf:

1. *Man kann nicht nicht kommunizieren.*
2. *Jede Kommunikation hat einen Inhalts- und einen Beziehungsaspekt, derart, dass letzterer die ersteren bestimmt und daher eine Metakommunikation ist.*
3. *Die Natur einer Beziehung ist durch die Interpunktion der Kommunikationsabläufe seitens der Partner bedingt.*
4. *Menschliche Kommunikation bedient sich digitaler und analoger Modalitäten. Digitale Kommunikationen haben eine komplexe und vielseitige logische Syntax, aber eine auf dem Gebiet der Beziehungen unzulängliche Semantik. Analoge Kommunikationen dagegen besitzen dieses semantische Potential, ermangeln aber die für eindeutige Kommunikationen erforderliche Syntax.*
5. *Zwischenmenschliche Kommunikationsabläufe sind entweder symmetrisch oder komplementär, je nachdem, ob die Beziehung zwischen Partnern auf Gleichheit oder Unterschiedlichkeit beruht.*

[Watzlawick u.a. 1969, S. 63–70]

Das erste Axiom bedeutet, dass in einer Kommunikation alles, was geschieht, gedeutet werden kann und damit kommunikativ (zeichenhaft) wird. Im zweiten Axiom wird behauptet, dass der Beziehungsaspekt angibt, wie das inhaltlich Gesagte zu verstehen ist. Dies ist sicherlich häufig so, da aber eine Beziehung selbst Gegenstand der Kommunikation sein kann, ist das Axiom zu stark formuliert. Vielmehr sollte man sagen, dass jede Äußerung aus dem verbal Gesagten und der Art und Weise seiner Äußerung besteht und erst beides zusammen die Interpretation der Äußerung ergibt, die ihrerseits Beziehungen definiert.

Das dritte Axiom fokussiert, dass eine Kommunikation aus einer Abfolge von Ereignissen, die miteinander verbunden sind, besteht. Für eine Beziehung ist es entscheidend, ob ein Gesprächsteilnehmer seinen Redebeitrag als Aktion oder als Reaktion – diese Abfolge nennen die Autoren *Interpunktion* – einschätzt.

Das vierte Axiom verweist drauf, dass die kommunikativen Zeichen unterschiedlich kodiert sind. Verbale Kommunikation (die Autoren sprechen von *digitaler*) folgt der reichen Syntax einer Sprache; aber gerade im Gefühlsbereich hat unsere verbale Sprache Grenzen. Hier brauchen wir unsere gesamte Körperlichkeit, mit der wir *zeigen* können, was wir meinen. Aber diese »Sprache« hat keine besondere Syntax, d.h. sie hat keine besonderen Regeln, wie Beziehungszeichen aufeinander zu folgen haben.

Das fünfte Axiom schließlich spricht an, dass es Kommunikation zwischen Gleichen und Gleichberechtigten geben kann, aber auch solche, die unter Ungleichen stattfindet, bei der beispielsweise das Rederecht nicht gleichermaßen vergeben wird.

Die »Axiome« von Watzlawick; Beavin & Jackson gehören zum klassischen Bestandteil einer mündlichen Kommunikationstheorie, wenngleich sich mittlerweile die Ausdrucksweise geändert hat. Niemand würde heute noch von *digitaler* und *analoger Kommunikation* sprechen.

Wesentlich ist die Äußerung, die z.B. als Geste nichtsprachlich sein kann oder – im Normalfall – aus dem sprachlich Gesagten und der Art und Weise, wie etwas gesagt wird, besteht. So ist die Äußerung <*Mach das Fenster zu; bittend*> anders zu interpretieren als <*Mach das Fenster zu; schneidend befehlend*>.

- **Gesprächsablauf und Gesprächsbeschreibung**

Makroebene: Phasen eines Gesprächs

Gespräche erstrecken sich in der Zeit. In der Beschreibung von Gesprächen kann man – wie bei allen Texten – drei große Phasen unterscheiden (Makroebene):
- Gesprächseröffnung
- Gesprächsmitte
- Gesprächsbeendigung

Hinzu kommen sog. Gesprächsränder; damit sind Nebenbemerkungen, kleine Exkurse, Abweichungen von dem, was man *Ziel und Zweck eines Gesprächs* (Grice 1979) nennen kann, gemeint.

Innerhalb der Phasen lassen sich auf einer *mittleren Ebene* identifizieren:

Mittlere Ebene: Gesprächsschritte

- Gesprächsschritte (einzelne turns)
- Sprecher-Wechsel (*turn-taking*)

– Gesprächssequenzen
– die einzelnen Sprechakte
– Gliederungssignale
– Back-channel-behavior (Rückmeldungen des Hörers). Damit
  ist gemeint, dass ein Hörer in einem Gespräch nicht nur passiv
  dabei ist, sondern durch bestätigende oder ablehnende Si-
  gnale wie Kopfnicken oder Kopfschütteln, Jas und Hms etc.
  dem Sprecher eine Rückmeldung gibt.

Schließlich kann man sich auf einer Mikroebene innerhalb der
Turns die syntaktische, lexikalische, phonologische und proso-
dische Struktur des Geäußerten ansehen.

Mikroebene:
Feinanalyse

Gespräche lasen sich also in unterschiedlichen Feinheitsgra-
den beschreiben. Dazu müssen sie allerdings beschreibbar vorliegen. Das bedeutet, dass man ein eigenes Transkript für die
Beschreibung braucht. (Mat. 7 zeigt das Inventar für Verschriftli-
chungen mündlicher Kommunikation nach GAT = Gesprächsanalytisches Transkriptionsmodell, Selting u.a. 1998)

Transkript für
Beschreibungen

Mat. 7: Basistranskript nach GAT (= Gesprächsanalytisches Transkriptionsverfahren)

Sequenzielle Struktur/Verlaufsstruktur

[ ]	Überlappungen und Simultansprechen
[ ]	
=	schneller, unmittelbarer Anschluss neuer Turns oder Einheiten

Pausen

(.)	Mikropause
(-), (--), (---)	kurze, mittlere, längere Pausen von ca. 0.25–0.75 Sek.; bis ca. 1 Sek.
(2,0)	geschätzte Pause, bei mehr als ca. 1 Sek. Dauer
(2.85)	gemessene Pause (Angabe mit zwei Stellen hinter dem Punkt)

Sonstige segmentale Konventionen

und=äh	Verschleifungen innerhalb von Einheiten
:, ::, :::	Dehnung, Längung, je nach Dauer
äh, öh, etc.	Verzögerungssignale, sog. »gefüllte Pausen«
´	Abbruch durch Glottalverschluss

Lachen

so(h)o	Lachpartikeln beim Reden
ha hehe hihi	silbisches Lachen

`((lacht))`	Beschreibung des Lachens

Rezeptionssignale

`hm, ja,nein,nee`	einsilbige Signale
`hm=hm,ja=a`	zweisilbige Signale
`nei=ein, nee=e`	
`´hm´hm`	mit Glottalverschlüssen, meistens verneinend

Akzentuierung

`aKZENT`	Primär- bzw. Hauptakzent
`aK!ZENT!`	extra starker Akzent

Tonhöhenbewegung am Einheitenende

`?`	hoch steigend
`,`	mittel steigend
`–`	gleichbleibend
`;`	mittel fallend
`.`	tief fallend

Sonstige Konventionen

`((hustet))`	para- und außersprachliche Handlungen u. Ereignisse
`<<hustend>>`	sprachbegleitende para- und außersprachliche Handlungen und Ereignisse
`<<erstaunt>>`	interpretierende Kommentare
`( )`	unverständliche Passage je nach Länge
`(solche)`	vermuteter Wortlaut
`al(s)o`	vermuteter Laut oder Silbe
`(solche/welche)`	mögliche Alternativen
`((... ))`	Auslassung im Transkript
`→`	Verweis auf im Text behandelte Transkriptzeile
	[Selting u.a. 1998]

• Gespräche als kooperative Bemühungen und die Rolle des Hörers

Konversationelle Implikaturen: Gesagt – Gemeint

Gespräche verlangen, soviel ist bis jetzt klar, ein hohes Maß gegenseitiger Interpretation. Nach welchem Maßstab soll und kann aber interpretiert werden? Wegweisend für die Beantwortung dieser Frage sind die sog. *konversationellen Implikaturen* von Grice (1979).

Grice fragt danach, wie aus dem Geäußerten das Gemeinte erschlossen werden kann. Dabei beschäftigt ihn das empirisch leicht nachvollziehbare Faktum, dass häufig nicht das gesagt wird, was gemeint ist. Man kann hinzusetzen, dass häufig auch Gesagtes und Art und Weise der Äußerung stimmig gemacht werden müssen.

Ausgangspunkt der Grice'schen Überlegungen ist das von ihm sog. *Kooperationsprinzip*. Es lautet:

Mache deinen Gesprächsbeitrag jeweils so, wie es von dem akzeptierten Zweck oder der akzeptierten Richtung des Gesprächs, an dem du teilnimmst, gerade verlangt wird.

Grice geht also davon aus, dass unsere Gespräche normalerweise nicht aus einer Abfolge unzusammenhängender Bemerkungen bestehen, sondern kooperative Bemühungen darstellen. Dabei anerkennt jeder Teilnehmer bis zu einem gewissen Grad einen gemeinsamen Zweck (bzw. mehrere davon) oder zumindest eine wechselseitig akzeptierte Richtung an, wobei sich beides im Laufe eines Gespräch ändern kann. Aus dem Kooperationsprinzip leitet Grice nun vier Maximen ab:

Maxime der *Quantität*:
 1. Mache deinen Beitrag so informativ wie (für die gegebenen Gesprächszwecke) nötig.
 2. Mache deinen Beitrag nicht informativer als nötig.

Maxime der Qualität:
 1. Sage nichts, was du für falsch hältst.
 2. Sage nichts, wofür dir angemessene Gründe fehlen.

Maxime der Relation:
 Sei relevant.

Maxime der Modalität:
 1. Vermeide Dunkelheit des Ausdrucks.
 2. Vermeide Mehrdeutigkeit.
 3. Sei kurz (vermeide unnötige Weitschweifigkeit).
 4. Der Reihe nach!

Akzeptiert man das Kooperationsprinzip und die daraus abgeleiteten Maximen, muss man feststellen, dass in einer gewöhnlichen Kommunikation häufig gegen die Maximen verstoßen wird, sofern man die gemachten Äußerungen oberflächlich betrachtet und sie z. B. wörtlich nimmt. Ein typisches Beispiel ist Ironie. Da sagt jemand: *Das ist ein netter Mensch* und meint dies nicht wörtlich, sondern ironisch, also in der gegensätzlichen Bedeutung. Der Hörer nimmt

Seitenrandnotizen:

Kooperationsprinzip

Grice'sche Konversationsmaximen

Beispiel: Ironie

79

die wortwörtliche Bedeutung auf, versteht, dass er sie wörtlich nicht nehmen darf, da sie der Maxime der Qualität widerspricht; das allgemeine Kooperationsprinzip unterstellend, interpretiert er nun die Äußerung dahingehend um, dass sie den Sinn erhält, der der wechselseitig akzeptierten Richtung des Gesprächs entspricht.

Das Grice'sche Kooperationsprinzip gilt für jede Art von Kommunikation, mündliche wie schriftliche, es hat aber in der mündlichen Kommunikation seinen besonderen Reiz. Ironie wird beispielsweise mit sog. *Ironiesignalen* nonverbal versehen, so kann z. B. eine ironisch gemeinte Bemerkung beispielsweise nicht im tiefsten Brustton der Überzeugung geäußert werden. Dieses Auseinanderdriften von verbal und nonverbal Geäußertem ist Grund genug, die Maxime der Modalität anzuwenden (*Vermeide Dunkelheit des Ausdrucks!*), um dann über die Maxime der Qualität zur stimmigen Interpretation zu kommen.

Das Kooperationsprinzip zeigt auch, dass bei Gesprächen
– die Rollen der Teilnehmer (Wer sagt was?),
– die Beziehung von Sprecher und Hörer,
– der Ablauf eines Gesprächs und
– die Gesprächsgattung
wichtige Parameter für eine Interpretation sind. Schließlich zeigt sich auch, das immer ein gerüttelt Maß an Empathie bei den Gesprächsteilnehmern unterstellt werden muss und dass Hören keine passive, sondern eine höchst aktive Tätigkeit ist. Die Hörertätigkeiten zeigen sich wiederum in den Gesprächsaktionen des Hörers, wenn er zum Sprecher wird.

Abb. 7 zeigt die Analyseparameter zusammengefasst, auf S. 74f. werden sie angewandt.

• Erzählen als Beispiel von Mündlichkeit

Erzählen gehört zu den Grundfunktionen der menschlichen Sprache. Erzählen heißt von seiner Wortbedeutung her, die wiederzugebenden Ereignisse nacheinander (Zahl um Zahl) aufreihen. Die temporale Ordnung ist also für das Erzählen grundlegend. Als Erstes muss aber ein Leser bzw. Hörer orientiert werden, damit er die erzählten Ereignisse selbst richtig einordnen kann. Was erzählt wird und was erzählenswert ist, hängt davon ab, welche Funktion das Erzählen hat.

Grundfunktionen
des Erzählens

Ludwig (1981) unterscheidet drei Grundfunktionen:
– Eine subjektive Funktion: Ein Erlebnis, eine Tat usw. soll ent-

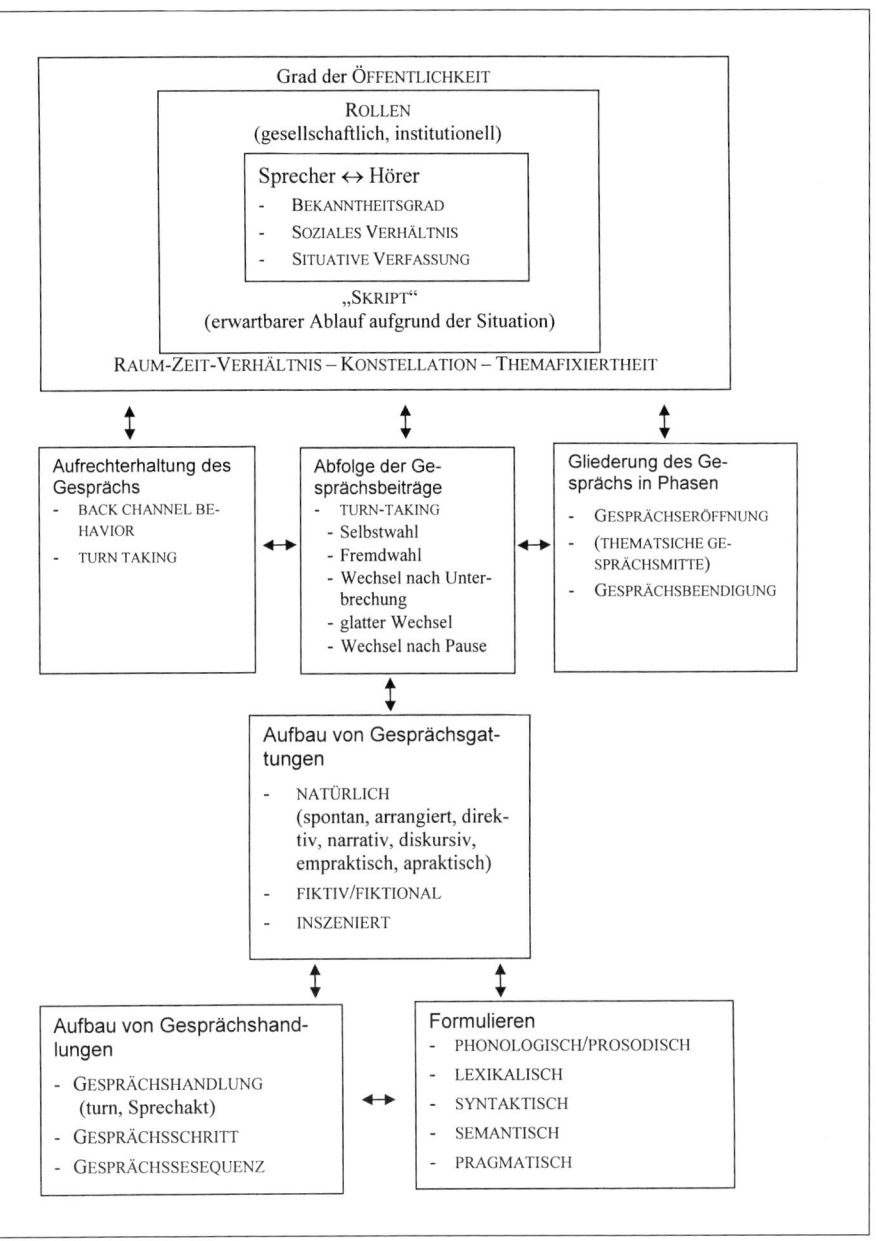

Abb. 07 | Analyseparameter eines Gesprächs

äußert werden: *Du, da ist mir etwas Lustiges, Schönes, Schreckliches passiert...* Es ist wichtig zu sehen, dass Erzählen hier die Funktion hat, Inneres nach außen zu bringen, auch um sich unter Umständen psychisch zu entlasten. Daher darf man solche Erzählungen nicht unter dem Gebot der Wahrheit sehen. Vielmehr neigen Kinder – je kleiner sie sind, umso eher – dazu, synkretistisch sich eine Geschichte zurechtzulegen, damit die Welt wieder in Ordnung gebracht werden kann.

– Eine gesellige Funktion: Hier ist der Blick auf den Partner zu richten; er soll unterhalten werden und gespannt einer Erzählung lauschen. Eine typische Einleitung hierzu ist: *Du, da weiß ich eine gute Geschichte.* Die prototypische Form ist die Höhepunkterzählung.

– Eine informierende Funktion: Diese Funktion liegt vor, wenn man Alltägliches erzählt: *Was war in der Pause los? Erzähl mal!*

Natürlich handelt es sich hier nicht um sich gegenseitig ausschließende Funktionen, sondern es liegt immer eine mehr oder weniger starke Vermischung vor.

Am Ende erfordert eine Erzählung einen zusammenfassenden Abschluss (vgl. Abb. 8).

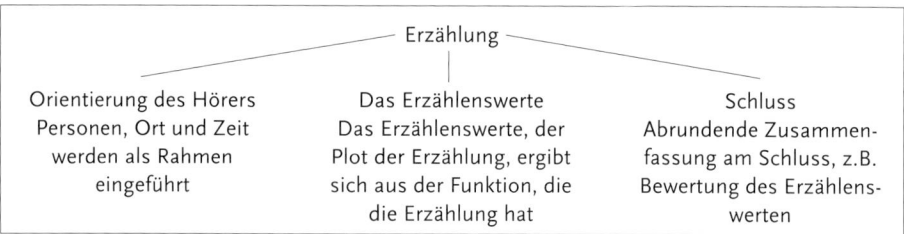

Abb. 08 | Aufbau einer Erzählung

Innerhalb mündlicher Kommunikation ist eine Erzählung insofern monologisch, als sie nicht in der für ein Gespräch typischen Wechselrede erfolgt. Aber der Erzähler ist auf ein Back-Channel-Behavior, also auf Rückmeldepartikel, angewiesen. Sie zeigen ihm, ob das Erzählte seine intendierte Funktion erfüllt, also ob er noch auf der richtigen Spur ist.

Neben dem monologischen Erzählen gibt es aber auch eine interaktionale Variante, die Wagner (1986) *Geflechterzählung* nennt (vgl. Tab. 12). Was sich dahinter verbirgt, wird deutlich, wenn man diesen Typ der geselligen Höhepunkterzählung gegenüberstellt:

Höhepunkt-Erzählung	Geflecht-Erzählung
Etwas auf einen Punkt (Pointe) hin erzählen	Von etwas erzählen
Erzählung hat Neuigkeitswert	Prinzipiell Bekanntes, gemeinsam Erlebtes wird mit unterschiedlicher Gewichtung erzählt
Auf einen Zeitpunkt hin zentriert	Ein Zeitraum wird erzählt/erinnert
Zeitliche Ordnung des Nacheinander	Aus dem Zeitraum werden gemeinsam erlebte Abschnitte erzählt, wobei die zeitliche Reihenfolge irrelevant ist
Aufbau: Orientierungsteil – Das Erzählenswerte: Komplikation – Höhepunkt – Schluss	Da es sich um gemeinsam Erlebtes handelt, fällt die Hörerorientierung weg, ebenso die Komplikation: offene Struktur
Monologisch	Gemeinschaftlich

Tab. 12 | Typen von Erzählungen

Höhepunktserzählungen, die wir heute als Prototyp des Erzählens empfinden, erfahren ihre Raffinesse im schriftlichen Erzählen, wo auch mit der einfachen temporalen Ordnung, etwa durch Rückblenden, gespielt werden kann. Für das mündliche Erzählen ist vermutlich die informierende Funktion prototypisch. Alltägliches wird in seiner temporalen Ordnung, das heißt im Nacheinander der Ereignisse, wiedergegeben. In der Geflechterzählung geschieht dies gemeinschaftlich, indem sich eine Gruppe wiedererinnert und vergangene Ereignisse vergegenwärtigt. Ein typischer Anfang ist: *Weißt du noch, damals ...* Die sich gemeinschaftlich Wiedererinnernden und vergangene Ereignisse Vergegenwärtigenden bauen gemeinsam aus den je verschiedenen Erinnerungsteilen eine Erzählung wie ein Puzzle auf. Unter gesprächsanalytischen Gesichtspunkten geschieht dies, indem durch Sprecherselbstwahl derjenige ein Stück Erinnerung beiträgt, der gerade an einem gewissen Erinnerungszeitpunkt etwas beisteuern kann.

- **Diskutieren als Beispiel von Mündlichkeit**
Diskutieren ist seinem Wesen nach eine gemeinschaftliche Tätigkeit und hat ein strittiges Thema in der diskutierenden Gemein-

83

schaft/Gruppe zum Grund. Damit wird immer die Frage, wer wann das Rederecht beanspruchen kann, virulent.

Wenn man die Analyseparameter für mündliche Kommunikation anwendet, so kann man eine Diskussion folgendermaßen bestimmen:

Analyseparameter für eine Diskussion

- Diskussionen können öffentlich, aber auch privat sein.
- Die Teilnehmer können eine gesellschaftliche oder institutionelle Rolle einnehmen, sie können aber auch rollenungebunden sein. Sie müssen außerdem nicht gegenseitig bekannt sein, sie können es aber. Das soziale Verhältnis ist neutral. Selbst wenn faktisch ein asymmetrisches Verhältnis herrscht, sollte diese Asymmetrie für die Dauer der Diskussion ausgeblendet sein. Mit anderen Worten: Eine Diskussion setzt grundsätzlich gleichberechtigte Diskussionsteilnehmer voraus.
- Diskussionen haben eine räumliche Einheit (wenn man Sonderformen wie Telediskussionen ausnimmt) und sind synchron.
- Die Diskussionsteilnehmer sind auf kein geregeltes und besonderes Back-channel-Behavior angewiesen. Wichtig ist, dass jemand seinen Part inhaltlich überzeugend ausfüllt.
- Diskussionen brauchen vor allem ein geregeltes Turn-taking. In informellen Diskussionen geschieht die Sprecherwahl durch Selbstwahl. Ein günstiger Zeitpunkt ist eine kleine Pause nach einem Beitrag eines Diskussionsteilnehmers; dagegen sind Formen des Unterbrechens verpönt. Daneben gibt es formelle Formen des Diskutierens, die einen Diskussionsleiter haben, der u.a. das Rederecht vergibt. Die Phasen einer Diskussion sind: Aufwerfen des Diskussionsthemas, das in der Gemeinschaft kollektiv strittig ist. In der Diskussion werden verschiedene Gesichtspunkte und unterschiedliche Standpunkte durch die Diskussionsteilnehmer vorgebracht. Man kann sie als Argumente zur kollektiv strittigen Frage (= Quästio) ansehen. Am Schluss sind durch Entäußerung die Standpunkte geklärt oder angenähert bzw. konnte eine kollektiv gültige Antwort auf die strittige Frage erarbeitet werden. In den beiden letzten Fällen muss sich die Überzeugung von Diskussionsteilnehmern geändert haben. Am Schluss einer Diskussion kann es eine kurze Zusammenfassung geben: *Wir haben uns in den folgenden Punkten geeinigt/sind einer Meinung*

zu ... bzw. *In den folgenden Punkten gibt es weiterhin einen Dissens ...*
- Diskussionen können spontan oder arrangiert sein, sie sind immer diskursiv.
- Diskussionen können empraktisch sein. Dies ist dann der Fall, wenn eine Diskussion in unmittelbare Handlungen mündet – im Alltag ist dies wohl der Normalfall – oder sie sind apraktisch, d.h. von unmittelbaren Handlungszusammenhängen entlastet.
- Diskussionen kann man inhaltlich in Gesprächssequenzen gliedern, indem man zusammennimmt, was zu einem Argument ausgeführt wird. Prototypisch für Diskussionen sind Aussagesätze oder bei normativen Diskussionen (*Soll man Spaghettisoße mit Schalotten oder Zwiebeln machen?*) Sollenssätze.

4.1.2 Mediale Mündlichkeit und konzeptionelle Schriftlichkeit: Rhetorik

Formen, die medial und konzeptionell mündlich sind, folgen der Logik der Situation, für die typisch ist, dass ihre Parameter schnell erfasst werden müssen und dass nicht nicht kommuniziert werden kann. Das bedeutet, dass jedes Verhalten in der Face-to-Face-Kommunikation als kommunikatives Verhalten gedeutet wird. Echte Mündlichkeit, die nicht nur das Medium nutzt, sondern auch in ihrer Machart mündlich ist, ist wesentlich von Spontanität geprägt.

Vielen Formen medialer Mündlichkeit liegt aber eine mehr oder weniger genaue (meist schriftliche) Planung zugrunde, die sich in der Rhetorik einer Äußerung zeigt. Die Rhetorik kann man die Wissenschaft von der (gezielten) Wirkung mündlicher Kommunikation nennen (vgl. Mat. 8). Um gezielte Wirkungen zu erzielen, muss Kommunikation geplant werden. Dort, wo Planung ist, fehlt aber unmittelbare Spontaneität.

Rhetorik einer Äußerung

Rhetorik umfasst die Technik der Rede und des Redens und die entsprechende Präsentation.

Zur Redetechnik gehören der Aufbau des zu Sagenden sowie die Mittel, die eingesetzt werden können, um beabsichtigte Wirkungen hervorzubringen.

Mat. 8: Rhetorik

Die erste systematische Ausarbeitung der Rhetorik verfasste Aristoteles. In seiner *rhetoriké téchne* befasst er sich grundlegend mit der Frage, wie etwas im Zuhörer glaubhaft gemacht werden kann. Er unterscheidet drei Redegattungen: Gerichtsrede, politische Rede und Lobrede.

Eine Blütezeit hat die Rhetorik in Rom (Cicero, Quintilian), die ersten deutschen Rhetoriken werden in der Barockzeit verfasst (Opitz, Harsdörffer). Die Genieästhetik verwirft die Rhetorik. Im 20. Jh. steht Rhetorik häufig als Synonym für Propaganda.

In der klassischen Rhetorik werden die folgenden Produktionsstadien einer Rede unterschieden

1. inventio: Auffindung der Redeargumente.
2. dispositio: Gliederung des Vortrags
3. elocutio: Die sprachliche Gestaltung
4. memoria: Einprägen der Rede für den auswendigen Vortrag
5. pronuntiatio / actio: Öffentlicher Vortrag, bei dem stimmliche, mimische und gestische Mittel eingesetzt werden.

Aufbau und sprachliche Mittel

Für den Aufbau gilt, dass zunächst die Zuhörer orientiert werden müssen, um was es geht, dann der Inhalt sachgerecht und folgerichtig entwickelt werden muss und am Schluss eine kurze Zusammenfassung, gegebenenfalls mit einem Verweis auf den Redezweck, steht. Die eingesetzten sprachlichen Mittel sollten dem Zweck, aber auch dem Redner angemessen sein. Man kann hier bestimmte Genres und Redestile unterscheiden. Ein Vortrag über ein Sachthema erfordert eine andere Behandlung als eine politische Rede und die wiederum eine andere als eine Laudatio.

Wirkung

Die Wirkung einer Rede hängt immer auch von ihrer entsprechenden Präsentation ab, die umso besser ist, je mehr sie trotz aller Vorbereitung das konkrete Publikum einbeziehen kann. (An dieser Stelle wird die Schwelle zur konzeptionellen Schriftlichkeit überschritten.) Eine Präsentation bedient sich natürlicher (Stimme und Stimmgebung) und technischer Medien. Heute wird vor allem dem Erfordernis der Anschaulichkeit durch Präsentationsmedien wie Powerpoint oder ähnliche Produkte nachgekommen. Eine solche Unterstützung entlastet den Redner, aber sie kann das inhaltlich zu Sagende nicht ersetzen. Es gilt nach wie vor, dass eine Rede nur dann Erfolg haben kann, wenn der Hörer orientiert ist, wenn er dem Gedankengang folgen kann und die Schlussfolgerungen für ihn plausibel sind.

Die neuen Präsentationsmedien können vor allem auch für die Memoria genutzt werden. Wenn auf den zu präsentierenden Folien die wesentlichen Kerngedanken genannt sind, kann die Erläuterung und Ausschmückung der Kerngedanken in freier Rede erfolgen. Dadurch kann der Sprecher seine planvolle Vorbereitung (konzeptionelle Schriftlichkeit) mit Spontaneität der Rede (konzeptionelle Mündlichkeit) paaren. Dazu ist es wiederum nötig, dass er vor allem das Back-Channel-Bahavior der Zuhörer deuten und in seine Rede umsetzen kann. Das bedeutet aber auch, dass die zu präsentierenden Folien nicht Vorlesevorlagen für den Sprecher sein können, sondern Orientierungspunkte für die Hörerschaft.

(Randnotiz: Präsentationstechniken)

Rhetorische Fähigkeiten zeigen sich in gelungenem Argumentieren. »In einer Argumentation wird versucht, mittels des kollektiv Geltenden etwas kollektiv Fragliches in etwas kollektiv Geltendes überzuführen.« (Klein 1980, S. 19)

(Randnotiz: Argumentieren)

Um ein Argument zu entwickeln, d.h. um die Struktur eines Arguments aufzubauen, müssen nach Klein (1980, S. 16) drei Aufgaben gelöst werden:

a) Die einzelnen Aussagen sind zu rechtfertigen, d.h. sie müssen akzeptiert oder auf akzeptierte zurückgeführt werden. Dabei ist ein Argument gerechtfertigt, wenn der Inhalt der Aussage im argumentierenden Kollektiv gilt (ebd., S. 18).

b) Die einzelnen Aussagen müssen auf legitime Weise verknüpft werden.

c) Die Teilargumente müssen miteinander koordiniert werden.

Die Logik der Argumentation beschäftigt sich also mit der Rechtfertigung, Kohärenz und Koordination der Argumente.

Wie werden Aussagen auf legitime Weise verknüpft? Am anschaulichsten ist hier das Schema von Toulmin (1975, 2. Kapitel; vgl. Abb. 9):

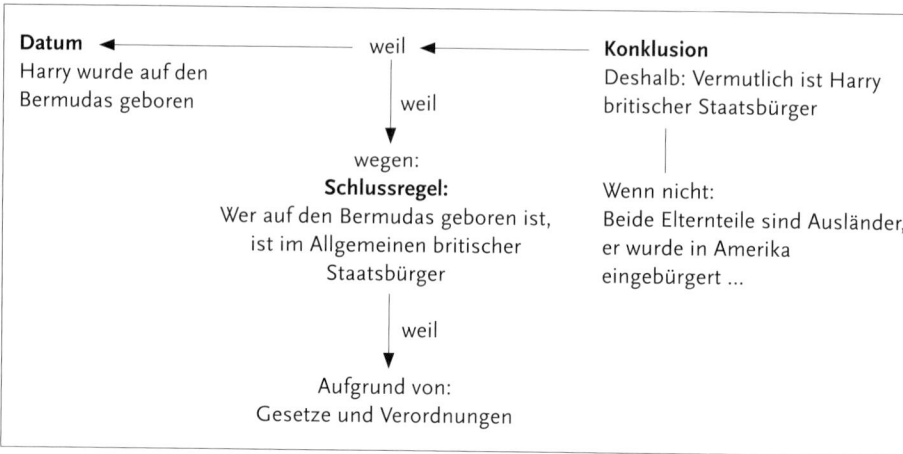

Abb. 09 | Das Argumentationsschema nach Toulmin (1975)

Man beachte in diesem Schema die Verknüpfung der Aussagen, die sprachlich immer mit *weil* geschieht, wobei dieses Weil allerdings sehr Unterschiedliches verknüpfen kann. Einmal wird eine strittige Behauptung (*Harry ist vermutlich britischer Staatsbürger*) mit einer Tatsache (*Harry wurde auf den Bermudas geboren*) verknüpft. Das andere Mal führt das *Weil* die Schlussregel ein, die erlaubt, vom Datum auf die strittige Behauptung zu schließen, und schließlich wird die Schlussregel (vgl. Mat. 9) über ein weiteres *Weil* gestützt, indem auf entsprechende Gesetze und Verordnungen verwiesen wird.

Natürlichsprachliche Argumentationen haben nie diese Explizitheit. Das Schema oben ist eine vollständige Rekonstruktion einer gültigen Argumentation. Eine typische alltagssprachliche Argumentation ist: *Hans ist 10 Jahre; also ist er Schüler* bzw. *Hans ist Schüler, denn er ist 10 Jahre alt*. Hintergrundwissen, das in der Schlussregel gefasst sein muss, ist hier, dass Kinder mit 10 Jahren in die Schule gehen. Aber das gilt nur in den westlichen Ländern, in denen jeweilige Schulgesetze (= Stützung) dieses regeln.

Mat. 9: Die wichtigsten Schlussregeln

Der **Modus ponens:**
Wenn es regnet, ist die Straße nass

Es regnet
Also: Die Straße ist nass.
Der **Modus tollens**:
Wenn Karl Inge liebt, liebt Fritz Emma
Fritz liebt Emma nicht.
Also: Karl liebt Inge nicht.
Universelle Spezialisierung:
Alles ist sterblich.
Also: Sokrates ist sterblich.

Zusammenfassung

Entsprechend der Grundunterscheidung in Mündlichkeit und Schriftlichkeit und den daraus sich ergebenden Möglichkeiten wurde in diesem Abschnitt als Erstes die mediale und konzeptionelle Mündlichkeit erörtert: An Begrifflichkeiten wurden der Inhalts- und Beziehungsaspekt einer Äußerung eingeführt, außerdem wurden die Daten, die für eine Face-to-Face-Kommunikation als prototypische mediale und konzeptionelle Mündlichkeit interessant sind, behandelt:
– Die Daten, die das Erscheinungsbild und die Sprache der beteiligten Personen betreffen,
– der Gesprächsablauf.
Eine besondere Beachtung fand das Kooperationsprinzip von Grice und die daraus abgeleiteten Maximen, auf deren Grundlage die Differenz zwischen Gesagt und Gemeint bestimmt werden kann.
Erzählen und Diskutieren wurden als Formen von Mündlichkeit näher betrachtet. Dabei ist zu bedenken, dass bei Rhetorik häufig konzeptionelle Schriftlichkeit zugrunde liegt. Im Zusammenhang mit der Rhetorik wurde auch auf das Argumentieren und die darin enthaltenen Aufgaben eingegangen.

4.2 Didaktisch-methodische Kompetenz

Nirgends wird so deutlich, dass etwas zugleich Unterrichtsmedium und Unterrichtsgegenstand sein kann, wie im Bereich der Mündlichkeit. Im Unterrichtsgespräch unterhalten sich Lehrkraft und Schülerinnen, aber ebenso ist Sprechen und Gespräch Un-

Mündliche Sprache: Unterrichtsmedium und Unterrichtsgegenstand

terrichtsgegenstand mit dem Ziel einer Optimierung, wo bereits etwas gekonnt wird, der Kompensation, wo etwas ausgeglichen werden muss und der Erlernens, wo neue Felder erarbeitet werden müssen.

Eine solche Konstellation verweist immer darauf, dass das Vorbild der Lehrkraft von besonderer Bedeutung ist, da ein Auseinanderdriften von Gelehrtem und selbst Ausgeführten zu Glaubwürdigkeitsproblemen führt.

4.2.1 Kompetenz: Hochsprache

Die Hochsprache ist diejenige Varietät einer Sprache, die die größte kommunikative Reichweite besitzt. Eine Hochsprache ist keine Sprache von unten, sondern eine Sprache von oben. Das bedeutet, dass sie natürlicherweise nirgends gesprochen wird, sondern einen Standard bildet, der gelernt und gepflegt werden muss. Sie bedarf der kontinuierlichen Pflege. Dies geschieht ganz wesentlich durch die systematische Vermittlung in der Schule. Eine Hochsprache ist immer das Produkt der Literalisierung einer Gesellschaft, die wiederum auch die mündliche Sprache umgestaltet.

Pflege der Hochsprache

Zur Ausbildung der Hochsprache gehört in besonderer Weise, einen reflektierten, an den Schriftstellern geschulten Sprachgebrauch zu studieren und zu erlernen. Im Bereich der Mündlichkeit ist die Hochsprache ein Gegenstand
- der Artikulation (orthoepisches Sprache, s. Ausprachewörterbuch)
- der Lexik und Semantik (Erweiterung des Wortschatzes, s. Bedeutungswörterbücher)
- der Syntax (Erlernen der hochsprachlichen Syntax, s. Grammatik)
- der Pragmatik (Einsatz der Hochsprache, s. u. a. stilistische Ratgeber).

Da man unterstellen darf, dass Kinder häufig mit einer regionalen Umgangssprache in die Schule kommen, muss der Pflege der Hochsprache ein besonderer Raum gegeben werden.

In Gegenden, in denen der Dialekt noch stark ist (z.B. in der Deutschschweiz), kann die Hochsprache auch als erste Fremdsprache angesehen werden.

Gemeinhin ist die Hochsprache auch die Unterrichtssprache, wobei eine Lehrkraft immer entscheiden muss, ob die Hochsprache den erwünschten Redefluss der Schülerinnen nicht so behindert, dass ein Beharren darauf kontraproduktiv ist. Umso wichtiger ist hier das Vorbild der Lehrkraft.

4.2.2 Kompetenz: Gesprächsfähigkeit

Im Mittelpunkt steht *Gesprächsfähigkeit*. Hier sind folgende Entscheidungsfragen zu lösen:

Handelt es sich um ein Gruppengespräch oder um ein dyadisches. In einem Gruppengespräch stehen im Vordergrund die Fragen, wie die Vergabe des Rederechts gemanagt wird und auf welche Art und Weise eine sinnvolle Interaktion zustande kommt, indem inhaltliche Bezüge hergestellt werden. Des Weiteren wird man auf ein angemessenes Back-channel-Behavior zu achten haben.

Fragen muss sich die Lehrkraft immer nach ihrer eigenen Rolle. Ist sie Gesprächsteilnehmer, Moderator oder Zuhörer (Zuschauer)? Ganz unterschiedlich sind die Rollen, die eine Lehrkraft dann jeweils einnehmen muss. Im ersten Fall ist sie gleichberechtigt mit den Schülerinnen. D.h. sie muss eine symmetrische Kommunikationssituation herstellen. Im zweiten Fall hat sie die Aufgaben eines Moderators, ist also nicht inhaltlich beteiligt, im dritten Fall bleibt sie ganz außerhalb (möglicherweise mit Beobachtungsaufgaben). Diese Grundformen zu mischen, also Rollenwechsel während des Gesprächs vorzunehmen, ist wenig ratsam und führt dazu, dass kein klarer Begriff von Gespräch ausgebildet werden kann. Besonders heikel ist es, wenn eine Lehrkraft als Moderator und Beurteilender oder als Gesprächsteilnehmer und Beurteilender oder gleichzeitig in allen drei Rollen auftaucht. Eine solche Situation muss dazu führen, dass Schülerinnen den Eindruck gewinnen müssen, dass die Beurteilung der Hauptzweck sei, dem alle anderen untergeordnet seien. In diesem Falle aber ist ihr Hauptaugenmerk nicht auf ein funktionierendes Gespräch, sondern auf eine gute Note gerichtet. Anders gesagt, sie agieren nicht als Gesprächsteilnehmer, sondern in ihrer Rolle als zu beurteilende Schülerinnen.

Rolle der Lehrkraft in einem Gespräch

Für die Bestimmung der didaktisch-methodischen Kompetenz ist es immer sinnvoll, sich zu fragen, ob und gegebenenfalls welche Wissensart im Vordergrund steht. Im Falle der mündlichen Kommunikation ist das zu vermittelnde deklarative Wissen

Mündliche Kommunikation und Wissensarten

91

eher gering; hoch angesetzt werden muss Problemlösungswissen und auch prozedurales Wissen; von großer Bedeutung ist metakognitives Wissen.

Die Fragen des Problemlösungswissens kreisen alle um den Begriff der personalen und situativen Angemessenheit. Sowohl den Gesprächsteilnehmern als auch der Situation angemessen müssen die Sprachvarietät und das Sprachregister – darunter versteht man Hochsprache, Umgangssprache, Gossensprache etc., die gewählten Worte und den Tonfall – sein. Die entsprechenden Prozeduren erlernt man am besten durch reflektiertes Üben. Da es nicht um deklaratives Wissen, sondern um die Ausbildung einer Gesamthaltung geht, ist vor allen das personale und mediale Spiel ein besonders sinnvolles Verfahren.

Mediales Spiel Das mediale Spiel ermöglicht es den Schülerinnen, sich hinter ihre Figur zurückziehen, was besonders bei gehemmten Schülerinnen das Spiel sehr erleichtert.

Das Puppenspiel ist uralt und wohl in allen Kulturkreisen bekannt, wenn es auch unterschiedliche Funktionen hat. Immer aber ist die Puppe Stellvertreter, die der führenden Hand des Spielers gehorcht. Genau hier liegt auch ihre pädagogische Wirksamkeit. Puppen sind Interpreten von Gedanken, Wünschen, Gefühlen und Ängsten der Kinder. Die enge Wechselbeziehung zwischen Kind und Puppe wird verstärkt, wenn das Kind seine Puppe selbst herstellt, sich also schon während des Entstehungsprozesses intensiv mit ihr auseinandersetzen kann. Als Puppen eignen sich Handpuppen und Marionetten, Stabfiguren und Schattenfiguren.

Personales Spiel Im personalen Spiel gestalten die Schülerinnen die Rollen unmittelbar mit ihren sprachlichen, intonatorischen und mimisch/gestischen Ausdrucksmöglichkeiten. Es handelt sich also um Spielformen, in denen kein Medium, sondern die Schülerinnen direkt agieren. Sie bedürfen immer einer sorgfältigen Vorbereitung.

Die Rollen werden nicht starr festgelegt, sondern entwickeln sich auch im Spielverlauf aus dem Zusammenspiel mit den anderen Spielern. Im personalen Spiel werden Sprachhandeln, Erproben von sprachlichen und außersprachlichen Mitteln und Eingehen auf den Spielpartner gefordert und gefördert.
Für das personale Spiel sind unterschiedliche Zugänge möglich.

– Die Schülerinnen spielen eine vorgegebene Handlung nach.
– Sie gestalten eine vorgegebene Situation.
– Sie nehmen Spielideen aus der Literatur auf, setzen diese fort, überlegen zusätzliche Szenen, erfinden eine Parallelhandlung oder ein anderes Ende.
– Sie erfinden selbst eine Spielhandlung (phantastisch oder realistisch), greifen Fragen oder Problemstellungen auf, für die sie im Spiel unterschiedliche Lösungen erproben.

Wird das mediale und personale Spiel zur Erreichung von kommunikativen Kompetenzen eingesetzt, muss es reflektierend begleitet werden. Dann benötigt das Spiel eine gezielte Vorbereitung (Situationsdefinition, Rollendefinition, Beobachtungsaufgaben für die Zuschauer) und eine reflexive Nachbesprechung, für die vor allem die Beobachtungsaufgaben leitend sind.

Neben der Erarbeitung mündlicher Kompetenzen und der Vermittlung von Problemlösungswissen und prozeduralem Wissen muss auch der soziale und emotionale Bereich berücksichtigt werden. Spielen gehört nicht nur zu Kindern, sondern kann über die ganze Schulzeit eingesetzt werden, es ist eine ausgezeichnete Form vor allem des prozeduralen Lernens. Im Spiel werden Räume geschaffen, in denen Spontaneität und Kreativität, Selbstentfaltung und Selbstentdeckung möglich sind; ebenso wird hier das Einfühlungsvermögen (Empathie) bei den Schülerinnen gefördert. Spiel ermöglicht vielfältige Körper- und Raumerfahrungen und Interaktionen zwischen den Schülerinnen und fördert dabei Kooperation, Rücksichtnahme, Eingehen auf die Spielpartner, Wahrnehmung, Konzentration und Aufmerksamkeit, bietet Möglichkeit für Anspannung und Entspannung.

> Bedeutung des Spielens

Das Spiel hat eine entscheidende Sozialisationsfunktion – weit über eine Ingebrauchnahme für bestimmte didaktische Ziele hinaus und man würde das Spiel entscheidend verkürzen, wenn man es nur als Trainingsfeld ansehen würde. Ein Ziel des Unterrichts ist auch die Entwicklung der Spielfähigkeit. Diese steht im Mittelpunkt, erst in zweiter Linie geht es um ein fertiges, vorzeigbares Produkt, z. B. eine Aufführung.

Beobachtet man Kinder und Jugendliche beim Spiel, zeigt es sich, dass sie sich motiviert, engagiert und anstrengungsbereit auf Spielen einlassen.

Im Spiel eröffnet sich eine andere Realität, die jedoch viele Bezüge zur Alltagswelt hat:

- Durch das gemeinsame Spiel entsteht eine Atmosphäre der Nähe, Leichtigkeit, Offenheit und Akzeptanz;
- Spiel fördert die Klassengemeinschaft durch Intensivierung der Beziehungen zwischen den Schülerinnen aber auch zwischen Lehrkraft und Kindern;
- damit Spiel gelingen kann, wird von allen Beteiligten Rücksichtnahme und Toleranz verlangt, die Bereitschaft der Schülerinnen gefördert, Darbietungen anderer zu akzeptieren, ohne diese abzuwerten;
- die Schülerinnen haben so die Möglichkeit, sich von einer ganz anderen Seite kennenzulernen. Dies führt zur Stärkung des Selbstwertgefühls, was besonders wichtig ist für Schülerinnen, die in anderen Bereichen Schwierigkeiten haben, für sprachgehemmte Schülerinnen oder solche mit Sprachschwierigkeiten.

Darum müssen in der Schule Spiele angeregt, Spielräume geschaffen und Zeit für Spielaktionen zur Verfügung gestellt werden. Es sollte immer gutes Spiel angestrebt, ein Absinken in den Bereich der Spielerei, des Herumalberns und der Tändelei vermieden werden. Damit Spiel gelingen kann, muss es von allen Beteiligten ernst genommen werden, d.h. auch Lehrkräfte dürfen in spielerischen Formen nicht nur kindgemäße methodische Mittel sehen, die sich geschickt zu Lernzwecken nutzbar machen lassen, sondern sollten vom anthropologischen Wert des Spiels überzeugt sein. Dann bieten sich im Unterricht viele Möglichkeiten für personales (Schüler agieren unmittelbar sprachlich, intonatorisch, mimisch-gestisch) und mediales Spiel (Spiel durch ein Medium, z. B. Stabfigur, Hand- oder Fingerpuppe etc.) an.

Um ein gutes Spiel zu erreichen, sollten zu Beginn mit den Schülerinnen drei Leitfragen erarbeitet werden:

Leitfragen für Spielen

- Wer bin ich? Woher komme ich gerade? (Rollenbiographie)
- Wo bin ich? Wem stehe ich gegenüber? (Situation)
- Was will ich? Was geschieht? (Handlungsaufgabe)

Da meistens nicht alle Schülerinnen spielen, bekommen die übrigen Beobachtungsaufgaben, die sich v.a. darauf richten, ob es gelungen ist, die Rolle richtig aufzubauen.

Gesprächsfähigkeit hängt eng mit Teamfähigkeit zusammen.

Image einer Person

In diesem Zusammenhang ist es wichtig, dass Schülerinnen lernen, auf der Beziehungsebene das Image einer Person – das

»geheiligte Selbst«, wie es Goffman (1978) nennt – zu wahren. Dies geschieht durch bestätigende Sequenzen: In unserem Zusammenhang sind v.a. Bestätigungsmuster der Form *anerkennen, würdigen, bestätigen, akzeptieren, zustimmen* interessant. Es geschieht aber auch durch Vermeidungssequenzen und durch korrektive Sequenzen, wenn es zu Imageverletzungen gekommen ist. Hierzu gehören v.a. *Entschuldigungen* und *Einschränkungen* gegen schlimmstmögliche Deutungen.

4.2.3 Rhetorische Kompetenz

Rhetorische Kompetenz zeigt sich in der Fähigkeit vorzutragen, ob in Form eines Einzelvortrags (Buchvorstellung, Referat, Behandlungen einer Frage) oder in Form einer Debatte mit mehreren kurzen Beiträgen. Um rhetorisch zu brillieren, braucht man eine richtige Vorbereitung und eine angemessene Durchführung (vgl. Mat. 10). Für die Vorbereitung empfehlen sich Karten, auf denen das Wichtigste verzeichnet ist. Auf diesen Karten stehen die Gliederungspunkte zusammen mit den wichtigsten Aussagen. Wenn der Vortrag durch ein Präsentationsprogramm medial gestützt ist, sind die Folien für den Zuschauer (Zuhörer), dem sie beim Zuhören helfen sollen. Daher sind die Folien immer mehr als nur die optische Wiederholung des Gesagten. Vielmehr sollen sie dem Zuhörer ein Gerüst für seine (aktive) Hörerschaft liefern.

> Vorbereitung und Durchführung eines Vortrags

Für die Durchführung einer Rede ist ganz wesentlich, dass es dem Redner gelingt, seinen Redegegenstand in den Horizont seiner Zuhörer zu bringen. In diesem Zusammenhang haben Rhetoriker auch von *Präsenz* gesprochen: Rhetorik ist auch »die Kunst über Präsentationstechniken (...) Präsenz herzustellen« (Perelman 1980, S. 44). Dabei ist bedeutsam, dass auch das eigene Erscheinungsbild des Vortragenden zur Präsentation gehört. Schließlich muss der Hörer dem Gedankengang folgen können. Dabei helfen medial die Stimmgebung, durch die Wichtiges betont wird, Pausen gesetzt werden usw. und inhaltlich Zusammenfassungen an markanten Punkten gegeben werden und eine knappe Quintessenz am Schluss des Vortrags, in der die Botschaft pointiert zusammengefasst ist.

Mat. 10: Punkte für einen gelungenen Vortrag

Vorbereitung:
- Schreibe dir auf Karten die wichtigsten Gliederungspunkte sowie dazu die wesentlichen Kernaussagen. Gestalte bei einem medial gestützten Vortrag die einzelnen Folien.

Durchführung
- Orientiere den Hörer, z.B. indem du deine Gliederung vorneweg zeigst.
- Stelle Präsenz her z.B. durch aktuelle Bezüge, treffende Beispiele
- Fasse wesentliche Punkte kurz zusammen, bevor du in deinem Gedankengang weitergehst
- Fasse deine »Botschaft« am Schluss knapp zusammen
- Achte auf deine Stimmgebung (Hervorhebungen, Pausen...)

Erscheinungsbild
- Achte auf dein Erscheinungsbild (Kleidung, Haltung beim Vortrag, Blickkontakt mit den Zuhörern)

Mit der Schulung rhetorischer Fähigkeiten sollte früh begonnen werden. In der Grundschule sind bereits Buchvorstellungen möglich, in der Sekundarstufe müssen Referate mittleren Umfangs (eine halbe Stunde) frei mit Unterstützung von Präsentationstechniken gehalten werden können.

Zusammenfassung

Drei Kompetenzen wurden als didaktisch-methodische Kompetenz besonders herausgestellt:
- *Schülerinnen müssen fähig sein, die Hochsprache zu sprechen. Unter Hochsprache versteht man diejenige sprachliche Varietät, die die größte kommunikative Reichweite hat. Eine Hochsprache ist ihrer Natur nach konzeptionell schriftlich.*
- *Schülerinnen müssen über Gesprächsfähigkeit, besonders Gesprächsfähigkeit in der Gruppe als Voraussetzung für Teamfähigkeit, verfügen und*
- *Rhetorische Kompetenz, also die Fähigkeit zur geordneten Rede und die Fähigkeit, sich vor anderen zu präsentieren, besitzen.*

4.3 Diagnose-, Beurteilungs- und Förderkompetenz

4.3.1 Erzählkreis als Förderung

Für alles didaktische Handeln ist bedeutsam, dass der jeweilige Einsetzpunkt didaktischer Maßnahmen bestimmt werden kann. Das bedeutet, dass eine Lehrkraft etwas über die Entwicklung und Sozialisation der Schülerinnen wissen muss.

In keinem Bereich baut das schulische Curriculum so sehr auf bereits erworbenen – entwickelten und sozialisierten – Fähigkeiten auf wie in der Mündlichkeit. Die Institution verhindert aber häufig eine direkte Weiterentwicklung. Besonders deutlich ist dies beim Erzählen beschrieben. In Anknüpfung an die Alltagswelt versucht man über Erzählkreise die Erzählfähigkeit zu erhöhen.

Erzählkreise

»Gegenüber dem Erzählen im Alltag weist das Reden im Erzählkreis [aber, J.O.] verschiedene Unterschiede auf. Der wesentlichste besteht im Zweck. Der Zweck des alltäglichen Erzählens besteht im Verarbeiten von Erlebnissen zu Erfahrungen, in deren Gemeinsam-Machen und in der Überwindung des Alleinseins. Bei diesem durchs Erzählen vermittelten Zusammenschluss mit Menschen, an denen dem Erzählenden etwas liegt, spielt die Übernahme der in der Erzählung angelegten Bewertung eine zentrale Rolle. Keiner dieser Zwecke wird im schulischen Erzählkreis umgesetzt; vielmehr wird hier lediglich die Hülle des Erzählens für schulische Zwecke des Ruhig-Stellens und Einbindens sowie der Gewöhnung an Sozial-, Denk- und Arbeitsformen fremdgenutzt.« (Fienemann/v. Küngelen 2003, S. 135)

Dadurch wird der Erzählkreis zur »Zwangskommunikation« (vgl. ebd.). Auf der anderen Seite zeigt die Forschung zur Entwicklung mündlicher Fähigkeiten, wie bedeutsam die sprachliche Interaktion beispielsweise zwischen Mutter und Kind ist. Quasthoff (2003, S. 115) beschreibt das Verhältnis folgendermaßen: »[...] die – natürlich den Beteiligten nicht bewusste – Regelhaftigkeit des interaktiven Zusammenspiels zwischen einem kindlichen Erzähler und einem erwachsenen Zuhörer ist so beschaffen, dass sie in strukturell vielfältiger Hinsicht den notwendigen Lernkontext für die Weiterentwicklung von (Teil-)Fähigkeiten des Erzählens in Gesprächen bereitstellt.«

Eltern unterstützen Kinder beispielsweise dadurch, dass sie über Fragen die Notwendigkeit einer Orientierung oder abschließenden Bewertung verdeutlichen. Didaktisch und für den schulischen Kontext kann man daraus den Schluss ziehen, dass Lehrkräfte gut beraten sind, wenn sie in einem Erzählkreis als interessierte Diskursteilnehmer auftreten und nicht als beurteilende Rolleninhaber, die nur auf eine gute Aussprache (»Sprich deutlich!«), die Korrektheit der Sätze (»Erzähle in ganzen Sätzen!«) usw. achten. Das Wissen über Erzählstrukturen und Erzählformen auf Seiten der Lehrkraft ist dann nicht der Maßstab für eine Beurteilung, sondern für eine Förderung. Als Beurteiler muss sich die Lehrkraft notgedrungen außerhalb des Erzählkreises stellen, als Förderer kann er innerhalb bleiben.

> Lehrkraft: Interaktionspartner beim Erzählen

Förderung bedeutet immer, dass die Lehrkraft ihre Rolle, die sie einnehmen will und sollte, genau einschätzen muss. Förderung bedeutet immer den Abstand zwischen dem, was eine Schülerin kann und dem, was sie gerade erreichen könnte, abzuschätzen und sie dabei zu unterstützen. Wygotski (1987, S. 298) nennt das die »Zone der nächsten Entwicklung«, die eine Lehrkraft ausloten und bei deren Erreichung sie die Schülerin unterstützen (Scaffolding) muss. Dabei gilt, dass gut gemeint, auch das Gegenteil von gut sein kann. Auf der Suche nach Erzählbarem und Erzählenswertem mag eine Lehrkraft auf die Idee kommen, einen gemeinsamen Ausflug in zeitlicher Nähe noch einmal im Erzählkreis erzählen zu lassen. Ziel könnte sein, dass jedes Kind ein für es bedeutsames Ereignis des Ausflugs auswählt und erzählt. Damit ist der Typ der geselligen Erzählung ausgewählt, die aber von ihrem Aufbau her eine Orientierung des Hörers am Anfang erwarten lässt. Genau diese ist aber im Erzählkreis hinderlich, da alle wegen des gemeinsamen Ausflugs orientiert sind. Das Erzählen wird damit zu einer gekünstelten Übung oder ein wesentlicher Bestandteil geselligen Erzählens fällt unter den Tisch. Denkbar wäre dagegen eine Geflechterzählung zur gemeinsamen Wiedererinnerung.

4.3.2 Förderung rhetorischer Fähigkeiten

> Selbst- und Fremdwahrnehmung

Rhetorische Fähigkeiten sind Fähigkeiten, die sich in der beabsichtigten Wirkung zeigen. Bekanntlich ist aber die Selbstwahrnehmung weit entfernt von der Fremdwahrnehmung. Daher ist die Forderung von Berthold (2003, 151), dass »jeder Schüler und jede Schülerin im Lauf der Schulzeit wenigstens einmal eine Videoaufnahme von sich als Redner(in) gesehen haben« sollte, nur zuzustimmen (vgl. Mat. 11).

Mat. 11 | Zwei Formen beim Vortrag eines Referats: abweisende und offene Körperhaltung

Oben wurde ausgeführt, dass im Bereich der Mündlichkeit metakognitives Wissen eine besondere Rolle spielt. Jemand sollte seine Stärken und Schwächen kennenlernen, um an ihnen zu arbeiten.

Auch argumentative Fähigkeiten können gefördert werden, indem der Aufbau eines Arguments bewusst gemacht wird. Ein einfaches Verfahren hierzu ist die *Warum-Probe.*

Förderung argumentativer Fähigkeiten

Wenn eine strittige Frage im Raum steht, z.B., ob man in den Sommerferien einen bezahlten Job annehmen soll, wird als erstes die Entscheidungsfrage in die beiden möglichen Antworten umgeformt: *Man soll einen Job annehmen* vs. *man soll keinen Job annehmen.* Ein Argument kann sein: *Weil man dann eigenes Geld verdient.* Wer jetzt mit *Warum?* nachfragt, bekommt nur noch eine (Stützungs-)antwort: *Arbeit in einem Job wird bezahlt.* Ein anderes Argument hätte sein können: *Weil man dann seinen Horizont erweitert. Warum? Weil man Einblicke in die Arbeitswelt bekommt. Warum? Weil man mit Menschen zusammenkommt, die dort täglich arbeiten.* Auf diese Feststellung ist kaum mehr eine weitere Frage möglich.

Jedes der vorgebrachten Argumente kann nun auf Haltbarkeit und Relevanz überprüft werden.

Das erstgenannte Argument (*eigenes Geld*) ist sehr haltbar, aber für den nicht relevant, der kein eigenes Geld will oder braucht. Das Argument, das auf Horizonterweiterung abzielt, ist allgemein relevant, aber nur dann haltbar, wenn man einen entsprechenden Arbeitsplatz bekommt.

Inhaltlich geht es rhetorisch um argumentatives Überzeugen. Forschungen zur Entwicklung der argumentativen Fähigkeiten sind bisher sehr selten. Bekannt ist allerdings, dass kaum jemand vor voreiligen Schlüssen und Fehlschlüssen gefeit ist.

Zusammenfassung

Diagnoseinstrumente für die Feststellung mündlicher Fähigkeiten sind bislang nicht entwickelt. Dies bedeutet, dass die Lehrkraft auf der Grundlage ihres Wissens einen Maßstab für eine entsprechende Einschätzung finden muss. Ein solches Wissen findet sie in den Analyseparametern einer mündlichen Kommunikation sowie in den zu erreichenden Kompetenzen.

Für die Förderung der Gesprächsfähigkeit ist es unabdingbar, dass eine Lehrkraft sich jeweils bewusst macht, welche Rolle sie selbst einnimmt: Gesprächsteilnehmer, Beobachter oder Beurteiler. Eine unkommentierte Mischung dieser Rollen sollte tunlichst vermieden werden, da die Aufgaben sehr verschieden sind. Sowohl hier als auch bei der Förderung rhetorischer Fähigkeiten muss die Herausbildung metakognitiven Wissens verfolgt werden. Daher sollten Möglichkeiten der Fremdwahrnehmung wahrgenommen werden.

Aufgaben

1. Ein Sprecher beginnt seine Äußerung folgendermaßen: »Entschuldige, wenn ich sage, dass ich dein Handeln ganz feige finde ...« Beurteilen Sie diese Eröffnung vor dem Hintergrund der Image-Theorie von Goffman und der Theorie der konversationellen Implikaturen von Grice.

2. Jakob, 3. Klasse, erzählt:
Jakob:
```
der Daniele war unser feind (.) er hat
mit einem STOCK gekämpft (.) ich habe
ein eisenseil oben gefunden damit haben
wir das loch tiefer gegraben (.) das
loch war links an dem loch war eine
leiter (-) wenn man die leiter hoch-
klettert kann man oben auf brettern
stehen (lacht) (-) in der mitte war ein
weg rechts war ein kleines loch (.) da
waren die mädchen (2,0) um die waldhüt-
te drum rum waren äste (-) Daniele ist
immer gekommen und wollte in die burg
```
Beurteilen Sie die Erzählung nach ihrem Aufbau. Welchen didaktischen Rat würden Sie der Lehrkraft geben. Interpretieren Sie die Transkriptionszeichen.

SCHRIFTLICHKEIT: SCHREIBEN | 5

5.1 Texte schreiben

Eine Antwort auf die Frage, warum es die Institution Schule gibt, ist die, dass man dort lesen und schreiben lerne. Bei dieser Antwort darf nicht vergessen werden, dass auch Sachfächer aus Lesen und Schreiben bestehen. Schule und Schrift gehören zusammen. Das Lesen und Schreiben ist eine kulturelle Tätigkeit, auf natürlichem, ungesteuertem Wege sind sie nicht erlernbar – ganz anders, als dies bei einer (mündlichen) Erstsprache der Fall ist.

Schreiben ist nicht nur medial anders als Sprechen, sondern auch konzeptionell. Während die Lautsprache das Ohr anspricht, also einen Sinn, der linear-sequenziell ausgelegt ist, spricht die Schrift das Auge an, also einen Sinn, mit dem wir vieles simultan erfassen können. Lautsprache braucht die Artikulationswerkzeuge zu ihrer Produktion, Schrift die Hand, die ein Werkzeug führt, mit dem geschrieben wird (Stift oder heute ein technische Medium wie Schreibmaschine, Computer mit einer Textverarbeitung). Ong (1986) spricht daher von der »Technologisierung des

Schrift: Technologisierung des Wortes

Wortes« durch die Schrift. Während man Mündlichkeit die Sprache der Nähe nennen kann, ist Schrift die Sprache der Distanz. Mit der Schrift schafft sich das Gedächtnis ein externalisiertes Medium, das es ermöglicht, ein kulturelles Gedächtnis unabhängig von Menschen zu schaffen. In den Bibliotheken liegt dieses kulturelle Gedächtnis für alle Schriftkundigen bereit. Komplexe Gesellschaften sind auf Schrift angewiesen. Gesetze und Verträge bedürfen in solchen Gesellschaften der Schriftform. Wer also in einer modernen Gesellschaft lebt und an ihr partizipieren will, ist auf Kenntnisse der Schrift angewiesen.

Es gibt also keine größere Aufgabe für die Schule, als Lesen und Schreiben zu vermitteln, wobei beides den Unterricht in der Muttersprache weit übersteigt, wenngleich in ihr dieses besondere kulturelle Werkzeug, die Schrift, erlernt wird. Schriftlichkeitserziehung ist also mehr als alles andere ein Unterrichtsprinzip.

Wenn man Schriftlichkeit betrachtet, dann hat man es einerseits mit der Produktion, dem Schreiben, zu tun, andererseits mit der Rezeption, dem Lesen. Beides ist mehr als die zwei Seiten einer Medaille und beides ist mit den Ausdrücken *Produktion* und *Rezeption* nicht hinreichend beschrieben.

Im Schreiben muss man unterscheiden zwischen dem Schreiben (Konzipieren) von Texten (*Texte schreiben*), der motorischen

Schriftproduktion (*Motorisches Schreiben*) und schließlich den Konventionen und Normen, die für die Schriftproduktion herrschen (*Rechtschreibung/Orthographie*).

Zu den hartnäckigsten Stereotypen gehört die Auffassung, dass ein geschriebener Text nichts anderes wäre als die mediale Umsetzung eines mündlichen Textes. Dies zeigt sich nicht zuletzt darin, dass gerne vor dem Schreiben ein Text mündlich erarbeitet wird, um dann aufgeschrieben zu werden. Wenn man von der grundsätzlichen Verschiedenheit von Mündlichkeit und Schriftlichkeit ausgeht, wird man ganz anders vorgehen müssen. Zum (konzeptionellen) Sprechen gehört Spontaneität, die sich aus dem zwischen Sprecher und Hörer gemeinsam geteilten Interaktionsraum ergibt, und echte Interaktion, das bedeutet, dass der Sprecher zum Hörer wird und umgekehrt. Schreiben ist dagegen Sprache in Distanz. Vielleicht ist das größte Problem, das ein Schreiber lösen muss, das, dass er ohne irgendwelche Rückmeldepartikel (Back-Channel-Behavior) einen Text produziert, der dennoch von Lesern so verstanden werden kann, wie er ihn intendierte. Im Gegensatz zum Sprecher ist der Schreiber im Grundsatz einsam, von seinem Interaktionspartner getrennt. Dies bedeutet, dass er ganz andere Aufgaben bewältigen muss, wenn das gegenseitige Verständnis gesichert sein soll. Er muss

Aufgaben, die ein Schreiber bewältigen muss

- leserlich schreiben, wenn er handschriftlich schreibt (motorisches Schreiben);
- sich an die allgemeinen Konventionen und Normen halten, die für Geschriebenes gelten (Orthographie);
- sich an die allgemein geteilten grammatischen Konventionen halten, um alle Missverständnissee so weit als möglich auszuschließen. Eine verkürzte Sprache, die wegen des geteilten Interaktionsraums in der Mündlichkeit möglich ist, verbietet sich in der Schriftlichkeit;
- mögliche Leserreaktionen auf das, was er geschrieben hat, antizipieren und ihnen durch Formulierungen begegnen können.

Schreiben ist also in einer besonderen Weise Planung mit Blick auf das Verständnis des Lesers, der abwesend ist.

So sehr es auf der einen Seite nötig ist, Mündlichkeit und Schriftlichkeit zu trennen – so ist dennoch beides Sprache und beide müssen im Grundsatz die Aufgaben einer Sprache erfüllen.

Sie tun es nur auf unterschiedliche Weise und mit unterschiedlichem Ergebnis.

Grundfunktionen der Sprache

Man kann drei Grundfunktionen in der Sprache unterscheiden:
- eine psychische: Menschen artikulieren ihre Erlebnisse, Wünsche, Hoffnungen und Gefühle;
- eine soziale: Menschen wenden sich in informierender, geselliger, appellierender Absicht an andere; sie ordnen den gesellschaftlichen Raum;
- eine kognitive: Menschen schaffen Erkenntnisse.

Protoypisch für die psychische Funktion ist das Gespräch; die soziale Funktion kann durch mündliche und schriftliche Sprache eingenommen werden; wenn komplexere Gesellschaften geordnet werden, dann hat Schriftlichkeit einen entscheidenden Vorteil, da Verträge, Gesetze den Einzelnen überleben und lange Zeit Einheit stiftend sein können. Prototypisch für die kognitive Funktion ist die Schrift. Sie zwingt zur präzisen Formulierung und schafft einzigartige Möglichkeiten der Überprüfung und der Revision.

5.1.1 Fachliche Kompetenz

Schreiben ist Planung und es erschöpft sich nicht in einem einzigen Produktionsakt. Im sog. *Urmodell* des Schreibprozesses

»Urmodell« von Flower & Hayes

unterscheiden Flower & Hayes (1980) die folgenden Etappen (vgl. Abb. 10):

Erläuterung des Modells

Das Modell besagt:
1. Das Schreiben besteht aus einer Planungs-, Formulierungs- und Revisionsphase. Diese drei bilden zusammen den Schreibprozess.
   Unmittelbar auf die Planung wirken ein einerseits
   - das Thema (topic),
   - die intendierte Hörerschaft (audience),
   - der Schreibanlass (motivating cues); andererseits
   - das Weltwissen des Schreibers (the writer's long term memory),
   - das Wissen über das Thema (knowledge of topic),
   - das Wissen über die Hörerschaft (knowledge of audience),

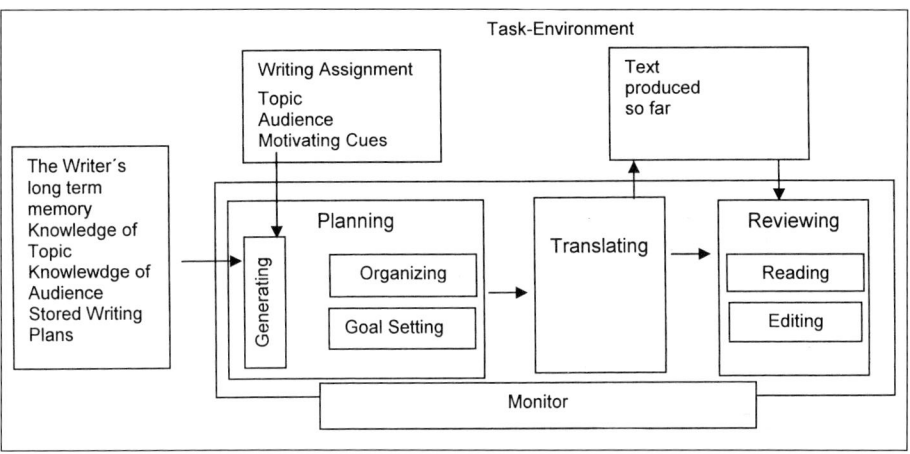

Abb. 10 | Prozessmodell des Schreibens Hayes/Flower (1980)

– Wissen über Schreibpläne und Textsorten (stored writing plans).

2. Formulieren und Überarbeiten sind rekursiv organisiert. *Rekursiv* bedeutet, dass jede Formulierung Auslöser einer Überarbeitung sein kann, die zu einer Neuformulierung führt, die wiederum Auslöser für eine Überarbeitung sein kann, die zu Neuformulierungen führt usw.

3. Dieser Prozess muss also kontrolliert werden. Das übernimmt der Monitor, der explizit oder im Begleitbewusstsein die Aufgabe übernimmt, die Planung, also Organisation (organizing) und Zielvorstellung (goal setting) des Schreibers, mit der tatsächlichen Ausführung zu vergleichen. Revision tritt ein, wenn es eine Abweichung zwischen Plan und Ausführung gibt. Stimmen beide überein, so kann der Schreibprozess (text produced so far) weitergehen.

Das Schreibprozessmodell von Flower & Hayes ist ein typisches analytisches Modell, das die beiden aufgrund empirischer Untersuchungen von schreibenden Studierenden in Schreibseminaren – in gewisser Weise also bei Schreibexperten – gefunden haben. Expertenmodelle sind keine Novizenmodelle. Das Schreibprozessmodell von Flower & Hayes muss also erst didaktisch interpretiert werden (s.u. 5.1.2).

Diskussion des Modells

105

Was fällt an dem Modell auf?

1. Dass Schreiben ein Prozess ist, der sich nicht in einem Akt niederschlägt, ist bekannt. Dass man Schreiben günstigerweise als rekursiven Prozess modelliert, hat man bis dahin in der Didaktik nicht gesehen. Vielmehr hat man Schreiben als einen sukzessiven Prozess behandelt: Planung – Schreiben – Verbesserung (auf der Grundlage einer Beurteilung durch die Lehrkraft). Dieses Vorgehen ist statisch; vor allem ist die »Verbesserung« aus dem eigentlichen Schreibprozess herausgelöst.

2. Interessant ist an zwei Stellen die Wortwahl: Die Ideenfindung wird lediglich *Generating* genannt und das Schreiben selbst als *Translating* bezeichnet. Hier greift das Modell nicht weit genug, denn Schreiben ist mehr als das Umsetzen (*translating*) von Gedanken in geschrieben Sprache. Das heißt, dass das Schreiben als solches, das Motorik, Orthographie, Grammatik und Formulierung umfasst, eher unterschätzt wird.

3. Die rekursive Revision mit dem dazugehörigen Weiterschreiben wird nur auf *Translating* und *Reviewing* bezogen (s. Pfeile); tatsächlich aber kann es auch zu Revisionen ganzer Schreibpläne kommen, sodass auch die Planung in den Revisionsprozess grundsätzlich einbezogen werden sollte.

4. In jedem Fall unterstellt das Modell ein planvolles Vorgehen beim Schreiben. Ob das so grundsätzlich gesagt werden kann, ist fraglich. Mit Fug und Recht kann man zwei grundsätzliche Schreibertypen unterscheiden: einen, der plant und dann schreibt und einen anderen, der drauflos schreibt und dann zur Planung findet. Dabei sind vor allem Mischtypen zwischen den beiden Extremen erwartbar, also Schreiber, die teils planen, teilweise drauflos schreiben.

5. Ganz häufig wird es so sein, dass am Anfang des Schreibens erst eine vage und pauschale Zielsetzung vorhanden ist, die sich erst im Laufe des Schreibens präzisiert. Auch das erkennt das Modell nicht, da es den Revisionsprozess nicht auf das Planen ausdehnt.

So sehr man das Modell auch in Einzelheiten kritisieren mag, bedeutsam ist, dass in ihm Momente des Schreibens identifiziert und analysiert werden und zueinander in eine nicht nur linearsequentielle Beziehung gesetzt werden.

Flower & Hayes gehen davon aus, dass ein Expertenschreiber über *Schreibpläne* als Reservoir verfügt, auf das er bei Bedarf zurückgreifen kann. Das unterstellt, dass es Textmuster gibt, auf die ein Schreber zurückgreifen kann. Aber was ist ein Text?

Die einfachste Antwort ist, dass ein Text aus Sätzen besteht, die aneinandergereiht sind. Aber eine einfache Folge von Sätzen würden wir nur unter Umständen als Text verstehen. Erst wenn die Sätze im Sinne einer sinnvollen Informationsprogression miteinander vernetzt sind, erst dann kann man von einem Text sprechen.

Am Anfang muss ein Leser Anknüpfungspunkte an sein eigenes Wissen finden. Sprachlich dient dazu die unbestimmte Determination (*ein, eine*), auf die nur dann verzichtet werden kann, wenn das Benannte im Weltwissen des Lesers als einzigartig unterstellt werden kann (*die Sonne, der Mond, das Empire State Building ...*). Nach der Einführung kann mit dem bestimmten Artikel oder durch Pronomina im Fortgang des Textes darauf verwiesen werden (*Es war einmal ein kleines Mädchen. Es ...*) Der Text schreitet nun fort, indem die jeweils gegebene neue Information (*ein kleines Mädchen*) als nun eingeführte, bekannte zum neuen Ausgangspunkt genommen wird und dazu wiederum eine neue Information gesetzt wird. (*Es war ganz allein auf der Welt, ihre Eltern waren gestorben ...*). Man spricht hier von der Thema-Rhema-Abfolge (Thema = bekannte Information; Rhema = neue Information).

Besondere Verknüpfungen werden durch sog. *Konnektoren* ausgedrückt: *und, oder ...* (reihend), *dann, später, nach drei Tagen ...* (temporal), *daher, deshalb, folglich ...* (argumentativ) etc. Ist ein Text pronominal oder durch Konnektoren sichtbar verbunden, so spricht man von *Kohäsion*. Allein durch Kohäsion ist aber ein Text nicht herzustellen. Wenn es heißt: *Maria bleibt heute der Schule fern. Sie hat Bauchweh* muss der Leser aus seinem Weltwissen hervorrufen, dass *Bauchweh* ein Grund sein kann, um von der Schule fernzubleiben. Ansonsten gäbe es keine Verbindung zwischen den beiden Sätzen. Verbindungen, die durch das Weltwissen hergestellt werden, ohne dass sie im Text ausgedrückt wären, stellen die *Kohärenz* eines Textes her. Eine wichtige Problemlösungsaufgabe für den Schreiber ist also, entscheiden zu müssen, wie viel Weltwissen er beim Leser unterstellen darf, so dass er es nicht eigens ausdrücken muss und wie viel er explizit verbalisieren muss.

Was ist ein Text?

Thema-Rhema-Abfolge in einem Text

Kohäsion und Kohärenz

Textsorten

Ein fertiger Text kann einer Textsorte (Textart, Textform) zugeordnet werden. Er ist eine Erzählung oder ein Bericht oder eine Beschreibung oder eine Erörterung oder ein Manifest oder ein Gedicht oder ...

Allein schon an dieser Aufzählung sieht man, dass unter dem Begriff einer *Textsorte* sehr Heterogenes verstanden wird. Allen gemeinsam ist aber, dass es sich um gesellschaftlich bewährte Formen handelt, die dem Schreiber beim Verfassen eine gewisse Richtung zeigen. Damit entlasten sie den Schreiber, der nun beispielsweise die Anordnung und Abfolge nicht selbstständig erfinden muss, sondern sich an solchen bewährten Ordnungen orientieren kann. Aus der Soziologie stammt das Konzept, Textsorten als kommunikative Gattungen zu sehen, die in einem Feld angeordnet sind. Das bedeutet, dass es keine scharfen Grenzen zwischen den verschiedenen kommunikativen Gattungen geben muss, sondern auch Überschneidungen möglich sind.

Textordnungsmuster

Wichtig für eine Textsorte ist das Textordnungsmuster, d.h. die Abfolge der einzelnen textuellen Bausteine. Bekannt ist die Abfolge: *Einleitung, Hauptteil, Schluss.* Setzt man die Funktionen zu dieser rein formalen Bezeichnung, wird klarer, was gemeint ist:

Einleitung: Orientierung

Die Einleitung hat die Aufgabe, den Leser zu orientieren. In einer Erzählung werden Ort, Zeit und handelnde Personen in der Einleitung genannt: *Letztes Jahr verbrachten meine Oma, mein Bruder und ich die Sommerferien am Bodensee ...;* in einer Beschreibung findet am Anfang eine kategoriale Einordnung statt. Dies geschieht zum Beispiel dadurch, dass der nächsthöhere Oberbegriff genannt wird (*Ein Koala ist ein Beuteltier*) oder eine sehr allgemeine Beurteilung gegeben wird (*Die Wohnung der Familie X ist groß und geräumig ...*). Erörterungen nennen am Anfang die strittige Frage, in Berichten wird am Anfang häufig eine sehr geraffte Zusammenfassung gegeben usw.

Hauptteil: geordnete Ausführung

Im Hauptteil folgt dann die Explikation. In einer Erzählung wird das erzählenswerte Ereignis erzählt. Das Anordnungsmuster ist das der zeitlichen Reihenfolge – ebenso beim Bericht. In einer Beschreibung folgt nach der Leserorientierung die Beschreibung der Einzelheiten. Reihenfolgen sind:

- vom Anfang zum Ende (zeitlich, zum Beispiel bei einem fiktiven Gang durch die Wohnung bei einer Wohnungsbeschreibung)
- vom Auffälligen zum Unauffälligen (z. B. bei Personenbeschreibungen)

- vom Hervorstechenden zum Unscheinbaren
- vom Bedeutsamen/Wichtigen zum Unbedeutenden (z. B. bei der Beschreibung von Bauwerken)
- direktional von links nach rechts oder umgekehrt,
- direktional in Blickrichtung von oben nach unten – kaum von unten nach oben) (z. B. bei der Beschreibung von Menschen)
- vom allgemein Bekannten zum Unbekannten (z. B. bei der Beschreibung eines neuen Gegenstandes)
- vom gesellschaftlich Anerkannten zum Tabuisierten (bei der Beschreibung von Sitten und Gebräuchen)
- vom erwartet Unterstellten zum erwartet Unbekannten.

Eine Erörterung nennt im Hauptteil Argumente, die am besten nach dem rhetorischen Prinzip der Klimax aufgebaut sind, d.h. dass die stärksten Argumente am Schluss kommen, da man unterstellen, kann, dass sich ein Leser an das zuletzt Geschriebene besser erinnert als an das anfangs Ausgeführte.

Der Schluss dient immer der Abrundung durch Zusammenfassung. In einer Erzählung wird das Erzählte häufig emotional bewertet (*Wir waren froh, dass alles so glimpflich ausgegangen ist.*), in einer Beschreibung das Beschriebene auf einen wesentlichen Punkt gebracht (*Ein Fahrrad ist ein weitgehend ausgereiftes Fortbewegungmittel, das heute eher als Sport- und Freizeitgerät gebraucht wird denn als Verkehrsmittel*), in einer Argumentation werden die Argumente kurz gewertet (*Alles in allem überwiegen die Pro-Argumente, die ...*)

> Schluss: Zusammenfassung

Wer als Schreiber solche Textanordnungsmuster kennt, hat bei dem, was Flower & Hayes *Organizing* nennen, Vorteile, da das Textmuster ihm Grundstrukturen der textuellen Organisation liefert.

Allen neueren Ansätzen, die sich mit dem Schreiben bzw. dem Schreibprozess befassen, ist gemeinsam, dass sie Schreiben als eine Problemlösungsaufgabe anzusehen. Aber es ist kein Welldefined-Problem, wie dies das Modell von Flower & Hayes nahe legen mag, sondern eher ein Problemtyp, den Dörner (1976) *dialektisch* nennt.

Das folgende Flussdiagramm von Dörner (vgl. Abb. 11) zeigt einen möglichen Heurismus (Auffindungsprozedur) für dialektisches Problemlösen.

> Schreiben als dialektisches Problemlösen

In diesem Modell wird unterstellt, dass am Anfang die Ziele noch nicht genau angegeben werden können, sondern vage sind

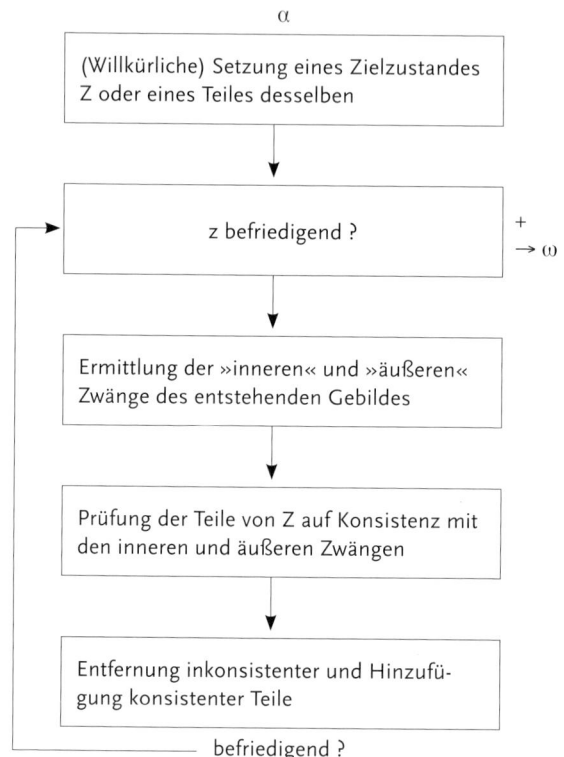

Abb. 11 | Heurismus für dialektisches Problemlösen (Dörner 1976)

oder einfach gesetzt werden. Aber natürlich wird unterstellt, dass es ein Ziel gibt, denn würde man dies nicht tun, so würde kein Monitor wirksam sein können, der den Ist-Zustand mit einem Soll-(= Ziel-)Zustand vergleichen könnte. Dann könnte auch nie gesagt werden, ob ein befriedigender Zustand eingetreten ist oder nicht, weil kein Maßstab für ein solches Urteil gegeben wäre. Das erste Urteil, das ein Schreiber fällt, kann so sein, dass er mit dem Geschriebenen bereits zufrieden ist. Im Normalfall wird dies aber nicht so sein. Vielmehr wird sein Urteil im Bereich des Ungefähren sich bewegen: *Irgendwie noch nicht ganz das, was ich wollte/sollte* ... Das führt dazu, dass die *inneren* und *äußeren* Zwänge ermittelt werden müssen. Mit den *inneren Zwängen* ist die interne Textstruktur, also Kohäsion und Kohärenz gemeint, mit den äußeren Zwängen Leser-, Inhalts- Textsortenangemessenheit. Bei der Suche auf Antworten nach diesen Fragen klären sich zwangsläufig auch die Ziele, von denen nun besser zu sagen ist, worauf sie sich richten können. Rein analytisch kann man unterscheiden:

- Schreiber als Ziel: personales Schreiben (Für sich schreiben)
- Leser als Ziel: kommunikatives und appellatives Schreiben (Für andere und an andere schreiben)
- Sache/Inhalt als Ziel: epistemisches Schreiben (Schreiben zur Erkenntnisgewinnung)
- Schreiben als Ziel: ästhetisches Schreiben (authentisches Schreiben; Schreiben und Gestalten)

Zieldimensionen

Für eine konkrete Textbeurteilung allerdings geben diese Ziele nur die Richtung an, die wiederum Fragen im Bereich der *inneren* und *äußeren* Zwänge aufwirft, die beantwortet werden müssen.

Dies alles zeigt: Schreiben ist in einem sehr einfachen Sinne ein kreativer Prozess. Ein (Schreib-)produkt, ein Text, wird hervorgebracht. Aber, wie wir gerade gesehen haben, ergibt sich das Produkt nicht durch die Anwendung einfacher Schritte einer nach dem andern. Schreiben ist auch in dem Sinne kreativ, dass der Schreiber etwas hervorbringen muss, was Leser findet.

Kreativität des Schreibens

Kreativität ist beim Schreiben nicht nur bei der Planung erforderlich, sondern ebenso beim Formulieren. Formulieren erfordert von den Schülerinnen mindestens eine dreifache Aufmerksamkeitsfokussierung. Zum einen muss der Text prozessiert werden, d.h. das Thema muss hinsichtlich des sich meistens erst herauskristallisierenden Schreibziels in den oben genannten Dimensionen entfaltet werden, die textuellen Anschlüsse müssen stimmen; dann muss auf grammatische Korrektheit in jedem Satz geachtet werden und schließlich müssen neben der Zeichensetzung die Wörter orthographisch richtig geschrieben sein. Hinzu kommen noch Forderungen nach stilistischer Gefälligkeit und Lesbarkeit. Es ist nicht verwunderlich, dass diese Aufgaben gerade von Schreibanfängern nicht alle gleichzeitig bewältigt werden können.

Kreativität macht nicht nur die Planung und Ideenfindung sowie den Schreibakt als solchen aus, sondern ebenso die Revision, die mit dem sich herauskristallisierenden Schreibziel als Leuchtfeuer die Spur des Schreibens einhält. Zu dieser Kreativität kommt die Einhaltung der textuellen, grammatischen und orthographischen Korrektheit sowie stilistischen und schriftlichen Gefälligkeit immer mit hinzu.

Zusammenfassung

Schreiben wird gefasst als
a. Prozess, der die Teile Planen, Formulieren und Revidieren, die rekursiv aufeinander bezogen sind, umfasst. Das bedeutet, dass es einen Ist-Soll-Vergleich gibt, wobei ein gestecktes Ziel den Maßstab abgibt. Einflussfaktoren sind die Schreibumgebung (writing assignment) sowie Weltwissen, Leserorientierng und Schreibpläne/Textsorten, auf die zurückgegriffen werden kann.
b. dialektischer Problemlösetyp. Dies bedeutet, dass häufig beim Schreiben anfangs das präzise Ziel noch nicht feststeht, sondern sich erst im Schreiben entwickelt und herauskristallisiert.
c. kreativer Prozess in all seinen Teilen.

5.1.2 Didaktisch-methodische Kompetenz

Im Folgenden wird das Modell von Flower & Hayes mit der Erweiterung, die Dörner gebracht hat, didaktisch interpretiert.

Als Erstes sind Maßnahmen zu überlegen, die mit dem Generieren (*generating*) von Ideen zu tun haben. Dafür hat sich eine eigene Disziplin entwickelt, die sich selbst *kreatives Schreiben* (aus dem Englischen: *creative writing*) nennt. Hier werden vor allem Prozeduren diskutiert, die einem die Ideenfindung erleichtern. (Bedauerlicherweise gibt es bis heute keine feste Terminologie, so dass die Leserin durchaus auch eine andere in einem anderen Zusammenhang finden kann.)

Generating: Unterstützende Verfahren zur Ideenfindung

Die wichtigsten Prozeduren sind:

Brainstorming

Brainstorming: Brainstorming ist ein gutes Verfahren für alle Textformen. Das Brainstorming beginnt mit einer Überschrift, zu der das Verfahren durchgeführt wird. Beim Brainstorming wird jeder Einfall am besten in einer Liste zuerst einmal notiert. Sinnvollerweise gibt man hier nur eine begrenzte Zeit, denn es handelt sich um ein spontanes Verfahren.

In einem zweiten Schritt werden die Einfälle bewertet: Gibt es von jedem Einfall eine Verbindungslinie zur Themenüberschrift? Welche Einfälle gehören zusammen?

Brainstorming ist ein Verfahren, das immer verwandt werden kann. Was nicht mit der Überschrift verbunden werden kann, gehört zu einem anderen Thema, muss also wegfallen. Diese

Strukturierung sollte helfen, ein erstes – vielleicht noch sehr vages – Schreibziel zu formulieren und Lücken, die noch vorhanden sind, auszufüllen.

Clustering: Ein Cluster geht einen Schritt weiter. Man schreibt in die Mitte eines Blattes (der Tafel) einen Begriff oder ein Thema. Nun werden aber nur diejenigen Assoziationen, die einem zu diesem Leitbegriff/-thema einfallen, um den Leitbegriff/das Leitthema herum geschrieben. Jeder neue Begriff kann Ausgangspunkt für eine weitere Clusterbildung sein (vgl. Abb. 12). | Clustering

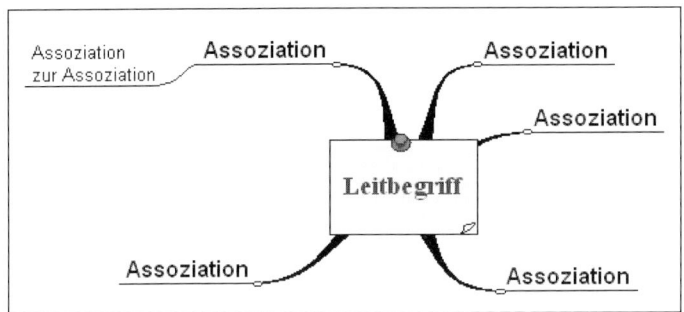

Abb. 12 | Cluster

In einem zweiten Schritt muss wiederum bewertet werden. Es könnte durchaus sein, dass eine Assoziation der ersten Ebene als Unterbegriff zu einer anderen Assoziation gedeutet werden muss. Also müssen Verbindungslinien gezogen werden. Jetzt können Lücken aufgefüllt werden und ein Schreibziel –welcher Vagheitsstufe auch immer – formuliert werden.

Mindmapping: Eine Mind-Map (vgl. Abb. 13) ist ein strukturierter Cluster. Wieder wird in die Mitte eines freien Blattes ein Schlüsselwort/Schlüsselthema geschrieben, das sich nun verzweigt. Während der Cluster verschiedene Assoziationsketten auflistet, wird beim Mindmapping eine Kette verfolgt und verzweigt. | Mindmapping

Eine Mind-Map geht also einen Schritt weiter als ein Cluster, der wiederum einen Schritt weiter geht als ein Brainstorming.

Welches Verfahren auch angewandt wird, immer folgt der Phase der Produktion eine Phase der Bewertung hinsichtlich des

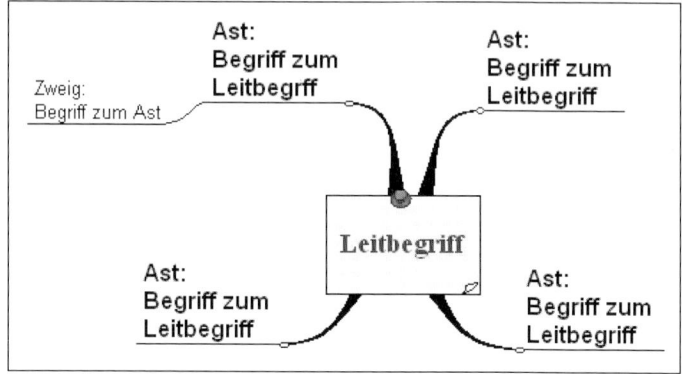

Abb. 13 | Mind-Map

Themas. Dabei sollte sich auch das Schreibziel herauskristallisieren, wie vage es im Einzelnen auch noch sein mag und wie sehr es auch erst im Schreiben selbst präzisiert werden muss. Die entscheidende Frage ist: »Was will ich überhaupt mit dem, was ich schreibe?« Diese Frage sollte den Schreiber weiterhin verfolgen. Nur eine einigermaßen konkrete Antwort darauf kann ihm sein Schreibziel als Beurteilungsmaßstab für das Monitoring abgeben.

Damit haben wir das Planen (planning) im Modell von Flower & Hayes beschrieben, allerdings mit dem wichtigen, von Dörner stammenden Zusatz, dass die Zielvorstellung an dieser Stelle noch längst nicht abgeschlossen sein muss.

Alle diese Verfahren setzen voraus, dass einem etwas einfällt. Aber es gibt auch Schreibblockaden, Phasen ohne Einfälle. Ein Mittel, das helfen kann, ist das sog. automatische Schreiben (écriture automatique), das der Dadaist André Breton propagierte.

Hornung (1995, 162) gibt die Methode mit Blick auf die Schule so an:

»Alles, wirklich alles, was der oder dem Schreibenden in einem bestimmten Augenblick durch den Kopf und in die Feder schießt, darf in seiner Wohlgeordnetheit oder in seinem Durcheinander niedergeschrieben werden. An Schreibregeln, Fehler muss nicht gedacht werden; der Schreibfluss, seine Automatizität, ist wichtiger als der Inhalt und die Form. Falls er ins Stocken geraten sollte, schreibt die Hand einfach in der Bewegung des llllll weiter. Die einzigen Beschränkungen, die ich, wenn ich diese Art des Schreibens in der Schule

Schreibblockaden und automatisches Schreiben

praktiziere, auferlege – eine wichtige Änderung der Schreibanweisung Bretons –, liegen darin, dass ich einen Schreibstimulus vorgebe und die Dauer des Schreibens auf 10 Minuten beschränke.«

Automatisches Schreiben kann helfen, seinen Gedanken/Assoziationen zu vertrauen und Zutrauen zu den eigenen Schreibfähigkeiten zu finden.

Eine Etüde zur Ideenfindung kann ein Akrostichon sein. Hier wird in jeder Zeile zu Beginn ein Buchstabe gegeben, die zusammengelesen das Thema angeben. Das Akrostichon bietet ein schwaches Gerüst, das den Schreiber leitet.

Akrostichon als Etüde

Stärkere Gerüste gehen über in das Formulieren. Hier hat die Didaktik ein breites Arsenal an Unterstützungsmaßnahmen, das allerdings nie zu einem systematischen Methodenarsenal ausgebaut worden ist, entwickelt.

Für die Entwicklung des Plots einer Erzählung kann man Reizwörter geben, z. B. *Wind, Wellen, Rettung* oder – phantastischer – *Kartoffel, Hering, Hochzeit*. Die Reizwörter spannen dabei den Plot thematisch auf. Der Kreativität der Schülerinnen wird an dieser Stelle geholfen mit dem Ziel, dass sie ihre Aufmerksamkeit auf andere Erfordernisse des Schreibens lenken können. Die entscheidende Frage für die Lehrkraft ist also die, ob die Schülerinnen eine Entlastung an dieser Stelle (hier: thematische Entfaltung des Plots einer Erzählung) brauchen, und worauf sie, wenn sie hier entlastet sind, dann besonders ihre Aufmerksamkeit richten sollen.

Unterstützende Verfahren beim Formulieren Reizwörter

Deutlicher wird das hier Gesagte bei der Bildergeschichte. Den Schülerinnen gegebene Bilderfolgen entlasten sie noch mehr als Reizwörter beim Finden des Plots, da dieser durch die Bilder vorgegeben ist. Wiederum ist die Frage, ob Schülerinnen dies brauchen oder ob das Verfahren nicht vielmehr kontraproduktiv ist. Für das Verfahren spricht, dass mit den Bildern alle Schülerinnen eine gemeinsame (Erzähl-)Grundlage haben. Gegen das Verfahren spricht, dass die Bilder zum Beschreiben verleiten, wohingegen aber erzählt werden sollte. Auf der Grundlage von Bildergeschichten sind weitere Verfahren entwickelt worden: Die Bilder werden in ihrer Reihenfolge vertauscht. Dies ist eine Etüde zur Gewinnung der temporal geordneten, narrativen Struktur; eine andere Möglichkeit besteht darin, Bilder wegzulassen. Dadurch werden die Schülerinnen angeregt, den

Bildergeschichte

Plot zu vervollständigen, also auf die innere Erzähllogik zu achten. Wichtig zu sehen ist, dass Reizwort- und Bildergeschichten Etüdencharakter haben. Aber keine Übung ist aus sich heraus gut, sie gewinnt ihren Wert erst vor dem Hintergrund eines konkreten Ziels der Lehrkraft und einer konkreten Beschreibung erwartbarer Schwierigkeiten der Schülerinnen. Niemals ist eine Reizwort- oder Bildergeschichte schon das Erzählen selbst, sondern ein Schritt, um Erzählen richtig zu erlernen. Dabei dürfen die Gefahren, die jede Etüde mit sich bringt, nicht unterschätzt werden. Wenn die Erzählungen sehr flach werden, weil die Reizwörter zu keiner angemessenen Komplikation geführt haben, wenn die Bilder zum Beschreiben verleiten und nur in einer *Und-dann-Reihung* aneinandergereiht werden, dann ist das Verfahren falsch gewählt.

Elfchen, Haiku

Ein bekanntes, anspruchsvolles Verfahren ist das Gerüst eines Elfchens oder eines Haiku. Ein Elfchen hat die Form

   1 Wort
   2 Wörter
   3 Wörter
   4 Wörter
   1 Wort

zusammen also elf Wörter. Bei einem Haiku werden die Silben gezählt:

   1. Zeile: 5 Silben
   2. Zeile: 7 Silben
   3. Zeile: 5 Silben

Ziel ist in beiden Fällen, einen Moment sprachlich einzufangen.

Ein ordnendes Verfahren bei Erörterungen ist das Zusammenfassen von Argumenten in Pro- und Contra-Argumente, die in einer zusammenfassenden Synthese zusammengeführt werden. Ein solches Verfahren hilft, vorhandene Argumente zu ordnen und fehlende auch zu finden, da bei einer solchen Anordnung die Lücken schnell deutlich werden – eine glanzvolle Erörterung wird man so noch nicht schreiben.

Thema-Rhema-Abfolge

Die bislang genannten Verfahren sind solche auf der textuellen Ebene. Auf der syntaktischen geht es um die stimmige Thema-Rhema-Abfolge. Das bedeutet, dass der Schreiber eingangs die Leser entsprechend einführen muss und dann die jeweils neu eingeführte Information zum Ausgangspunkt der folgenden neuen Information macht. Dass Schreibanfänger hier Schwierigkeiten haben, zeigt der folgende Text eines Drittklässlers (vgl. Abb. 14):

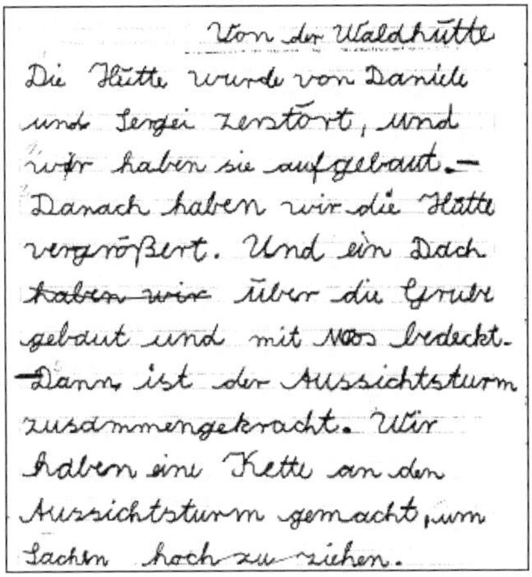
Von der Waldhütte
Die Hütte wurde von Daniele
und Sergei zerstört, und
wir haben sie aufgebaut. –
Danach haben wir die Hütte
vergrößert. Und ein Dach
~~haben wir~~ über die Grube
gebaut und mit Moos bedeckt.
Dann ist der Aussichtsturm
zusammengekracht. Wir
haben eine Kette an den
Aussichtsturm gemacht, um
Sachen hoch zu ziehen.

Abb. 14 | Erzählung eines Drittklässlers

Bereits in der Überschrift unterstellt der Schüler, dass allen Lesern die Waldhütte bekannt sei. Ebenso werden die Personen Sergei und Daniele als bekannt vorausgesetzt. Unvermutet »kracht« der Aussichtsturm – wiederum mit bestimmtem Artikel eingeführt – zusammen. Dies ist kein Hindernis, um im letzten Satz zu schreiben, dass man »Sachen« hochgezogen habe.

Die Schwierigkeiten, die der Schreiber hat, sind erklärbar. Da seine Aufgabe darin besteht, dass er einen Waldspaziergang, den er mit der Klasse unternommen hat, am kommenden Tag schriftlich erzählen soll, und er unterstellen kann, dass seine Mitschülerinnen das Geschehen kennen, greift er zu den Formen, die Bekanntheit signalisieren. Ähnliches kann man für den Ablauf sagen. Die Unzulänglichkeiten des Textes sind also induziert. Man kann von ihnen nicht unbedingt auf Unzulänglichkeiten des Schreibers schließen.

Variabilität des Ausdrucks

Eine typische didaktische Aufgabe ist die Variabilität des Ausdrucks. Einem Sprecher kann man wenig Variabilität des Satzbaus, Beschränkung in der Wortwahl und vielleicht sogar einen schiefen Ausdruck durchgehen lasse, weil dies der Spontaneität geschuldet ist; anders bei einem Schreiber, der grundsätzlich Zeit hat, planen und revidieren kann. Variabilität des Ausdrucks wird man, ohne dass man sich der grundsätzlichen Möglichkeiten bewusst wird, kaum intuitiv erwerben. Hier hängt Schreiben ganz elementar mit Sprachbewusstheit, die sich aus Kenntnissen der Grammatik ergibt, zusammen (vgl. Tab. 13 und 14). Daher sind die sog. grammatischen Proben auch Möglichkeiten der Ausdrucksfindung.

Man könnte meinen, dass diese Operationen nur für den Satz definiert seien. Tatsächlich aber handelt es sich um Operationen, die auf alle linguistischen Einheiten angewandt werden können.

Der Ausgangssatz sei: *Wir fuhren an den Bodensee.*

→ Erfragen der Satzglieder Von wem wird in dem Satz etwas ausgesagt? – *Von uns.* bzw. Wer fuhr an den Bodensee? – *Wir* Was wird von uns ausgesagt? – *Dass wir an den Bodensee fuhren.* Fehlende Information: Wann? → Erweitern	*Wir fuhren letztes Jahr an den Bodensee*
Stilistisch verbessern: → Umstellen	*Letztes Jahr fuhren wir an den Bodensee.*
Fehlende Information: Womit? → Erweitern	*Letztes Jahr fuhren wir mit der Bahn an den Bodensee.*
Genauere Information: Wer *wir*? → Ersetzen	*Letztes Jahr fuhren meine Eltern, meine kleine Schwester und ich mit der Bahn an den Bodensee.*
Genauere Information: Wann genau? → Ersetzen	*Letzten Sommer fuhren meine Eltern, meine kleine Schwester und ich mit der Bahn an den Bodensee.*
Genauere Information: Wohin genau? → Erweitern	*Letzten Sommer fuhren meine Eltern, meine kleine Schwester und ich mit der Bahn an den Bodensee bei Friedrichshafen.*
Fehlende Information: Wie? → Erweitern	*Letzten Sommer fuhren meine Eltern, meine kleine Schwester und ich mit der Bahn bequem und sicher an den Bodensee bei Friedrichshafen.*
Sind das nicht viele Informationen auf einmal? → Weglassen und neue Sätze bilden	*Letzten Sommer fuhren meine Eltern, meine kleine Schwester und ich an den Bodensee. Unser Ziel Friedrichshafen erreichten wir sicher und bequem mit der Bahn.*

Tab. 13 | Proben für das Schreiben: Sätze

Welche Fahrt? → Erweitern	*Schifffahrt*
Welche Schifffahrt? → Erweitern	*Dampfschifffahrt* etc.
Welches Wort steckt darin? → Weglassen	*fahr-*
Welche Wörter können damit gebildet werden? → Erweitern	*fahren, fährt, fahre, Fahrt, umfahren, wegfahren, Fahrer, fuhr, Fuhre...*

Tab. 14 | Proben für das Schreiben: Wörter

(Das Thema wird im Kapitel *Sprache thematisieren* noch einmal aufgegriffen werden.)
Bei der Revision können folgende Fragen gestellt werden (vgl. v. Werder 1992, S. 76; vgl. Tab. 15):

Unterstützende Verfahren bei der Textrevision

Urteil	mögliches Problem	Mögliche Lösung
Text ist langweilig	Schreibziel ungenau formuliert Nebensächlichkeiten überbewertet.	Präzisierung des Schreibziels Hauptlinie in der Ideensammlung herausarbeiten
Text ist konfus	Ideensammlung nicht sorgfältig ausgeführt	Hauptstrang der Ideen herausarbeiten, Lücken auffüllen
Text zerfällt in Teile	Ideensammlung ist zwar abgearbeitet, aber die Übergänge sind sprachlich nicht bearbeitet	Übergänge von einem Textteil zum andern genau herausarbeiten
Manche Sätze sind nicht richtig konstruiert	Beim Schreiben waren die Gedanken zu schnell	Lange Sätze in mehrere Sätze auflösen. Unvollständige Sätze vervollständigen
Manche Wörter sind nicht treffend	In der Eile nicht das treffende Wort gefunden	Treffende Wörter suchen. Unter Umständen nachschlagen oder nachfragen.
Im Text finden sich Schreibfehler	Zu schnell geschrieben, Unsicherheit im Rechtschreiben	Wörterbuch benutzen oder nachfragen.

Tab. 15 | Revisionsurteile (v. Werder 1992)

Es ist ausgeschlossen, dass alle möglichen Texturteile aufgrund eines einmaligen Lesens gefällt werden können. Daher empfiehlt es sich, einen Text dreimal unter den oben genannten Gesichtspunkten durchzulesen.

Mehr noch als Planen und Formulieren brauchen Revisionen Zeit! Ein Schreiber kann nur dann ein Urteil zu seinem Text fällen, wenn er den nötigen Abstand hat. Daher hilft ein Durchlesen nach dem Schreiben meist gar nichts, weil die fehlende Distanz nur dazu führt, sich in dem Geschriebenen bestätigt zu finden.

Schülerinnen und Schüler können nicht von sich aus all das leisten, was hier ausgeführt wurde, und der wohlgemeinte Rat, es zu tun, verpufft angesichts der enormen Schwierigkeiten, Richter über seine eigenen Taten sein zu sollen.

Im Übrigen muss eine Schülerin erst lernen, einen Text mit einem Revisionsblick zu lesen. Mehr noch, man sollte erwarten, dass eine Reihe von Revisionen bereits im Kopf geschehen, dass also bereits vor dem Formulieren auf dem Blatt Papier nötige Revisionsprozesse abgelaufen sind.

Hier hilft das Konzept der *Internalisierung* weiter. Darunter versteht man einen Vorgang, bei dem äußere Handlungen zu automatisierten inneren werden. Ein besonders geeignetes Verfahren, dies zu erreichen, sind Schreibkonferenzen.

Schreib-
konferenzen

Schreibkonferenzen nehmen ernst, dass Texte für Leser geschrieben werden, Leser, denen die Texte gefallen oder missfallen, die informiert werden oder eher verwirrt, die belustigt sind oder sich langweilen etc.. Daher empfiehlt es sich, kleine Gruppen zu bilden, die sich das Geschriebene gegenseitig (vor-)lesen und ihr Urteil abgeben. Es handelt sich also um kleine Redaktionsgruppen. Ob solche Gruppen sich nach Neigung bilden oder die Lehrkraft die Zusammensetzung bestimmt (z.B. so, dass jede Gruppe einen starken Rechtschreiber hat), wird von der jeweiligen Klasse abhängen. Aufgabe der Gruppe ist es, die Texte gegenseitig anzuhören bzw. durchzulesen und zu beurteilen, ob der Text gefällt, verständlich und korrekt ist. Am Anfang wird eine Lehrkraft immer wieder auch zeigen müssen, wie solche Urteile aussehen können. Im Laufe der Zeit werden die Schüler selbst ihre Urteile fällen können. Ziel ist, dass der Schreiber beim Schreiben selbst mögliche Urteile, wie sie in der Schreibkonferenz gefallen sind, vorwegnimmt und berücksichtigt. Genau dies macht dann einen professionellen Schreiber aus.

Zusammenfassung

Das Modell des Schreibprozesses muss didaktisch umgesetzt werden. Im vorgehenden Abschnitt wurden verschiedene Maßnahmen zur Planung (Brainstorming, Cluster, Mind-Map, automatisches Schreiben, Akrostichon), zum Formulieren (Reizwörter, Bildergeschichte, Elfchen, Haiku) und schließlich zum Revidieren (Schreibkonferenzen) gemacht.

5.1.3 Diagnose-, Beurteilungs- und Förderkompetenz

Schreibenlernen gehört zur Schule. Wenn also in der Schule Schreibleistungen diagnostiziert und beurteilt werden, so werden damit vermittelt auch die Schule und der Unterricht ins Blickfeld genommen, die beide entsprechende Entwicklungen induzieren. Um welche Entwicklung geht es? Wir finden eine Entwicklung der Textformen und eine der Schreibfähigkeiten.

Bei den Textformen finden wir didaktisches Brauchtum, das zwar hoch bewährt zu sein scheint, das aber bis heute nicht wissenschaftlich untersucht ist. Das schulische Curriculum sieht für die Grundschule Erzählen, für die ersten Jahre des Sekundarstufe I das Beschreiben und dann etwas später das Berichten, für die letzten Jahre der Sekundarstufe I und die Sekundarstufe II das Erörtern vor. In der Mitte der Sekundarstufe (gemeinhin in der 7./8. Klasse) taucht die Inhaltsaufgabe auf, die für das Interpretieren, als Form des Erörterns auf der Grundlage literarischer Texte, propädeutischen Charakter hat. Ähnliches gilt für anspruchvolle Formen der Beschreibung wie die Charakterisierung. Pragmatische Textsorten wie Brief, Protokoll oder Lebenslauf werden eingestreut: der Brief in der Orientierungsstufe, das Protokoll in der 7./8. Klasse, der Lebenslauf im Zusammenhang mit Betriebspraktika in der 9. oder 10. Klasse. Man kann nicht sagen, ob sich hinter dieser Anordnung ein implizites Förderkonzept versteckt. Allerdings kann man dem Modell eine gewisse Rationalität, die in entwicklungspsychologischen Überlegungen gründet, nicht absprechen. Man kann auch die Entwicklung der Schreibfähigkeiten heranziehen. Es ist bekannt, dass Grundschülerinnen, wie auch das Beispiel oben (Abb. 14) zeigt, sequentiell erzählen und die eigene Subjektivität in den Mittelpunkt stellen. Eine solche Strategie verbietet sich bei Beschreibungen oder gar bei Erörterungen.

Entwicklung der Textformen in der Schule

Feilke (2003, 184 f.) nennt, die Forschungsliteratur zusammenfassend, die folgenden Entwicklungen beim schriftlichen Erzählen:

Entwicklung beim Erzählen

— *enumerativ*: hier dominiert »die assoziativ-inhaltlich motivierte Reihung von Aussagen, ohne einen Bezug auf Anforderungen der Textorganisation«.

— *linear sequenzierend*: Erkennbar ist hier eine unterlegte oder explizit ausgedrückte *Und-dann-Struktur*.

– *kontrastierend*: Die Erzählung wird nun auf einen Erwartungs-bruch (das Erzählenswerte) hin strukturiert. *Kontrastierend*: heißt dieser Typ, da die Geschichte um diesen Bruch herum einen Vorher-nacher-Kontrast zeigt.

– *involvierend*: Die Erzählung wird sprachlich geformt und der Leser als eigene Größe miteinbezogen.

Wann erreichen Kinder welches Stadium? Gemeinhin kann man unterstellen, dass Kinder am Ende der Grundschulzeit den kon-trastierenden Modus beherrschen, sich also an einer Erzählgram-matik orientieren. Damit beherrschen sie *Orientierung, Ereignis mit Komplikation (Erwartungsbruch), Evaluation am Schluss.* (An dem Text oben, Abb. 14, kann man ersehen, wie weit dieser Schreiber, der noch enumerativ Erlebtes wiedergibt, von einem kontrastierenden Modus entfernt ist.)

Abhängigkeit der Entwicklung vom Thema

Interessant ist, dass diese Entwicklung etwas zu tun hat mit dem Thema und dem Bezug der Schülerinnen zum Thema. In einer Untersuchung zeigt Becker (2002), dass Kinder der 2. Klas-se im Bereich von Erlebniserzählungen bedeutend mehr Schwie-rigkeiten haben als im Bereich von Phantasiegeschichten. Wäh-rend sie hier teilweise bereits einen kontrastierenden Modus zeigen, verfallen sie bei der Erlebniserzählung in einen enumera-tiven oder linear-sequentiellen. Auch die Textlänge unterscheidet sind deutlich. Dieses Ergebnis ist unter einem diagnostischen Blickwinkel genauso interessant wie unter einem Fördergesichts-punkt.

Ganz offensichtlich kann eine Lehrkraft nicht aus der Beurtei-lung einer Produktsorte auf Fähigkeiten allgemein schließen und zum zweiten zeigt sich, dass das, was unter Fördergesichtspunk-ten nahe zu liegen scheint, nicht unbedingt die beste Wahl sein muss. Es scheint nahe zu liegen, dass das selbst Erlebte die beste Grundlage für eine eigene Erzählung ist, es zeigt sich aber, dass das phantastische Fabulieren bessere Ergebnisse zeigt.

Entwicklung beim Beschreiben

Untersuchungen zur Schreibentwicklung beim Beschreiben liegen von Scheuwly & Rosat (1986, hier wiedergegeben nach Feilke 2003, S. 186) und Becker-Mrotzek (1997) vor.

Schneuwly & Rosat haben Kinder vom 2. bis zum 8. Schuljahr ein Zimmer beschreiben lassen. Zweitklässler legen – ähnlich dem enumerativen Modus beim Erzählen – eine Liste von im Zimmer vorhandenen Gegenständen vor. Anfangs der Sekun-darstufe kommt es zur Zentrierung von Gegenständen, um die herum die anderen beschrieben werden. Selbst in der 8. Klasse findet die Hälfte der Schülerinnen noch keinen »Rahmen für die Gesamtbeschreibung des Zimmers von einem Betrachtpunkt aus« (Feilke 2003, S. 187). Becker-Mrotzek (1997) ließ Schülerinnen vom 4. bis zum 12. Schuljahr Bedienungsanleitungen für eine Digitaluhr schreiben und stellt vier Stadien fest. Einige Viertklässler versagen bei der Aufgabe noch (Stadium 0), es folgt ein Stadium der Beschreibung äußerlich wahrnehmbarer Eigenschaften der Uhr und des Hantierens mit der Uhr (4.-6. Schuljahr); später orientieren sich die Schreiber an den Zwecken; äußerlich deutlich wird dies an Zwischenüberschriften; auch nicht sinnlich wahrnehmbare Vorgänge werden in die Beschreibung mit einbezogen. Syntaktisch fällt eine *Um-zu-Struktur* auf, d.h. die Schreiber heben auf Zwecke ab (7-10. Schuljahr); Oberstufenschüler und Studierende involvieren einen Leser, auf den hin sie schreiben.

Im Bereich des Argumentierens haben Augst & Faigel (1986), Feilke & Augst (1989) die folgende Abfolge ermittelt (vgl. Abb. 15):

Entwicklung beim Argumentieren

Perspektive aus der subjektiven Erlebniswelt (Ich)	Perspektive auf die objektive Welt (die Sache)	Perspektive auf die Sprache/den Text als Medium (der Text)	Perspektive auf den anderen und Wechselseitigkeit der Perspektiven (der andere)
>	>	>	
linear-entwickelndes Muster	material-systematisches Muster	formal-systematisches Muster	linear-dialogisches Muster

Abb. 15 | Entwicklung schriftlich argumentative Fähigkeiten

Untersuchungsgegenstand waren 120 argumentative Texte zum Sinn von Hausaufgaben, die von Schülerinnen zwischen dem 7. und 12. Schuljahr geschrieben wurden.

Vergleicht man die Befunde zum Erzählen, Beschreiben, Argumentieren fällt eine gewisse Ähnlichkeit auf. Am Anfang steht Linearität, am Ende die Einbeziehung des Lesers. Bereits 1980 hat Bereiter ein allgemeines Modell der Schreibentwicklung gegeben, in dem diese Abfolge abgebildet ist, das aber noch einen Schritt weitergeht (vgl. Abb. 16). Das Modell unterscheidet drei Größen, an denen sich Schreiber orientieren: den *Prozess*, das

Schreibentwicklungsmodell von Bereiter

Produkt und den *Leser* und es nimmt Bezug auf kognitive Fähigkeiten:

- die Fähigkeit überhaupt schreiben zu können und Sachverhalte in Beziehung zueinander setzen zu können (*controlled association*). In diesem Stadium haben Texte noch keine erkennbare Makrostruktur.
- Die Fähigkeit, sich an Konventionen und Normen, an Textstrukturen orientieren zu können (*rules of styles and mechanics*). Das Augenmerk ist in gewisser Weise auf Äußerlichkeiten gerichtet.
- Die Fähigkeit, einen Leser zu intendieren (*social cognition*). Die Eigenperspektive wird dezentriert und das Geschriebene von einem Leser her gedacht.
- die Fähigkeit, zu kritischen Urteilen über den eigenen Text (*critical judgment: literary/ logical*). Der Schreiber begreift sich als Leser.
- die Fähigkeit des reflexiven Denkens. Im Schreiben vollzieht sich ein Erkenntnisfortschritt dergestalt, dass Erkenntnisse erst durch das Schreiben – im Medium des Schreibens – kreiert werden.

Das Modell hat einen Wendepunkt nach dem kommunikativen Schreiben. Man kann sagen, dass es zu einem *feedback-loop*

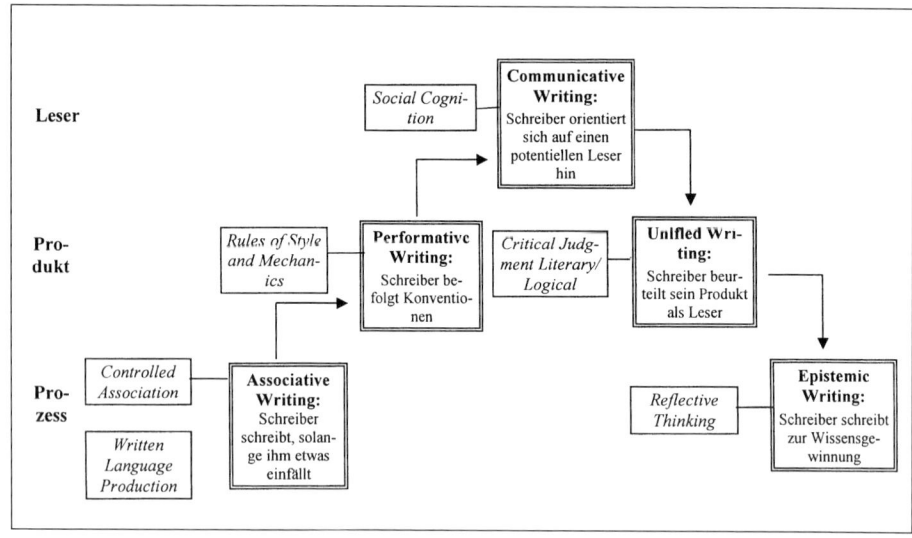

Abb. 16 | Entwicklung des Schreibens nach Bereiter (1980)

kommt und das Schreiben in den Bereich der Metakognition eintritt, wenn der Schreiber als sein eigener Beurteiler auftritt. Genau dies war auch das intendierte Ergebnis des Internalisierungsprozesses bei Schreibkonferenzen.

Solche Modelle geben eine Schablone für eine generelle Beurteilung ab, sie können niemals einen konkreten Text vollständig erfassen. Beim Erzählen wurde darauf hingewiesen, dass die Ergebnisse auch von der zu bearbeitenden Textform abhängen, natürlich hängen sie von der unterrichtliches Einbettung und von der schulischen Unterweisung ab. All dies in Rechnung gestellt und zur Relativierung herangezogen, kann man dennoch Modelle wie das von Bereiter als Orientierungen heranziehen. Interessant sind dann festzustellende Abweichungen und ihre Interpretation.

Schule ist ein Ort, an dem (auch) bewertet und beurteilt wird. Zu den intensiv erörterten, wenngleich nicht empirisch breit untersuchten Themen gehört die Aufsatzkorrektur.

Eine auch heute noch gültige wissenschaftliche Arbeit stammt von Grzesik & Fischer (1984). Die Autoren haben einen Kriterienkatalog von 17 Kriterien, die sie aus der Literatur zur Aufsatzkorrektur gewonnen haben, zusammengestellt und auf seine Brauchbarkeit hin untersucht (vgl. Mat. 12). Sie unterteilen die Kriterien in sog. *Innenkriterien*, die die Konsistenz des Textes (Aufsatzes) betreffen, und *Außenkriterien*, die die Adäquatheit der Bearbeitung betreffen.

Aufsatzkorrektur

Kriterienkatalog für Aufsatzkorrektur nach Grzesik

Mat. 12: Kriterien für die Aufsatzbeurteilung

1. Innenkriterien (betreffen die inneren Beziehungen des Aufsatzes, seine Konsistenz)

1.1. Differenziert – pauschal
   - differenziert: die verwandten Begriffe haben eine geringere Extension bei steigender Intension; pauschal: z. B. Urteil: »Der Text ist ein Gedicht.«
1.2. Widerspruchsfrei – widersprüchlich
   - von leichten Unstimmigkeiten bis zu offenen Widersprüchen
1.3. Redundanzfrei – redundant
   - Redundanzfrei: funktionslose Wiederholungen kommen nicht vor.
1.4. Argumentativ – unbegründet
   - Argumentativ: die einzelnen Behauptungen werden begründet

1.5. (In sich) stimmig – (in sich) unstimmig
   – (In sich) stimmig: der Begründungszusammenhang leuchtet ein; die Beispiele, Verdeutlichungen, Erklärungen sind plausibel.
1.6. Ganzheitlich strukturiert – zusammenhanglos
   – Ganzheitlich strukturiert: zwischen den Einzelaussagen bestehen sachlogische Zusammenhänge
1.7. Regelgerechte Orthographie – regelwidrige Orthographie
1.8. Verständlich – nicht verständlich
   – Die Satz- und Textgrammatik (Satzbau und Verweisungssystem) sind stimmig
1.9. Prägnant – nicht prägnant
   – Prägnant: der Sinngehalt ist mit knappem sprachlichem Aufwand ausgedrückt.
1.10. Stilistisch reichhaltig – ausdrucksarm
   – Stilistisch reichhaltig: im Gebrauch lexikalischer und phraseologischer Ausdrucksmittel äußert sich sprachliche Vielfalt.
1.11. Situationsgemäß – situationsunangemessen
   – Situationsgemäß: der Aufsatz ist in Inhalt, Argumentationsstruktur, Aufbau, Sprachverwendung und Stellungnahme der jeweils geforderten Schreibsituation angemessen.

2. Außenkriterien (betreffen die Adäquatheit der Bearbeitung)

2.1. Gegenstandsnah – ohne Gegenstandsbezug
   – Gegenstandsnah: Bezugnahme auf Erlebnis, Diskussion, Text etc.
2.2. Differenziert im Gegenstandsbezug – pauschal im Gegenstandsbezug
   – Differenziert: viele Dimensionen werden erfasst.
2.3. Sachhaltig – wenig sachhaltig
   – Sachhaltig: möglichst viele kritische Gegenstandsmerkmale werden hervorgehoben
2.4. Zutreffend – nicht zutreffend
   – Zutreffend: Aussagen des Aufsatzes stehen nicht in Widerspruch zu Gegenstandsmerkmalen
2.5. Weiterführend – nicht weiterführend
   – Weiterführend: die Darstellung reicht über den unmittelbaren Gegenstandsbezug hinaus
2.6. Stellungnehmend – nicht stellungnehmend
   – Stellungnehmend: es werden Aussagen getroffen, die beurteilen, bewerten, problematisieren, kritisieren.
[nach Grzesik & Fischer 1984]

Nach Anwendung dieses umfangreichen Kriterienkatalogs kommen die Autoren zu folgenden Ergebnissen:

Ergebnisse der Untersuchung zur Aufsatzkorrektur

1. Ein Kriterienkatalog kann Merkmalsdimensionen an einem Aufsatz unterscheiden. Die Funktion der Zentrierung der Aufmerksamkeit, der selektiven Wahrnehmung, der Steuerung des Bewusstseinsgrades und der Reflexivität ist erreicht. Die differenzierende, deskriptive Leistung von Merkmalen ist für die Ausbildung der Schreibfähigkeit der Schüler unverzichtbar.

2. Der große Kriteriensatz trägt nichts oder nur wenig zu einem angemessenem und stabilen Urteilsgebrauch bei. Die Übereinstimmung bei verschiedenen Beurteilern ist gering (25%), zwischen zwei Beurteilungen desselben Beurteilers (nach einem halben Jahr) nur 49%. Der Grund liegt in der subjektiven Füllung der Kriterien. Beurteilungsgerechtigkeit kann bei differenzierten Kriterien erreicht werden. (1.11; 2.5; 1.3; 2.4). Diese Kriterien spielen bei der Beurteilung jedoch keine besondere Rolle.

Großer Kriteriensatz

3. Die Hauptlast bei der Beurteilung tragen die Kriterien 1.6; 1.10; 2.3; Die Voraussagewahrscheinlichkeit beträgt 97%.

4. Reichen die genannten Kriterien für eine Normalverteilung nicht aus, folgen: 1.3; 1.7; 2.6. Hieraus kann man einen Zweistufenplan der Korrektur ableiten, demzufolge die zuletzt genannten Kriterien in einem zweiten Durchgang angewendet werden sollen.

5. Zwischen subjektiv hochgeschätzten Kriterien und tatsächlich angewandten Kriterien gibt es wenig Korrelation.

6. Die Kriterien 1.7; 1.8; 2.2; 1.4; 1.1 sind sehr kompatibel (intersubjektiv), aber wenig konsistent (intrasubjektiv). Die Kriterien 1.11; 2.5; 1.3; 2.4 sehr konsistent, aber wenig kompatibel: Also gibt es zwei Gruppen von Kriterien, die sich gegenseitig ausschließen.

7. Hohe Korrelationen bestehen zwischen den Kriterien (inhaltlicher Aspekt) 2.1 mit 2.2; 2.1 mit 2.3; 2.2 mit 2.3; 2.3 mit 2.4. Ebenso korrelieren bei den sprachliche Leistungen 1.8 mit 1.9 und 1.10; 1.9 mit 1.10; bei den strukturellen Leistungen 2.3; 2.4; 1.4; 1.5; 1.6.

Aufgrund dieser Ergebnisse verkleinern die Autoren die Anzahl ihrer Kriterien auf die folgenden:

Kleiner Kriteriensatz

1. textanalytisch gut - textanalytisch schlecht
   - textanalytisch gut: der Text bezieht sich streng auf das Thema und kommt zu einer großen Zahl unterschiedlicher Aussagen
2. sprachlich gut - sprachlich schlecht
   - sprachlich gut: sprachlich, orthographisch korrekt, semantisch eindeutig, stilistisch geschickt
3. in Kontextbezügen gut - in Kontextbezügen schlecht
   - in Kontextbezügen gut: textüberschreitende Bezüge werden hergestellt

Die Bewertungen sind fast identisch mit dem großen Katalog. Die Stabilität des einzelnen Beurteilers sinkt aber etwas.

Grundsätzlich ist ein Beurteilertraining anhand der Kriterien zu begrüßen. Dabei ist für Anfänger der kleine Kriteriensatz günstiger.

Die beiden Autoren haben eine kriteriengeleitete Beurteilung verglichen mit einer nach globalem Ersteindruck. Darunter verstehen sie ein nicht kriteriengeleitetes Durchlesen des Aufsatzes, das in einer Beurteilung mündet. Hier fehlt mangels transparenter Kriterien die Möglichkeit der sachlichen Begründung einer Note. Das bedeutet, dass damit auch nicht viel für die Ausbildung einer Schreibkompetenz getan werden kann.

Interessanterweise liegt die Übereinstimmung bei den Beurteilern hier am höchsten. Je globaler der Zugriff, desto höher die Übereinstimmung – allerdings nur, wenn es sich um erfahrene Beurteiler handelt! Hier kann man unterstellen, dass solche Beurteiler auf implizite, aus der Erfahrung gewonnene Kriterien zurückgreifen.

Die Stabilität ist so hoch wie beim differenzierten Katalog, höher als beim reduzierten.

Daraus kann man ableiten:

Globalbeurteilungen | Globalbeurteilungen sind durchaus zulässig – allerdings erst, wenn jemand durch die Schule kriteriengeleiteten Beurteilens gegangen ist. Ein Beurteiler sollte allerdings zweimal (Abstand drei Tage) beurteilen, wobei er ohne Autorenkenntnis die Reihenfolge der Aufsätze ändert.

Günstigerweise mischt man beide Verfahren: globale und analytische. Denkbar ist:

- Lehrkraft sieht die Aufsätze in Form der Globalbeurteilung im Abstand von 3 Tagen nach den verschiedenen Kriterien jeweils durch. Die Gesamtnote bildet er aus den Teilnoten.
- Zuerst eine Globalbeurteilung (nummerieren, Note zu Nummer auf einem Blatt). Dann in anderer Reihenfolge nach drei oder vier Kriterien mit Teilnoten auf anderem Blatt. Mittelwert aus allen Teilnoten.
- Nach Globalbeurteilung mit sofortiger Zuschreibung einer Note die Arbeiten nach den vergebenen Noten stapeln. Nochmaliger Durchgang nach Kriterien, die eine deutliche Differenzierung nach Qualitäten erlauben. So ergibt sich eine Differenzierung innerhalb der Notenränge. Die Grenzfälle am Übergang zu anderen Noten gesondert untersuchen.
- Globalbeurteilung. Zweifelsfälle mit Hilfe einzelner Kriterien beurteilen.
- Zuerst analytische Verfahren, dann Globalbeurteilung

Mit dem Züricher Analyseraster (vgl. Nussbaumer 1996; vgl. Mat. 13) liegt ein weiterer Kriterienkatalog vor:

Züricher Analyseraster

Mat. 13: Züricher Analyseraster für Textbeurteilung

0. Bezugsgrößen/Korrelate
    0.1 Textlänge (absolute Textlänge)
        0.1.1 Buchstaben
        0.1.2 Wortformen
        0.1.3 Teilsätze
        0.1.4 Ganzsätze
    0.2 Textlänge (relative Textlänge)
        0.2.1 Lexeme
        0.2.2 grammatische Kategorien
        0.2.3 Teilsätze (Satzbaupläne)
        0.2.4 Ganzsätze
    0.3 Charakterisierung des Wortschatzes: Grund/Nicht-Grundwortschatz
    0.4 Charakterisierung der Syntax: einfach/komplex; normal/ausgefallen
    0.5 Charakterisierung der Kohäsionsleistung: viel/wenig; einfach/schwierig
    0.6 Charakterisierung der Komplexität des Themas sowie der Komplexität der Behandlung des Themas im Text
A. Sprachsystematische und orthografische Richtigkeit
    Orthografie

Interpunktion

Morphologie

Syntax

Textbau/Satzverknüpfung

Semantik von Inhaltswörtern

Semantik von Funktionswörtern

Semantik komplexer Ausdrücke (komplexe Wörter, Wortgruppen, Sätze)

B.1 Funktionale Angemessenheit: Verständlichkeit/Kohärenz

B.1.1 Gesamtidee, Thema, Absicht des Textes

1.1.1 In welchem Maße lässt sich im Text eine Gesamtidee erkennen, die den einzelnen Textteilen ihren Ort zuweist?

1.1.2 Welches ist diese Gesamtidee?

1.1.3 Entspricht die Gesamtidee der Aufgabenstellung (wie sie z.B. durch den Titel markiert sein kann)?

B.1.2 Aufbau, Gliederung (Textmakrostruktur): Hat der Text eine der Gesamtidee entsprechende Gliederung? Welches sind die einzelnen Glieder?

1.2.1 Innere Gliederung

1.2.2 Äußere Gliederung (grafisch, mittels Absatz, Spiegelstrich)

B.1.3 Thematische Entfaltung

1.3.1 Lässt sich in der thematischen Entfaltung eine Logik hinter dem Text rekonstruieren? (Texthintergrundslogik)

1.3.2 Zeigt sich in der thematischen Entfaltung eine Logik im Text selbst? (Textvordergrundslogik)

B.1.4 Grad an Implizitheit/Explizitheit

1.4.1 Ist der Text so implizit wie möglich?

1.4.2 Ist der Text so explizit wie nötig?

B.1.5 Ausdrückliche Rezipientenführung

1.5.1 Metakommunikative Elemente

1.5.2 Kohäsionsmittel (Verweis-, Verknüpfungsmittel: Pronomen, Konjunktionen, Konjunktionaladverbien u.a ; textstrukturierende Mittel, Wortstellung)

1.5.3 Grafische Mittel (Unterstreichung, Schriftauszeichnung)

1.5.4 Explizite Nennung von Produzent und Rezipient; Markierung des Standpunktes des Produzenten

B.1.6 Angemessenheit der Sprachmittel (Sachadäquatheit, Funktionsadäquatheit; Ususadäquatheit)

1.6.1 Interpunktion

1.6.2. Wortformen-, Phrasen- und Satzbau

1.6.3 Textbau

1.6.4. Wahl von Inhaltswörtern

1.6.5. Wahl von Funktionswörtern
1.6.6 Semantik komplexer Ausdrücke
1.6.7 Registerwahl
B.1.7 Erfüllung von Textmusternormen
B.2 Ästhetische Angemessenheit: Besondere formale Qualitäten
B.2.1 Sprachlich-formales Wagnis
B.2.2 Qualität der Sprachmittel
2.2.1 Wortwahl
2.2.2 Satz- und Textbau
2.2.3 Rhythmus
2.2.4 Registerwahl, Tonlage
B.3 Inhaltliche Relevanz: Besondere inhaltliche Qualitäten
B.3.1 Inhaltliches Wagnis
B.3.2 Inhaltliche Wegqualität
[Nussbaumer 1996]

Nussbaumer (1996) selbst spricht von einem »Textbenennungsinstrument«, das der Analyseraster liefere. Damit ist gemeint, dass der Analyseraster Dimensionen eines Textes benennt, die einer eigenen oder fremden kritischen Beurteilung zugänglich sind. Wichtig ist hier die Perspektive auf den Schreiber selbst, der, wie das Modell von Bereiter zeigt, lernen sollte, ein kritisches Urteil auf seinen eigenen Text anzuwenden. Daher muss der Raster möglichst viele Dimensionen ausweisen. Man kann schnell erkennen, dass es sich bei dem Züricher Raster um einen Analyseraster in zweifacher Hinsicht handelt: Er ist gewonnen aus der Analyse von Texten und er wird angewandt auf die Analyse (Beurteilung) von Texten.

In der Vergangenheit war die Beurteilung eines Textes (Aufsatzes) durch die Lehrkraft meistens der (vor-)letzte Schritt in einer Lehreinheit. Ihr folgte in den problematischen Fällen gemeinhin noch die Verbesserung der »Fehler« durch die Schülerin. Ein solches Konzept hat mit der Förderung von Schülerinnen wenig zu tun. Die Beurteilung ist in solchen Fällen ein Urteil und nicht der Ausgangspunkt für die Förderung. Das Schreibentwicklungsmodell zeigt aber, dass mögliche Urteile über einen Text als Schritte empfunden werden können müssen, die der Schreiber soweit internalisiert, dass er sie beim Schreiben selbst schon berücksichtigt. Dann aber ist eine Beurteilung nicht der Abschluss eines Vorgangs, sondern der Ausgangs-

Beurteilung als Ausgangspunkt von Förderung

punkt für weiteres Schreiben, so wie es das rekursive Modell von Flower & Hayes zeigt.

Schreiben ist eine komplexe Problemlösung, der Schreiber einem Jongleur vergleichbar, der mit mehreren Bällen jongliert. Man lernt es dadurch, dass man nicht von Anfang an versucht, gleich mehrere Bälle in die Luft zu werfen, sondern nach und nach die Anzahl – hier die Anzahl der zu beachtenden Kriterien – steigert, ohne das Ganze aus den Augen zu verlieren. In der Geschichte der Aufsatzdidaktik ist genau dieses aber geschehen. Es finden sich Phasen, die die Textgestaltung, sozusagen einen Ball, mit dem man jongliert, in den Vordergrund schieben, andere, in der der Leser verabsolutiert wird, und Formen des Schreibens, die das Subjekt zentrieren (*personales Schreiben*). Die Reizwort- und Bildergeschichte werden zu eigenständigen Textformen hochstilisiert und verlieren dadurch ihren Etüdencharakter. Für ein schulisches Förderkonzept kann nur der gesamte Schreibprozess und die Formenvielfalt des Schreibens Ziel sein. Erst von diesem Ziel her lassen sich mögliche Schritte bestimmen.

Zu einer schulischen Förderung des Schreibens gehört damit die Einsicht in die Komplexität des Problemlösevorgangs und die Bestimmung von Förderkomponenten. Sinnvoll sind Konzepte, Förderung durch Entlastung die Schülerinnen entlasten, indem ihnen nicht die ganze Schreibaufgabe an jeder Stelle aufgebürdet wird, sondern nur Teile. Da Schülerinnen zum Beispiel die Leserorientierung zu Erzählbeginn lernen müssen, ist es eine sinnvolle Aufgabe, eine Erzählung zu geben und die Orientierung suchen zu lassen. Ganz besonders gilt dies auch für Beschreibungen und die kategoriale Einordnung zu Textbeginn. Sinnvolle Etüden sind alle Formen des kreativen Schreibens, bei denen die Schülerinnen entweder ein graphisches Gerüst für Ideenproduktion bekommen oder eine Anleitung zum Schreibfluss, etwa beim automatischen Schreiben. Eine Förderung ganz anderer Art brauchen Texte mit festen Formen: Dies sind vor allem die pragmatischen Textsorten *Brief, Bewerbungsschreiben, Lebenslauf* etc. Hier sind teilweise DIN-Normen einzuhalten, die in keinem kreativen Prozess gefunden werden können. Aber auch diese Formen haben einen kreativen Teil in der konkreten Ausführung.

Wissensarten und Förderung Für ein Förderkonzept ist es immer wichtig, sich des besonderen Wissens, das gebraucht wird, zu versichern. Wie schon in der Mündlichkeit hält sich auch bei der Schriftlichkeit das erforderliche deklarative Wissen in engen Grenzen. Ein solches Wissen, etwa was eine Erzählung von einer Beschreibung und einem Bericht unterscheidet, gibt einen Orientierungsrahmen, bringt aber keine Zeile hervor. Für das Schreiben sind Problemlösungswissen, prozedurales Wissen und metakognitives Wissen nötig. Problemlösungswissen wurde in den vergangenen Abschnitten ausführlich behandelt. Prozedurales Wissen zielt insbesondere auf die Sprachgestalt (Orthographie und Grammatik) und wird dort weiter behandelt. Metakognitives Wissen zielt auf den Schreiber selbst. Ein Schreiber sollte seine Stärken und Schwächen immer mehr einschätzen lernen. Dies lernt man nur durch Schreiben. Daher sollte der Deutschunterricht freie Zeiten für Schreiben vorsehen. Schreibprodukte, die hier entstehen, brauchen eine besondere Behandlung. In einer großen Untersuchung konnte Fix (2000) zeigen, dass solche Texte einer Revision schwer zugänglich sind – im Gegensatz zu Inhaltangaben, bei denen sich ein bedeutend besseres Revisionsverhalten bei den Schülerinnen zeigte. Dies ist nicht verwunderlich, wenn man bedenkt, dass eine Inhaltsangabe relativ klare Kriterien beinhaltet, die auf eine Revision angewandt werden können, während das freie Schreiben den »Regeln« der Phantasie, der psychischen Entlastung, der Spontaneität und dergleichen folgt. Die sehr diffuse Zielvorstellung lässt aber vermutlich auf der anderen Seite Erfahrungen beim Schreiben zu, die ein zielorientiertes, kriteriengeleitetes Schreiben zudeckt. Über freie Texte mit Schülerinnen zu sprechen kann daher auch bedeuten, weniger den Text als vielmehr den Schreiber mit Blick auf schreibstrategisches Wissen in den Mittelpunkt zu rücken.

Die letzten Aussagen machen noch einmal deutlich, wie wichtig es ist, genau zu sehen, welche Maßnahme zu welchem Ergebnis führt. Unter dem Gesichtspunkt konzeptioneller Schriftlichkeit ist ein Text wie in Abb. 17 eines 16-jährigen Hauptschülers (aus Fix & Melenk 2000, CD) nicht weit entwickelt; trotzdem aber kann ein solcher Text einen Schreiber in seinem Wissen um strategische Zugriffe vorwärts bringen.

Stimulus für das Schreiben war ein Foto, auf dem ein alter verbeulter Lederstiefel zu sehen war.

Müllhalde

Eines Tages unternahmen drei Jugendliche eine Fahrradtour in den Wald. Sie fuhren alle möglichen Schleichwege entlang, bis sie sich schließlich verfahren hatten. Nun kamen sie an eine Stelle die gar nicht wie Naturschutzgebiet aussah obwohl sie es ist.

Es lagen alte Autoreifen, Müllsäcke, Metallstücke, und sogar ein einzelner Stiefel herrum. Die drei Jugendlichen fuhren sobald sie den Weg gefunden hatten sofort zum Rathaus um dies zu melden. Nachdem sie es einem Gemeindearbeiter erzählten fuhren sie zusammen in einem Kleintransporter zu zur Verschmutzten Stelle. Als sie dort ankamen luden sie zusammen alles auf den Transporter. Als er voll war fuhr der Arbeiter den Müll auf einen Schrotplatz. Als alles vorbei war, fuhren die Jugendlichen auf ihren Rädern zurück nach Hause. Seitdem fand man im Wald nie wieder Müll.

Abb. 17 | Freier Text eines 16-jährigen Hauptschülers (Fix & Melenk 2000)

Konzeptionelle Mündlichkeit in Schülertexten

Dieser Text ist stark konzeptionell mündlich geprägt, wie die folgende Gegenüberstellung zeigt (vgl. Tab. 16).

	gesprochene Sprache	geschriebene Sprache
pragmatisch	Hohe Kontextabhängigkeit, Back-Channel-Behavior, Sprecherwechsel; Offenheit der Textur	Explizitheit, hohes Maß an struktureller Organisation; klare Satz- und Textgliederung
syntaktisch	Sätze mit 6–8 Wörtern eher Parataxe	Sätze mit 11–18 Wörtern wohlgeformte Sätze syntaktisch vollständig variable Satzmuster eher Hypotaxe
lexikalisch/ morphologisch	lockere Wortstellung Abtönungspartikel (*halt, gell* ...)	feste Wortstellung lexikalisch ausgewählte Wörter (sog. *Buchwörter*); Kürzelsprache; morphologisch seltene Formen (z.B. starke Konjunktiv II-Formen: *gäbe, hülfe* ...) in vielen Textsorten Tendenz zum Nominalstil

Tab. 16 | Mündliche – schriftliche Sprache im Vergleich

134

Der Leser wird nicht wirklich orientiert, offensichtlich unterstellt der Schreiber, dass die Leser schon wissen, um welchen Wald es sich handelt, der Plot ist informierend erzählt, eine erzählerische Organisation fehlt. Sprachlich ist der Text wenig gestaltet. Trotzdem kann man auch die Wege in die Schriftlichkeit sehen: Der Ansatz für eine Orientierung am Anfang ist da (*eines Tages ...*) die Satzlänge ist schriftlich, es kommt Hypotaxe vor, um nur ein paar Punkte zu nennen. Interessant ist auch, dass ein derartig mündlicher Stil in den Inhaltsangaben desselben Korpus nicht vorkommt. Hier zeigt sich wiederum die Abhängigkeit der Könnerschaft von der Textsorte; es zeigt sich auch, dass ein Schüler auf erlernte Textmuster zurückgreift, wenn ihm Kriterien fehlen, die ihn beim Schreiben leiten könnten.

Ebenso kann man feststellen, dass jüngere Schülerinnen in der Grundschule bei ihren Texten eher zur Mündlichkeit tendieren als Jugendliche (vgl. den unter Abb. 14 gegebenen Text).

Lehrkräfte können hier mit Schülerinnen in ein Gespräch eintreten und ihnen ihre Strategien aufzeigen als Schritt zu einem metakognitiven Wissen.

Zusammenfassung

In diesem Abschnitt wurde Schreibentwicklung (auch mit Bezug auf Erzählen, Beschreiben, Argumentieren) und Aufsatzbeurteilung im Besonderen angesprochen. Als grundlegendes Entwicklungsmodell wurde das von Bereiter (1980) diskutiert, bei der Aufsatzkorrektur wurde auf die empirische Untersuchung von Grzesik & Fischer (1985) und das Züricher Analyseraster (Nussbaumer 1991) verwiesen. Die Förderaufgaben einer Lehrkraft wurden hinsichtlich der verschiedenen Wissensarten diskutiert. Am Schluss wurde auf mediale Mündlichkeit und konzeptionelle Mündlichkeit in Schülertexten hingewiesen.

Aufgaben

1. Ordnen Sie die nachfolgenden Begriffe den Modellen von Flower & Hayes bzw. Bereiter zu und benennen Sie die dazugehörigen Durchführungs- bzw. Entwicklungseinheiten: *Organizing, Controlled Association, Rules of Style, Editing, Translating, Social Cognition, Reading, Critical Judgement, Goal Setting, Reflective Thinking*

2. Nennen Sie unterstützende Maßnahmen zur Ideenfindung und zur Komplexitätsreduktion
3. Wenden Sie auf den folgenden Text eines Hauptschülers (aus Fix & Melenk 2000, CD), den er in freiem Schreiben auf einen Bildimpuls (einschlagender Blitz) hin verfasste, den kleinen Kriterienkatalog von Grzesik & Fischer bzw. Kriterien von Nussbaumer an:

Das Unwetter
Die Exberten vermuten das am 6.6.1995 ein riesiges Unwetter nach Amerika kommt, es wird viele Schäden und Tote geben. Deshalb werden die Einwohner sofort iwackuiert um das schliemste zu vermeiden. Das Unwetter kommt immer näher, als es dar war bricht plötzlich das Unwetter los, Gewitter und ein riesiger Orckan saust durch ganz Amerika. Es werden viele Gebäude zerstört. Die Krankenhäuser sind überfüllt. Die Schäden werden über 25 Millionen Dollar berechnet. Die Aufräumarbeiten werden auf ein Monat geschätzt. Man hofft das es nicht soviel Tote gibt wie vermutet.

5.2 Motorisches Schreiben

Für die Schule ist hier das Thema *Handschreiben/Handschrift* von Bedeutung, da zur Schule gehört, dass man in ihr eine Handschrift erlernt.

5.2.1 Fachliche Kompetenz

Bei den Schriften muss zwischen den unverbundenen Druckschriften und den verbundenen Schriften unterschieden werden.

Druckschriften

Gemeinhin nimmt man an, dass alle Druckschriften gleich wären. Dies ist aber keineswegs so. Bei der Erlernung orientiert man sich am besten an der verwendeten Fibel. Sofern keine Fibel zugrunde gelegt wird, muss auf die Buchstabenformen von <a> (kein »geschwungenes« <a>) und <ι> (nicht nur als Strich zu schreiben, da sonst die Verwechslung mit großem <I> gegeben ist) besonders geachtet werden.

Eine häufige Druckschrift für die Schule ist diese (vgl. Abb. 18):

A	B	C	D	E	F	G	H	I	J	K
L	M	N	O	P	Qu	R	S	T	U	V
W	X	Y	Z	Ä	Ö	Ü				
a	b	c	d	e	f	g	h	i	j	k
l	m	n	o	p	qu	r	s	t	u	v
w	x	y	z	ß	ä	ö	ü			

Abb. 18 | Druckschrift

Dieses Inventar orientiert sich an der sog. *Antiqua*, dem lateinischen Inventar der Buchstaben. Dabei wurde das ursprüngliche lateinische Inventar um die Grapheme: <J,j>, <W,w>, <X,x>, <Y,y>, <Z,z>, <ß>, >Ä,ä>, <Ö,ö>, <Ü,ü> erweitert. Von diesen wiederum stammen <J,j>, <X,x>, <Y,y>, <Z,z> aus dem griechischen Alphabet und wurden von der griechischen Schrift auf die lateinische übertragen. Ihre griechische Herkunft erkennt man an den Buchstabennamen. <W,w>, <ß>, >Ä,ä>, <Ö,ö>, <Ü,ü> sind deutsche Grapheme, die teilweise erst in der Neuzeit in das Grapheminventar aufgenommen werden. Bis auf <ß> existieren alle Grapheme als Großbuchstaben (*Majuskel, Versalien*) und Kleinbuchstaben (*Minuskel*).

Lateinische Schriften bewegen sich in einem 4-Linien-System, das drei Bänder aufspannt: das Mittelband, das Oberband und das Unterband. Alle Großbuchstaben nehmen grundsätzlich Mittel und Oberband ein, der Buchstabe <J> wird meistens auch in das Unterband gezogen. Eine Besonderheit ist das Graphem <Q>, dessen diakritischer Strich (bzw. Welle – je nach Zeicheninventar) in das Unterband hineinreicht, ohne es auszufüllen. Bei den Kleinbuchstaben nehmen die Vokalbuchstaben das Mittelband ein, wobei der schmalste Buchstabe überhaupt, das <i>, mit dem Punkt auch in das Oberband hineinreicht (genauso die deutschen sog. *Umlautbuchstaben*); ebenso sind <c, m, n, r, s, v, w, x, z> im Mittelband angesiedelt. < b, d, f, h, k, l, t> im Mittel- und Oberband, <g, p, q, y> im Mittel- und Unterband, <j> ist mit dem Punkt, <ß> häufig in der Handschrift (seltener in einem Schrift-

Herkunft des Buchstabeninventars

Stellung der Buchstaben im 4-Linien-System

137

zeichensatz) in allen drei Bändern zu finden. Eine erkennbare Regelmäßigkeit der Verteilung gibt es nicht.

Das Schreiben einer lateinischen Schrift geschieht von links nach rechts und von oben nach unten. Die Kleinbuchstaben haben sich historisch aus den Großbuchstaben entwickelt. Kleinbuchstaben verdanken sich einer flüssigen Kurrentschrift (= schnellen Handschrift), also einer grundsätzlich verbundenen Schrift. Dass sie in der Druckschrift isoliert – unverbunden – vorkommen, ist also sekundär. Im flüssigen Schreiben entstanden

Entstehung der Kleinbuchstaben

Großbuchstaben (Majuskeln)

Die Vertikalsymmetrischen: M

A	M	O	T	U	V	W	X	Y

Die Horizontalsymmetrischen: B

B	C	D	E	H	K	O

Die Punktsymmetrischen: S

J	N	S	Z

Der Rest:

F	G	J	L	P	Q	R

Kleinbuchstaben (Minuskeln)
Grundsätzlich gilt: Kleinbuchstaben sind das Ergebnis einer Kurrentschrift.
Es treten die folgenden Prinzipien auf:
Verschleifung: M → m
Miniaturisierung/Verkleinerung: C → c
Reduzierung: B → b
↓: Der Kleinbuchstabe wandert ins Unterband

A a	B b	C c	D d	E e	F f
Reduzierung Verschleifung Verkleinerung	Reduzierung	Verkleinerung	Neue Form wg. Homographie mit b	Verschleifung Verkleinerung	Verschleifung
G g	**H h**	**J i**	**J j**	**K k**	**L l**
Verschleifung +↓	Reduzierung	Verkleinerung + i-Punkt	Verkleinerung +↓	Verkleinerung	Reduzierung
M m	**N n**	**O o**	**P p**	**Q q**	**R r**
Verschleifung Verkleinerung	Reduzierung Verschleifung Verkleinerung	Verkleinerung	Verkleinerung +↓	Verkleinerung +↓	Reduzierung Verkleinerung
S s	**T t**	**U u**	**V v**	**W w**	**X x**
Verkleinerung	Reduzierung	Verkleinerung	Verkleinerung	Verkleinerung	Verkleinerung
Y y	**Z z**				
Verkleinerung +↓	Verkleinerung				

Abb. 19 | Majuskel und Minuskel im Vergleich

138

die Kleinbuchstaben durch Verschleifung und/oder Miniaturisierung und/oder Reduzierung. Unter den Großbuchstaben lassen sich vertikalsymmetrische, horizontalsymmetrische, und punktsymmetrische ausmachen sowie ein Rest, der anderen Aufbauprinzipien folgt (vgl. Abb. 19).

Idealiter, von der grundsätzlich dextralen Schreibrichtung her, sollte ein Buchstabe links beginnen und rechts enden. Da aber die Buchstaben ihre Entstehung nicht der Handschrift verdanken – die lateinische Capitalis wurde in Stein gemeißelt –, ist die Schreibrichtung, wie sich schon beim Aufbau zeigt, sehr heterogen. Wir finden eine dextrale Schreibrichtung ebenso wie eine sinistrale und es kommt vor, dass die Kleinbuchstaben eine andere Richtung aufweisen wie die Großbuchstaben (vgl. Abb. 20).

Schreibrichtung

Dextral (der Schreibfluss kann rechts davon weitergehen)					
A a	C c	E e	F f	H h	J i
→ →	→ →	→ →	→ →	→ →	→ →
K k	L l	M m	N n	Q q	R r
→ →	→ →	→ →	→ →	→ →	→ →
T t	U u	V v	W w	X x	Z z
→ →	→ →	→ →	→ →	→ →	→ →

Sinistral (der Schreibfluss muss unterbrochen werden)				
B b	J j	O o	P p	S s
← ←	← ←	← ←	← ←	← ←

Bei Majuskeln und Minuskeln unterschieden		
D d	G g	Y y
← →	→ ←	→ ←

Abb. 20 | Die Schreibrichtung

Wie schon ausgeführt, entstanden verbundene Schriften durch eine flüssige, schnelle Kurrentschrift; daher sind sie leicht rechtsgeneigt. Dabei wurden die Buchstaben vereinfacht und miteinander verbunden, sodass sich ein Absetzen nach jedem Buchstaben erübrigte. Der Stift blieb auf der Schreibunterlage. Verbindungen werden durch Ab- und Aufstriche an Buchstaben geschaffen. Diese sind also nicht Teil des Buchstabens, sondern das Ergebnis kurrenten Schreibens. Wenn es beim verbundenen Schreiben um Schnelligkeit und Flüssigkeit geht, dann ist wichtig, dass die

Verbundenes Schreiben

Schreibrichtung stimmt. Von einigen Großbuchstaben abgesehen, sind daher fast alle verbundenen Schriften dextral ausgerichtet, d.h. der Schreiber beginnt links und endet rechts, wo der nächste Buchstabe beginnt. (Es ist unsinnig zu fragen, wo ein Buchstabe endet und der neue beginnt. Diese Frage erhebt sich erst, wenn es um das Erlernen des Buchstabeninventars in der Schule geht.) Verbundene Schriften entstehen durch das flüssige Schreiben. In der Didaktik kann daraus ein eigenes Lernfeld entstehen (das muss nicht so sein, wie reformpädagogische Versuche zeigen), sodass nun eigene verbundene Schriftinventare entstehen.

Zurzeit gebräuchliche verbundene Schulschriften

Gegenwärtig sind in Deutschland drei verbundene Schriften im Gebrauch (vgl. Abb. 21):

– Die sog. *Lateinische Ausgangsschrift (LA)*, die 1953 aus einer Diskussion um einen befürchteten Schriftverfall heraus entstand und lange Zeit das Feld beherrschte.

– Die *Vereinfachte Ausgangsschrift (VA)*, die wiederum aus einer Schriftverfallsdiskussion heraus 1970 von Heinrich Grünewald in Frankfurt entwickelt wurde.

– Die *Schulausgangsschrift* (SAS), die 1972 von Renate Tost in der damaligen DDR entwickelt und in der DDR ausschließlich geschrieben wurde.

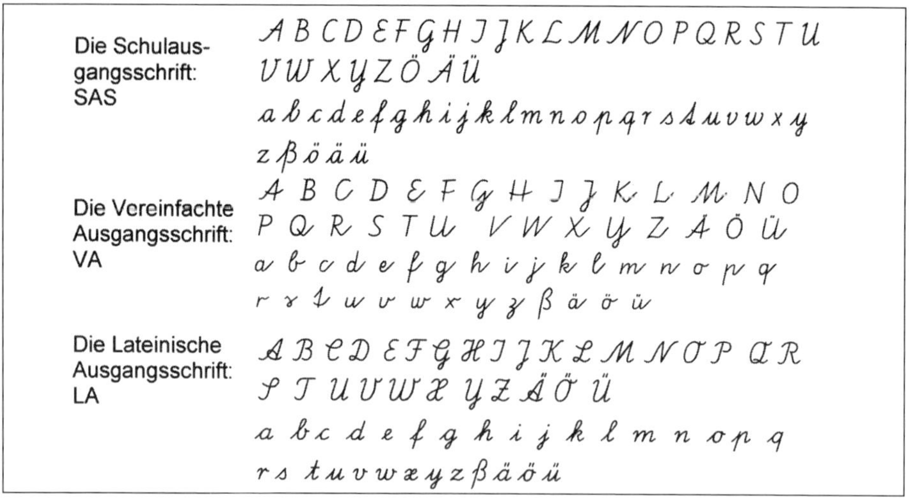

Abb. 21 | Die drei verbundenen Schriften in Deutschland

140

Alle drei Schriften wurden als **Ausgangsschriften** konzipiert. *Ausgangsschrift* bedeutet, dass mit ihr das Schreiben erlernt werden sollte.

Die Unterschiede zwischen den drei Schriften (vgl. Tab. 17):

	Schulausgangsschrift (SAS)	Vereinfachte Ausgangsschrift (VA)	Lateinische Ausgangsschrift (LA)
Großbuchstaben	der Druckschrift entlehnt	der Druckschrift entlehnt	eigene Formen
Kleinbuchstaben	• im Großen und Ganzen der LA vergleichbar (ausgenommen *t*, *x* und *ß*), allerdings zügiger als diese	• zweigliedrig: Grundform und Verbindungsstrich zur Oberkante des Mittelbandes • beginnen und enden fast alle an der Oberkante des Mittelbandes	• dreigliedrig: Anstrich, Grundform, Endstrich • beginnen und enden an unterschiedlichen Stellen • keine Luftsprünge
Drehrichtungswechsel und Deckstriche (vgl. Mat. 14)	• weniger rund, mehr zügig, dadurch Verminderung der Deckstriche	• Reduzierung der Drehrichtungswechsel und der Deckstriche durch Luftsprünge; • allerdings hat der häufigste Buchstabe überhaupt, das e, Deckstriche	• viele Deckstriche und Drehrichtungswechsel; allerdings hat der häufigste Buchstabe überhaupt, das e, keinen Deckstrich.
Bewegungshaltepunkte	• folgt nicht dem Einzelbuchstabenprinzip, also keine Synchronität mit Einzelbuchstaben	• am Buchstabenende; dadurch Laut-Buchstaben-Synchronität	• keine Synchronität mit Buchstaben gegeben

Tab. 17 | Schulschriften im Vergleich

Mat. 14: Deckstriche und Richtungswechsel

Unter einem Deckstrich versteht das wiederholte Überfahren einer Linie. Deckstriche sind mit Drehrichtungswechsel verbunden. So muss beim <a> die Drehrichtung von einer Rechtsdrehung – ausgehend von Aufstrich – in eine Linksdrehung geändert werden. Die Gegenbewegung muss im Strich deckungsgleich sein.

Man erhält die folgenden Schriftbilder (vgl. Abb. 22):

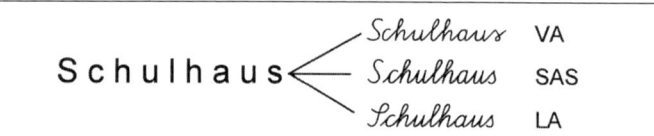

Abb. 22 | Schriftbilder der verschiedenen Schulschriften

Schulschriften sind kein Selbstzweck. Sie haben die Aufgabe, in die Handschrift einzuführen und eine flüssige, lesbare Verkehrsschrift vorzubereiten. Dabei ist allerdings festzustellen, dass erwachsene Handschriften so gut wie keine Merkmale von Schulhandschriften aufweisen. Außerdem fehlen Untersuchungen, die zeigten, welche Schulschrift welche spätere Handschrift hervorbringt.

Handschrift als Verkehrsschrift

Das Thema Schulschriften wird heute vor allem in den skandinavischen Ländern diskutiert (vgl. Abb. 23). Hier wird auch das Thema diskutiert, wie man von einer Druckschrift, die heute in der Schule fast ausschließlich Erstschrift bzw. Ausgangsschrift ist, zu einer verbundenen Schrift kommt und ebenso das Thema der Buchstabenverbindungen. Denn ein Buchstabe wird in der verbundenen Schrift gewöhnlich vom Vorgänger- und Nachfolgebuchstaben in seiner Form bestimmt.

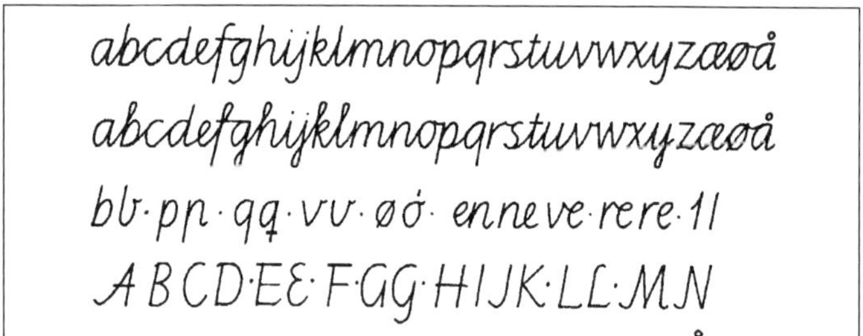

Handschriftendiskussion in anderen Ländern

Abb. 23 | Schulschrift der Skandinavischen Handschriften-Gruppe
(Hasert 2003a, S. 313)

142

Zum Thema Handschrift gehört auch das Thema Schreibgerät. Es finden sich: Blei- und Buntstift, Füllhalter, Kugelschreiber, Filzstifte, Tintenroller für das Handschreiben und die (Computer-)Tastatur für maschinelles oder computergestütztes Schreiben. Für die Schule eignen sich für das Schreiben am besten Bleistifte der Härte B2 im Anfangsunterricht, später kann man zu HB-Bleistiften übergehen, für feine Zeichnungen braucht man Bleistifte, die mit H (= Härte) ausgezeichnet sind (Näheres s. Hasert 2003b). Das Schreiben mit dem Füller ist dem mit Tintenstiften oder Kugelschreibern vorzuziehen, da Füllhalter, die für die Schule entwickelt worden sind (Lamy-, Pelikan-Schulfüller) den richtigen Widerstand bieten. Kugelschreiber eignen sich vor allem im Anfangsunterricht nicht, da sie eine steile Stifthaltung provozieren, Filzstifte und vor allem Tintenroller bieten zu wenig Reibungswiderstand.

Schreibgeräte

Zusammenfassung

In diesem Abschnitt wurden Duckschriften und verbundene Schriften vorgestellt. Bei den Druckschriften wurden Großbuchstaben (Majuskeln) und Kleinbuchstaben (Minuskeln) hinsichtlich der Form und der Schreibrichtung miteinander verglichen, bei den verbundenen Schriften wurden die heute in Deutschland gängigen Schriften, die Schulausgangsschrift, die Vereinfache Ausgangsschrift und die Lateinische Ausgangsschrift, diskutiert. Zum Vergleich wurde eine skandinavische Schulschrift herangezogen. Schließlich wurden Schreibgeräte und ihre Brauchbarkeit im Unterricht vorgestellt.

5.2.2 Didaktisch-methodische Kompetenz

Man beginnt heute mit der Druckschrift als Erstschrift. Die Gründe sind, dass die Druckschrift

Druckschrift als Erstschrift

– die Schrift der Umgebung ist, in der die Kinder Schrifterfahrung machen;
– in ihrem Aufbau einfacher ist als eine verbundene Schrift. Ihre Formen bestehen nur aus Bogen und Strichen. Damit können Kinder Schrift schnell als kommunikatives Medium einsetzen;
– als unverbundene Schrift ist sie zu einem lautierenden Schreiben synchron; ein Umstand, der für eine alphabetische Schrift, die eine Laut-Buchstaben-Beziehung definiert, nicht ganz uninteressant ist.

Die Probleme, die damit verbunden sind, sind bereits oben erwähnt worden: Druckbuchstaben wechseln die Richtung. Dies könnte einen Grund abgeben, mit einer verbundenen Schrift zu beginnen. Wir haben heute keine Erkenntnisse, welches Vorgehen das bessere ist. In der Geschichte des Schreibenlernens wurden dogmatisch beide Positionen vertreten.

Wenn man mit der Druckschrift beginnt, erhebt sich die Frage, ob man einen eigenen Lehrgang für die Einführung einer verbundenen Schrift braucht oder ob sich die Kinder selbst die Verbindungen suchen können. Wie reformpädagogische Bemühungen (v.a. Fritz Kuhlmann, nach dem Krieg durch Oskar Lockowandt wieder aufgenommen) gezeigt haben, finden Kinder durchaus eigene Verbindungen. Am schrifthistorischen Beispiel orientiert, ergeben sich Buchstabenverbindungen durch das flüssige (bzw. flüssigere) Schreiben. Dazu ist es aber nötig, dass

Eine verbunden Schrift, die sich aus der Druckschrift ergibt

– auf Form und Aufbau der Druckschrift geachtet wird,
– die Druckschrift eine leichte Rechtsneigung bekommt.
– die Druckschrift mit Ausgangs- bzw. Endhäkchen als Anschlussstellen versehen wird.

Das Beispiel von Jarman zeigt das Vorgehen (aus Hasert 2003a, S. 312, vgl. Abb. 24–26):

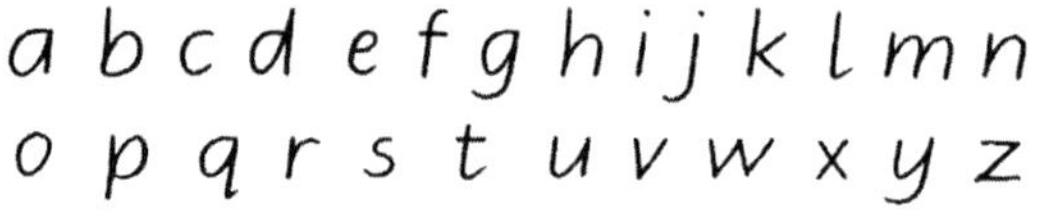

$$a \ b \ c \ d \ e \ f \ g \ h \ i \ j \ k \ l \ m \ n$$
$$o \ p \ q \ r \ s \ t \ u \ v \ w \ x \ y \ z$$

Abb. 24 | Jarman Stufe 1: Leicht geneigte Druckschrift

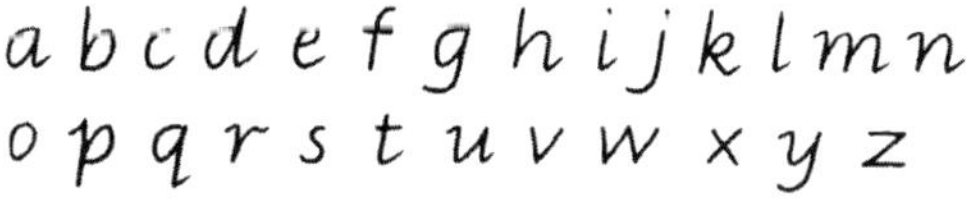

$$a \ b \ c \ d \ e \ f \ g \ h \ i \ j \ k \ l \ m \ n$$
$$o \ p \ q \ r \ s \ t \ u \ v \ w \ x \ y \ z$$

Abb. 25 | Jarman Stufe 1: Druckschrift mit Ausgangs- bzw. Endhäkchen

$$abcdefghijklmn$$
$$opqrstuvwxyz$$

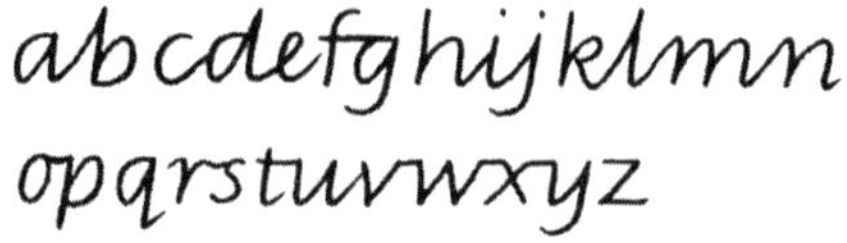

Abb. 26 | Jarman Stufe 1: Verbunden schreibbare kursive Schrift

Wie immer kann ein solches Vorgehen nur einer erfahrenen Lehrkraft empfohlen werden. Im Übrigen schreiben die meisten Lehr- und Bildungspläne verbindlich vor, dass eine der drei Ausgangsschriften gewählt wird. Damit stellt sich die Frage, welche die geeignetste ist. Allgemein lehnt man heute die Lateinische Ausgangsschrift aus guten Gründen ab, da sie als eine eigene Schrift gelernt werden muss. Während SAS und VA bei den Großbuchstaben sich an die Druckschrift anlehnen, bilden diese bei der LA eigene, neu zu lernende Formen. Da es sich um eine eher runde Schrift handelt, erzeugt sie zwar ein ästhetisch befriedigendes Bild, sie ist allerdings schwer zu schreiben und verleitet zum langsamen Schreibmalen. Das ist gegenüber dem Ziel einer flüssigen Verkehrsschrift kontraproduktiv. Die Häufung der Deckstriche, die für Kinder nicht leicht nachzuvollziehen sind, verleitet zudem zu einem unklaren Schriftbild.

> Wahl einer verbundenen Schrift
> Lateinische Ausgangsschrift

Aus der Auseinandersetzung mit der LA hat Heinrich Grünewald die sog. *Vereinfachte Ausgangsschrift* entwickelt. An der VA wird ganz deutlich, dass sie als eine Ausgangsschrift konzipiert ist und nicht als eine Schrift, die auf die Druckschrift folgt. Grundlegend für die VA ist das sog. *modulare Prinzip*, wonach sich ein Wort aus den einzelnen Buchstaben als Modulen ergibt. Wenn man die Buchstaben von $Schule$ zusammenzieht, ergibt sich von selbst $Schule$. Jeder Buchstabe ist so aufgebaut, dass er an der Oberkante des Mittelbandes beginnt und dort auch wieder endet. Damit stellt Grünewald eine Druckschrift nach; vernachlässigt wird dabei der Witz einer verbundenen Schrift, nämlich die Verbindung. Hinzu kommt, dass Schülerinnen bei Beginn mit einer Druckschrift eine verbundene Schrift frühestens im zweiten Schulhalbjahr erlernen. In dieser Phase sollen sie aber nicht mehr buchstabierend schreiben und größere Einheiten erfassen können. Das bedeutet, dass eine auf einem modularen Buchstabenprinzip aufbauende verbundene Schrift keinen Fortschritt bringen kann.

> Vereinfachte Ausgangsschrift

In der Vergangenheit ist behauptet worden, dass die VA zu besseren Rechtschreibleistungen führen würde. Die Untersuchungen von Topsch (1998) haben aber gezeigt, dass dies nicht der Fall ist. Schließlich bietet die VA kein befriedigendes ästhetisches Ergebnis, das deswegen nicht eintritt, da die Kinder wegen des modularen Prinzips, das sie am Ende eines jeden Buchstabens halten lässt, zu keiner flüssigen Handschrift finden.

Schulausgangs-
schrift

Aufgrund dieser Diskussion bleibt die Schulausgangsschrift als beste Alternative übrig. Zu diesem Ergebnis kommt man aber durch Ausschluss der anderen, nicht positiv durch eine besondere Merkmalauszeichnung. Ohne Zweifel ist die SAS die flüssigste und zügigste Schrift, ihre Schwächen hat sie in ihrer Starrheit, was bedeutet, dass sie als eigene Schrift am besten über einen Lehrgang neu gelernt werden muss.

Man muss an dieser Stelle konzedieren, dass die Schriftdiskussion in Deutschland mit viel Ideologie behaftet ist und Forschungsergebnisse weitestgehend fehlen. Man kann aber aus der Diskussion, wie sie in Skandinavien und in den angelsächsischen Ländern geführt wird, erkennen, in welche Richtung die Diskussion gehen müsste.

Die Notwendigkeit
einer lesbaren
Handschrift

Das motorische Schreiben scheint ein Thema ausschließlich für den Anfangsunterricht zu sein. Tatsächlich wäre eine solche Sicht jedoch eine starke Verkürzung. Hasert (1998) zeigt an einem Beispiel, wie eine mangelhafte Handschrift Rechtschreibfehler induziert. In seinem Beitrag zum Handbuch Deutschdidaktik (Hasert 2003a) diskutiert er zwei Probleme:

a) Homomorphiekonflikte, wie sie auftreten, wenn die Größenverhältnisse unzureichend abgebildet werden (vgl. Abb. 27):

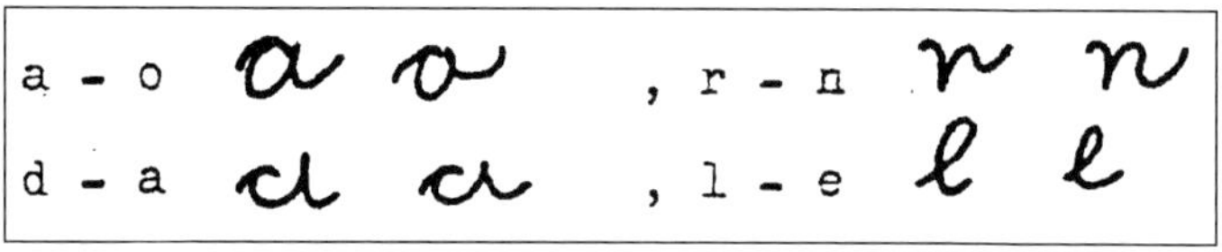

Abb. 27 | Homomorphiekonflikte (Hasert 2003a, S. 309)

b) Die Verformung von Buchstaben, die zu schwer erkennbaren Buchstabenformen führen (vgl. Abb. 28).

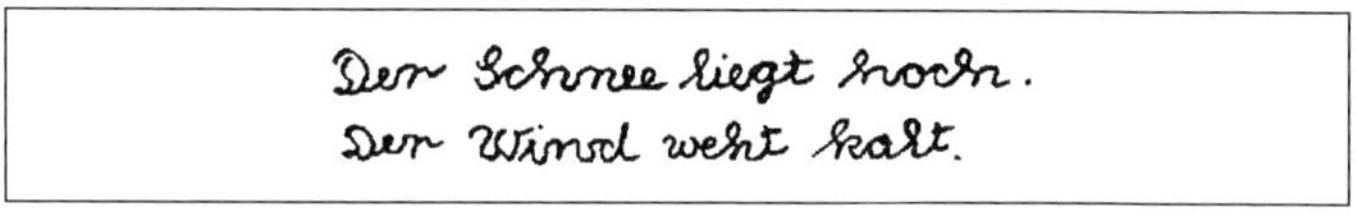

Abb. 28 | Verformung von Buchstaben (Hasert 2003a, S. 309)

In solchen Fällen kommt es zu schweren Lesbarkeitsproblemen.

Zusammenfassung

Es gibt gegenwärtig in Deutschland keine verbundene Schrift, die als Folgeschrift auf die Druckschrift als Ausgangs- und Erstschrift konsequent aufbauen würde. Alle gegenwärtigen verbundenen Schriften sind als Ausgangsschriften konzipiert, werden aber so nicht mehr eingesetzt, da sich die Druckschrift als Erstschrift durchgesetzt hat. Von den zur Verfügung stehenden Schriften ist am ehesten noch die Schulausgangsschrift zu empfehlen; dagegen haben die beiden anderen Schriften erkennbar größere Nachteile.

Motorisches Schreiben ist nicht nur ein Thema des Anfangsunterrichts, sondern ein dauerndes Thema. Eine unsaubere Handschrift kann zu Fehlern beim Lesen und im orthographischen Bereich führen.

5.2.3 Diagnose-, Beurteilungs- und Förderkompetenz

Motorisches Schreiben erfordert wenig Problemlösungswissen und wenig deklaratives Wissen. Wichtig sind Kenntnisse eines ökonomischen Buchstabenaufbaus. Die Grundregeln für den Einzelbuchstaben der Druckschrift lauten: Von oben nach unten, von links nach rechts. Die erste Grundregel wird durch die zweite überformt, wenn es um den Übergang zu einer verbundenen Schrift geht (vgl. Abb. 29).

Deklaratives Wissen für motorisches Schreiben

Abb. 29 | Vom Einzelbuchstaben zum Schreiben mehrerer Buchstaben

Ein solches Wissen muss aber schnell in ein prozedurales Wissen übergehen, also in eines, das in der Prozedur des Schreibens verkürzt und automatisiert aufgegangen ist. Marquard u. a. (2003, S. 344) zeigen aufgrund empirischer Untersuchungen, dass beispielsweise Aufmerksamkeitsfokussierungen, etwa auf die Schreibspitze genau zu achten, zu Störungen führen. Allerdings gilt das für erwachsene Schreiber, bei denen das Schreiben gemeinhin vollständig automatisiert ist. Es zeigt aber, dass metakognitives Wissen in Form von bewusstem Reflexionswissen bei der motorischen Ausführung des Schreibens eher hinderlich ist.

Prozedurales und metakognitives Wissen für das Handschreiben

Form und Formkonstanz als Beurteilungsmaßstab

Für die Diagnose und Beurteilung bildet die einzelne Form und die Formkonstanz bei der Druckschrift den Maßstab; bei einer verbundenen Schrift kommt die Verbindung dazu. Für die Form und die Formkonstanz sind Liniensysteme hilfreich: Anfangs 4-Linien-System, dann 2-Linien-System, schließlich reichen Hefte mit einer Linie aus. 4-Linien-Zeilen geben den Raum für das Mittelband, das Oberband und das Unterband an, 2-Linien-Zeilen geben das Mittelband an und eine Linie hilft, eine Zeile gerade zu halten.

Liniensysteme beim Schreiben

Schreibhaltung

Ein großes Problem ist beim Schreiben die Schreibhaltung. Darunter versteht man die Stifthaltung, Sitzposition, Lage des Blattes, Lichteinfall. Es ist nicht entscheidend, ob der Stift auf dem Mittelfinger aufliegend mit Daumen und Zeigfinger oder zwischen Zeigefinger und Mittelfinger liegend von unten mit dem Daumen gehalten wird, entscheidend ist eine unverkrampfte, lockere Stifthaltung bei einer aufrechten Sitzposition. Das zu beschreibende Blatt sollte bei Rechtshändern in einem Winkel zwischen 20 und 30 Grad nach links gedreht – bei Linkshändern spiegelbildlich dazu – liegen. Der Augenabstand zum Blatt beträgt zwischen 20 und 40 cm. Der Winkel hängt von der Neigung der Schrift ab. Günstigerweise fällt Licht von der Seite auf das Blatt.

Linkshänder

Für Linkshänder gibt Sattler (2003, S. 333 f.) an (vgl. Abb. 30):

»Das Kind soll vor der Schreibunterlage gerade sitzen, mittig vor dem kleinen Dreieck (1), d. h. die Nase soll sich etwa über diesem Dreieck befinden. Die linke Schulter soll nicht hochgezogen werden, wird aber oft etwas höher als die rechte gehalten (2).
[...] Das Blatt soll leicht nach rechts gekippt sein (etwa in einem Winkel von 30 Grad) und, über die Körpermitte nach links verschoben, bequem unter der Schreibhand liegen (3).
Wenn das Kind mit dem Schreiben in der Mitte der Zeile angekommen ist, kann das Blatt von der rechten Hand noch etwas weiter nach links geschoben werden, sodass der linke Arm ausreichend Spielraum hat und nicht an die linke Körperseite drückt oder das Kind den Oberkörper nach rechts biegen muss, um Platz für den Arm zu schaffen.«

Werden Hinweise wie diese beachtet, so hat Linkshändigkeit nichts Besonderes. Insbesondere ergibt sich nicht das Problem, dass die Schreibhand das Geschriebene wieder verwischt.
Für ein flüssiges Schreiben ist eine gut funktionierende Handmusku-

latur erforderlich. Dabei darf man nicht vergessen, dass die Hand eines Schreibanfängers noch nicht vollständig verknöchert ist (vgl. Schorch 2003, S. 287 f.) Ebenso ist die Feinmotorik der Hand noch nicht so weit ausgebildet, dass sie bereits für ein flüssiges Schriftbild tauglich wäre. Allerdings verfügen die meisten Kinder grundsätzlich über die nötigen motorischen Programme, wie sie zum Schreiben nötig sind (Linksdrehungen, Rechtsdrehungen, aufrechte Striche; vgl. Marquard u. a. 2003). Wie so häufig ent-

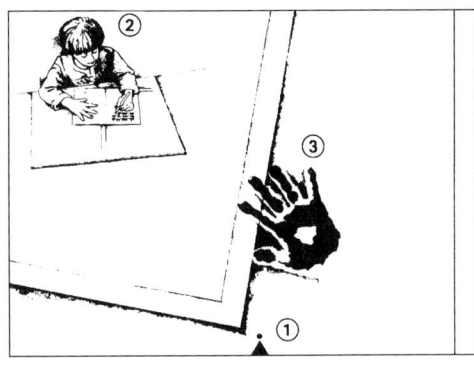

Abb. 30 | Schreibunterlage für Linkshänder

wickelt sich die zu erlernende Tätigkeit durch das Tun und ist nicht Voraussetzung, wie dies unter einem analytischen Gesichtspunkt erscheint. In der Literatur werden viele Übungen angeboten, die weiterhelfen. Die bekanntesten sind Kneten, Fingerübungen, die die Finger beweglich machen, auch das Einklemmen von Murmeln in die Handinnenfläche beim Schreiben, um eine geschlossene Handhaltung zu erlernen. Bei all diesen Vorschlägen muss man im Einzelfall beobachten, ob sie nicht kontraproduktiv für eine lockere Schreibhaltung sind.

Handmuskulatur und Übungen

Förderbedarf besteht auch im mehrsprachigen Kontext. Griechische, russische und serbische, arabische Schülerinnen verwenden, wenn sie in der jeweiligen Schrift bereits literalisiert sind, ein anderes alphabetisches Zeicheninventar, das bei der Erlernung zu Interferenzfehlern führen kann (vgl. Berkemeier 2003). (Kaum Probleme gibt es bei japanischen und chinesischen Schülerinnen, die gewöhnlich in ihrer Grundschule neben ihren Landesschriften bereits das lateinische Alphabet erlernen.) Lehrkräfte sollten sich bei Bedarf das griechische bzw. kyrillische Schriftinventar ansehen, um auf mögliche Interferenzfehler eingehen zu können.

Förderbedarf im mehrsprachigen Kontext

Wenn oben darauf hingewiesen wurde, dass für die Beurteilung einer Schrift Form und Formkonstanz die Grundlage bilden, so darf dies nicht dahingehend verstanden werden, dass die Form und ihr Nachspuren auch die Grundlage für das Üben wäre. Marquard u. a. (2003, S. 349) weisen darauf hin, dass bei Schreibschwierigkeiten bei Kindern nicht notwendigerweise ein motorisches Problem vorliegt, sondern häufig ein strategisches. (Das heißt, dass im Lern-

Motorische vs. strategische Probleme

prozess durchaus metakognitives Wissen in Form strategischen Wissens erforderlich sein kann.) In einem Strategietraining konnten sie auf der folgenden Basis gute Erfolge erzielen: »Ein Buchstabe sollte nicht nur als *Form* begriffen werden, die kopiert werden muss, sondern auch als ein *Konstrukt* aus Strichen, Bögen und Kringeln. Darüber hinaus wurden die Schüler angeleitet, auf die Flüssigkeit der Bewegungen zu achten und den Unterschied zu langsameren Zeichenbewegungen bewusst wahrzunehmen.«

Der Schluss aus diesen Untersuchungen liegt nahe: Es ist sinnvoll (auf der Grundlage neuer Erkenntnisse) wieder grob- und feinmotorische Bewegungsabläufe flüssig zu üben, Bewegungsabläufe, die sich aus dem Schreiben der Grundelemente (Kringel, Striche) ergeben, auf das Papier zu übertragen – und nicht darauf zu hoffen, dass sich über Nachspuren allein die Form einstellt. Schreiben ist Bewegung, erst das Geschriebene ist Form.

Zusammenfassung

Für Schreiben ist deklaratives Wissen kaum nötig; wichtig sind einschlägige motorische Programme, die ausgebildet bzw. genutzt werden müssen. Förderbedarf besteht bei der Schreibhaltung (Stifthaltung, Sitzposition, Lage des Blattes, Lichteinfall), beim Übergang von der Druckschrift zur Schreibschrift, möglicherweise im mehrsprachigen Kontext und bei motorischen Schwierigkeiten; dabei sind aber Schreibschwierigkeiten nicht immer motorische Schwierigkeiten, es kann sich auch um ein strategisches Problem in der Anwendung motorischer Programme handeln.

Aufgaben

1. Ordnen Sie den verschiedenen verbundenen Schulschriften zu: *Drehrichtungswechsel, modular, zweigliedrig, Deckstriche, Großbuchstaben der Druckschrift entlehnt, Ausgangsschrift, zügig*

2. Geben Sie bei dem folgenden Beispiel an: Linien-System, Schrift, Probleme der Ausführung.

5.3 Rechtschreiben

Die grundsätzliche Frage ist: Was muss eine Lehrkraft wissen, um die deutsche Orthographie zu erklären? Die Fragestellung unterstellt, dass man die deutsche Orthographie als in sich stimmiges System erklären kann und dass sie nicht, wie dies lange in der Didaktik behauptet wurde, ein Chaos oder, wie es oft hieß, von der *Andersschreibung* geprägt ist. Mit diesem Ausdruck, der aus dem 19. Jahrhundert stammt, wollte man anzeigen, dass im Deutschen oft/meist anders geschrieben wird, als es erwartbar ist.

Wenn die Orthographie systematisch beschreibbar ist, folgt sie – wie die natürliche Sprache auch – Konventionen. Erst die jüngste Rechtschreibreform von 1996 hat aber gezeigt, dass Orthographie auch normiert ist. Man könnte sagen, dass die Orthographie einer Sprache aus Konventionen besteht – dies ist die *Graphie* – und aus Normen – dies ist der Teil *Ortho-*, die bestimmen, was richtig und was falsch ist.

5.3.1 Fachliche Kompetenz

Die deutsche Schrift gehört zu den alphabetischen Schriften. Dies bedeutet, dass es eine irgendwie geartete Beziehung zwischen Lauten und Buchstaben gibt. Jeder weiß aber, dass eine Maxime wie *Schreib, wie du sprichst!* im Deutschen in die Irre führt. Die Laut-Buchstaben-Zuordnung wird beispielsweise durch die Regelmäßigkeit, dass die Wortgestalt trotz Lautwechsel erhalten bleibt, eingeschränkt. Hinzu kommt die Getrennt- und Zusammenschreibung, die mit Lautung nur am Rande etwas zu tun hat, die Groß- und Kleinschreibung, die mit Lautung überhaupt nichts zu tun hat, die Interpunktion, die grammatischen Gesetzmäßigkeiten folgt und die Worttrennung am Zeilenende als ein Randgebiet. Abb. 31 stellt die deutsche Orthographie als Pyramide mit den einzelnen Gebieten als Stufen dar. Dieses Bild drückt auch aus, dass die Teile aufeinander aufbauen.

Am Rande dieser Abbildung findet sich der Hinweis, dass sich im Deutschen das Schreiben am Lesen orientiert. Man kann die deutsche Orthographie eine ausgesprochene leserorientierte Orthographie nennen.

> Leserorientierung der deutschen Orthographie

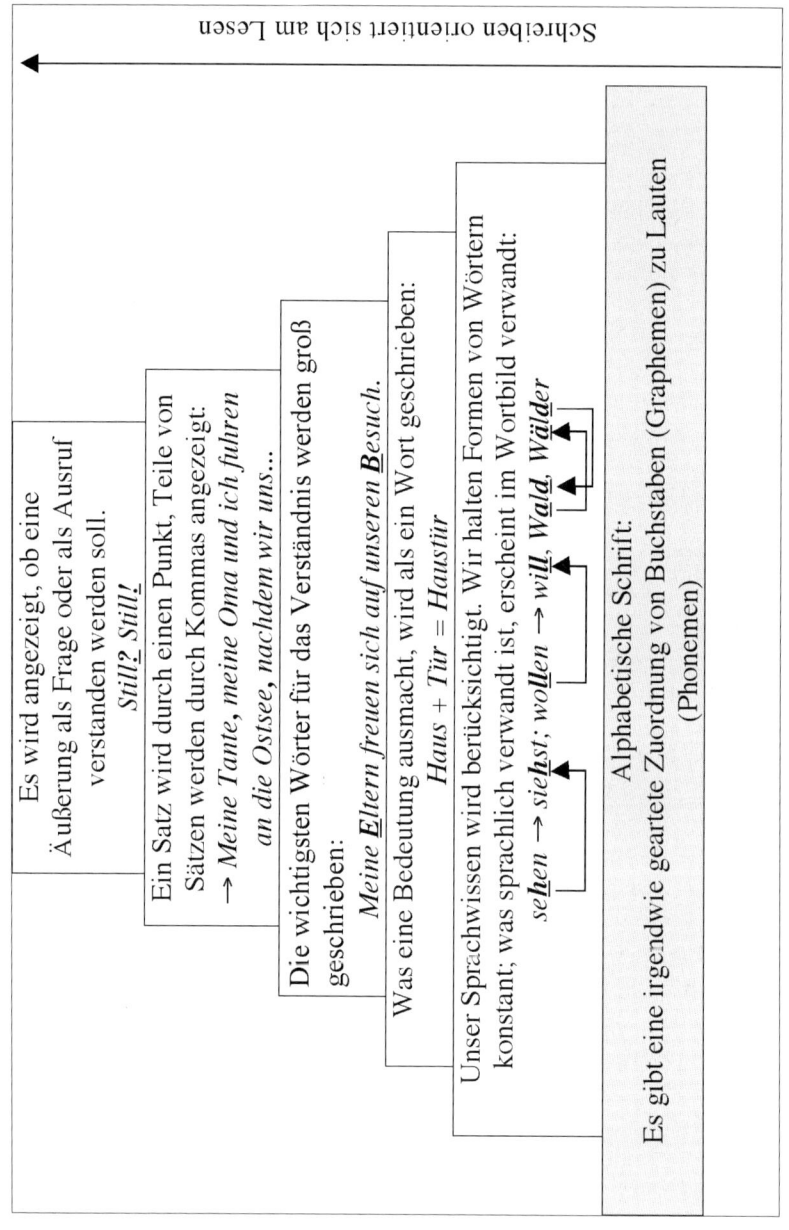

Schreiben orientiert sich am Lesen

Es wird angezeigt, ob eine Äußerung als Frage oder als Ausruf verstanden werden soll.
Still? Still!

Ein Satz wird durch einen Punkt, Teile von Sätzen werden durch Kommas angezeigt:
→ *Meine Tante, meine Oma und ich fuhren an die Ostsee, nachdem wir uns...*

Die wichtigsten Wörter für das Verständnis werden groß geschrieben:
Meine Eltern freuen sich auf unseren Besuch.

Was eine Bedeutung ausmacht, wird als ein Wort geschrieben:
Haus + Tür = Haustür

Unser Sprachwissen wird berücksichtigt. Wir halten Formen von Wörtern konstant; was sprachlich verwandt ist, erscheint im Wortbild verwandt:
sehen → siehst; wollen → will, Wald, Wälder

Alphabetische Schrift:
Es gibt eine irgendwie geartete Zuordnung von Buchstaben (Graphemen) zu Lauten (Phonemen)

Abb. 31 | Der Aufbau der deutschen Orthographie

- Die Erhaltung der Wortgestalt unterstützt das Lesen, da der Leser am Wortbild sofort die Wortfamilie, die im Wesentlichen gleich geschrieben wird, erkennt.
- In der Zusammenschreibung wird ausgedrückt, was als ein Begriff gesehen werden kann. Im Englischen, das anderen Prinzipien folgt, sind *taxi driver* zwei Wörter, im Deutschen zeigt die Zusammensetzung *Taxifahrer* an, dass es sich um einen Begriff handelt.
- Untersuchungen von Bock (1989, 1990) haben gezeigt, dass die Großschreibung der Substantive insbesondere das schnelle, leise Lesen unterstützt.
- Das Deutsche setzt relativ viele Kommas in einem Satz, um diesen zu gliedern. Auch dieses unterstützt den Leser, der auf diese Art und Weise schnell erfassen kann, was zusammengehört.

Alle diese Maßnahmen sind solche für das Auge, also Maßnahmen, die auf den Leser zielen. Man könnte auch so sagen: Die deutsche Orthographie ist eine, bei der der Schreiber im Dienste des Lesers steht. Worüber der Schreiber (möglicherweise) stöhnt, weil ihm besondere Kenntnisse abverlangt werden, darüber freut sich der Leser, der davon profitiert.

Im Folgenden werden unter einer erklärenden Perspektive Grundlagen für die Orthographie gegeben. Einzel- und Besonderheiten können nicht dargestellt werden.

• Die Phonem-Graphem-Beziehung

Wie ist die Beziehung zwischen Lauten und Buchstaben (Phonemen und Graphemen; zur Bezeichnung vgl. Mat. 15) zu beschreiben? Häufig wird hier (besonders in Fibeln) so vorgegangen, dass den Buchstaben des Alphabets Laute zugeordnet werden. Dieses Vorgehen ist verfehlt, da

Zuordnung von Graphemen zu Phonemen

1. das Buchstabenalphabet teils Buchstaben enthält, die im Deutschen nicht (mehr) gebraucht werden (*c*, *y*), teils aber Buchstaben, v.a. auch Buchstabenkombinationen, nicht enthält, die in einer Phonem-Graphem-Korrespondenz von Bedeutung sind (*ö*, *ä*, *ü*, *ß*, *ch*, *sch*) (Fibeln bedenken das Letztere, aber nicht das Erstere);
2. nicht den Buchstaben Laute zugeordnet werden, sondern den Lauten Buchstaben zugeordnet werden müssen. Primär sind die Laute und nicht umgekehrt!

Eine weitere Frage erhebt sich: Auf welcher Ebene werden überhaupt Grapheme den Phonemen zugeordnet. Tut man dies auf der Ebene des Wortes, so hat man im Deutschen bald eine Reihe von Proble-

153

men, etwa dieses: /kɔm/ hat drei Phoneme, geschrieben wird <komm>, also vier Buchstaben. Erklärt man dies mit der Kürze des betonten Vokals, so sind die Wörter *im, am, zum* ... allesamt Ausnahmen, da auch die einen kurzen betonten Vokal haben, der aber zu keiner Verdoppelung des Konsonantenbuchstabens führt.

Mat. 15: Phonem – Graphem

Unter einem *Phonem* versteht man die kleinste bedeutungsunterscheidende Einheit. Die Ausdrücke /bal/ und /fal/ unterscheiden sich nur an der ersten Stelle, folglich müssen /b/ und /f/ die Bedeutung unterscheiden. Daher sind /b/ und /f/ Phoneme des Deutschen. Bekanntlich werden im Deutschen sehr unterschiedliche /r/-Laute gesprochen. Vorne als Zungenspitzen-r, hinten mit einem vibrierenden Gaumensegel oder mit einem schlagenden Zäpfchen. Niemals unterscheiden die verschiedenen /r/-Laute aber eine Bedeutung. Folglich haben wir verschiedene r-Laute, aber nur ein /r/-Phonem. Ein Phonem ist also auch eine abstrakte Größe, die alle Realisationsformen eines Lautes zusammenfasst.

Unter dem Ausdruck *Graphem* werden alle Realisationsformen eines Buchstabens zusammengefasst: s, ʃ, s, ẛ sind also alles verschiedene Formen eines Graphem <s>

In dieser Einführung wird daher ein Weg der Beschreibung beschritten, der sich didaktisch bewährt hat. (Dabei wird davon ausgegangen, dass die Didaktik sich derjenigen Theorie bedienen muss, die ihre Bereiche am einfachsten beschreibt.) Die Laut-Buchstaben-Bezichung wird auf der Ebene der Silbe vorgenommen. Silben sind natürliche Einheiten; die Segmentierung des Redestroms in Silben folgt der Sonorität (Schallfülle) der Laute (vgl. Mat. 16). Am schallvollsten sind die Vokale, am schallärmsten die Plosive unter den Konsonanten.

Zuordnung der Grapheme zu den Phonemen auf der Ebene der Silbe

Mat. 16: Schallfülle-Test für Laute

Schallfülle kann man testen. Zwei Personen verteilen sich in einem großen Raum in zwei gegenüberlegenden Ecken. In normaler Lautstärke sagt die eine Person die Laute, die andere identifiziert sie bei geschlossenen Augen, um nicht von den Lippen abzulesen.

Silben beginnen mit einem Konsonanten, die Schallfülle steigt an bis zu einem Vokal als Silbenkern, sie enden mit einem Konsonanten. Im Deutschen ist das Silbenschema betonter Silben (K)KVK(K). Das heißt, dass am Anfang 2 Konsonanten stehen können und ebenso nach dem Silbenkern. Abb. 32 zeigt auf der Grundlage der Sonorität der Laute das Schema.

Silbenschema

----------zunehmende Sonorität--------->				Gipfel ----------abnehmende Sonorität--------->				
Anfangsrand				Silben-kern	Endrand			
Obstruenten		Sonoranten		Vokale Diph-thonge	Sonoranten		Obstruenten	
Plosive p t k b d g	Frikative ʃ f s x h j v z	Nasale m n	Liquide l r	alle Vokale und Diph-thonge	Liquide r l	Nasale m n	Frikative ʃ f s x	Plosive p t k
Anfangsrand (Onset)				Kern (Nucleus)	Endrand (Offset, Koda)			
b			r	a	n			t
t			r	o:			s	t

Abb. 32 | Sonorität der Laute

Da im Deutschen Auslautverhärtung obligatorisch eintritt, sind am Silbenendrand alle stimmhaften Konsonanten weggelassen.

Abb. 32 gibt wieder, dass der Redestrom auf der Ausdrucksseite nichts anderes ist als ein Anschwellen und Abschwellen der Sonorität. Gliedert man nun den Redestrom in Silben, so müssen immer die schallärmsten Laute gesucht werden. An diesen Stellen beginnt eine neue Silbe. Dies gilt im Prinzip für alle Sprachen der Welt. Für jede Einzelsprache muss man Besonderheiten bedenken. Für das Deutsche sind das zwei:

1. Im Deutschen kann keine Silbe mit einem kurzen, betonten Vokal enden. Das führt dazu, dass wir /zɔnə/ in die zwei Silben /zɔn/ / nə/ zerlegen. In einem solchen Fall spricht man von

Besonderheiten der Silbe

ambisyllabischen Konsonanten, da ein Konsonant des Wortes auf zwei (= ambi) Silben verteilt wird. Jede Silbe schließt also mit einem Konsonanten oder sie ist lang. (Legt man das Silbenschema (K)KVK(K) zugrunde, so ist Länge wie ein K zu behandeln.)

2. Im Deutschen können Silben mit ʃp, ʃt beginnen, also außerhalb des generellen, an der Sonorität orientierten Silbenaufbaus. Man nennt solche, der Sonorität zuwiderlaufende Phoneme *extrasilbisch*.

Mit Blick auf die Orthographie müssen noch zwei Sachverhalte bedacht werden:

phonologische Wörter als Grundeinheiten

3. Die Grundlage für die Silbengliederung ist nicht das lexikalische Wort, sondern das phonologische. Dabei gilt: Jedes Lexem ist ein phonologisches Wort. Damit ist auch jedes Präfix (= Wortbaustein, der einem Lexem vorangestellt ist, wie *ent-, be-, ver-*) ein phonologisches Wort. Von den Suffixen gelten nur die als phonologische Wörter, die der Silbenstruktur entsprechen, also mit einem Konsonanten beginnen. *-lich, -bar, -sam* ... sind also phonologische Wörter, während *-ig, -ung* ... keine phonologischen Wörter sind.

Vokale als Silbenkerne

4. Jede Silbe hat einen Vokal als Silbenkern. Im Deutschen werden im Reden viele silbische Vokale, die ein unbetontes e (= Schwa-Laut [ə]) haben, beim Reden verschluckt. Wir sagen /lawfn/ statt /lawfən/ usw. Für eine orthographisch interessante Silbengliederung muss aber jede Silbe einen vokalischen Silbenkern haben.

Dass die Silbengliederung nicht mit der Worttrennung am Zeilenende identisch ist, wird sich später zeigen.

Schließlich ein Letztes:

5. Die deutsche Orthographie erhält die Wortgestalt. Daher ist für die deutsche Orthographie der Zweisilber Ausgangspunkt. Alles, was da gefunden wird, wird dann auf den Einsilber vererbt.

Wenn man diese wenigen Sachverhalte zugrunde legt (und vorerst Großschreibung und Zusammenschreibung nicht betrachtet), hat man die Grundlage für die Schreibung der deutschen Wörter bestimmt.

Ideosynkrasien: Was den Regeln nicht folgt

Natürlich folgt nicht alles diesen Regeln. Dies ist bei einem historisch gewachsenen Gegenstand nicht anders zu erwarten. Dass es im Deutschen <f> und <v> für den Laut /f/ gibt, ist eine solche Besonderheit, dass wir zwischen <Lied> und Lid>, <Seite>

A. Konsonanten

	Ph	Gr		Ph		Gr	Ph		Gr
Plosive	p	p	Pelz	t	t	Tisch	k	k	Kuchen
	b	b	Buch	d	d	Deckel	g	g	Geige
Affrikaten	pf	pf	Pfanne	ts $t\int$	z tsch	Zange tschilpen deutsch	ks	chs	Fuchs ①
Frikative	v	w	Wasser	f	f v	Fenster Vogel	j	j	Jäger
	z	s	Sonne	s	s ß	Masten gießen ②	h	h	Hexe
	$\int$	sch	Schiff ③	x	ch	Dach			
Nasale/ Liquide	m	m	Maus	l	l	Lampe			
	n	n	Nuss	r	r	Rad			

B. Vokale

Ph		Gr	Ph		Gr	Ph		Gr
i:	ie	Wiesel	y:	ü	Übung	u:	u	Ufer
ɪ	i	Iltis	ʏ		Mütze	ʊ		Unterhose
e:		Esel	ø:	ö	Öl	o:	o	Ofen
ɛ	e	Ente ④	œ		Öffnung	ɔ		offen
ə		Ente						
ɛ:	ä	Ähre						
			ɑ:	a	Asien			
			a		Hammer			

C. Diphthonge

Ph		Gr	Ph		Gr	Ph		Gr
aj	ei	Heil	aw	au	Auge	oj	eu	heulen ⑤

Legende: Ph = Phonem; Gr = Graphem

Abb. 33 | Phonem-Graphem-Korrespondenz im Deutschen

und <Saite> unterscheiden oder die Buchstaben <a>, <e>, <o> bei einigen Wörtern verdoppeln, gehört hierher, ebenso dass wir vor <r>, <l>, <m>, <n> ab und zu ein stummes <h> schreiben oder keine Voraussagen machen können, welches bzw. welche Grapheme den Affrikat /ks/ abbilden.

Berücksichtigt man dies, so kommt man zu einer einfachen Phonem-Graphem-Zuordnung, wie dies Abb. 33 zeigt.

Hinweise: Besonderheiten in Abb. 33

①: Andere Schreibweisen: <x>: *Haxen, Axt*, <ks>: *schlaksig;* <gs> *(flugs)*, <cks> *(zwecks)* sind aus anderen Formen *(Flug* bzw. *Zweck)* herleitbar. Die Schreibung von /ks/ gehört zum Lernwortschatz. ②: Stimmloses /s/ kommt im Deutschen innerhalb eines Stammes vor Konsonant *(Skat, Masten, haspeln ...)* und nach langen Vokalen vor. Vor Konsonant steht <s>, nach langen Vokalen <ß>. ③: /ʃt/ bzw. /ʃp/ wird am Morphemanfang grundsätzlich als <st> bzw. <sp> wiedergegeben. ④ und ⑤: /ɛ/ wird bei Formen, die auf /a/ zurückgehen, mit <ä> wiedergegeben: *fällen* ← *Fall;* Vergleichbares gilt bei /oj/: *bräunen* ← *braun*. Nicht aufgeführt ist /v/ → <v> wie in *Vase*, da nur in Lehn- und Fremdwörtern vorkommend. Ebenso sind kurze, gespannte Vokale, aus Lehn- oder Fremdwörtern nicht aufgeführt: [i] – **i**deal; [y] – **Z**ylinder; [u] – **U**ran; [e] – **B**enefiz ..., [ø] – **Ö**dem, [o] – **O**boe; [æ] – **P**ädagogik; [ɑ] – **A**nanas. Fremdwörter (und viele Lehnwörter) sind grundsätzlich Lernwörter.

Beispiele

Einige Beispiele:

lexikalisches Wort	phonologisches Wort	Silben	Graphie
zɔnə	zɔnə	zɔn . nə	Sonne
rɛnən	rɛnən	rɛn . nən	rennen
ru:fn	ru:fn	ru: . fən	rufen
ge: ən	ge: ən	ge: . hən	gehen
fəʁa:tən	{fər} {ra:tən}	fər . ra: . tən	verraten
fa:ra:t	{fa:r} {ɾɑ.l}	fa:r . ra:t	Fahrrad
ɪm	ɪm	ɪm	im
dɛn	dɛn	dɛn	denn

Tab. 18 | Graphie des Deutschen

Bei den lexikalischen Wörtern ist die Aussprache nach dem Aussprache-Duden zugrunde gelegt, bei den phonologischen Wörtern wurde die Definition von zuvor genommen (wobei bei mehreren phonologischen Wörtern geschweifte Klammern verwandt wurden). Die Silben wurden auf der Grundlage der Sonorität gewonnen (wobei der Punkt die Silbengrenze markiert). Im Großen und Ganzen kann man sehen, dass die Schreibung auf die hergeleitete Silbengliederung Bezug nimmt. Lediglich beim viertletzten Beispiel haben wir die Zusatzregel, dass das Präfix *ver*grundsätzlich mit <v> geschrieben wird, beim drittletzten haben wir die Besonderheit des stummen <h>, außerdem muss die Auslautverhärtung berücksichtigt werden (weswegen der Zweisilber /ra:dəs/ weiterhilft); beim letzten haben wir eine Konsonantenbuchstabenverdopplung, die den Unterschied <den> vs. <denn> markiert.

Ca. 92% der deutschen Wörter sind auf der Basis der Silbengliederung korrekt zu schreiben. Besondere Vorsicht verdienen die sehr häufigen Funktionswörter, die oft eigenen Regeln folgen. Unter den 50 häufigsten Wörtern des Deutschen sind die folgenden Wörter nicht regelgeleitet: *und, des, dass, von*, *hat, wir, was, sind.*

Oben ist darauf hingewiesen worden, dass die Grundlage für das Deutsche der Zweisilber ist – phonologisch betrachtet – der Trochäus, wie er in / zɔnə/ oder den einfachen Verben wie /rɛnən/ vorliegt. Daraus ist eine einfache Regel zu gewinnen:

Basisregeln für das Schreiben: Verlängerungsformen

Suche bei jedem vorliegenden Wort, ob es eine Form mit einer Silbe mehr gibt. Schreibe nach der längeren Form.

Im Beispiel: /bɛrk/ → zweisilbige Form: /bɛrgə/ – nach dieser Form wird geschrieben, also auch <Berg> mit <g> am Ende, obwohl die deutsche Auslautverhärtung /k/ anzeigt.

/tsvajrɛ:drıç/ → Phonologische Wörter: {tsvaj} {rɛ:drıç}. /tsvaj/ hat eine zweisilbige Form [tsvajən], die jedoch keine Auswirkung auf die Schreibung hat. Bei /rɛ:drıç/ haben wir eine Form mit einer Silbe mehr: /rɛ:drıgə/; von dieser Form wird /g/ bewahrt; das /ɛ:/ geht auf /a:/ zurück, das ebenfalls bewahrt wird.

Das Beispiel zeigt auch, dass bei der sog. *Umlautung* von der lexikalischen Nennform ausgegangen wird, bei den anderen Formen aber von mehrsilbigen Formen. Auch hier hilft eine Regel:

Basisregeln für das Schreiben: Umlautschreibung

159

Suche bei den Lauten /ɛ/, /ɛ:/ und /oj/ nach einer Form mit [a], [a:]
bzw. /aw/ und schreibe nach dieser.

(Es gibt ein paar Ausnahmen wie <Säule> oder <Geländer>, die keine nicht-umgelauteten Formen haben.)

In diesem Sinne ist <zweirädrig> eine zwar regelmäßige Schreibung, aber eine, die sich erst aus der Anwendung mehrerer Regeln ergibt.

Diese Regelanwendungen berücksichtigen unser Sprachwissen, das für das Auge des Lesers aktiviert wird.

- **Die Getrennt- und Zusammenschreibung**

Zu den fast unausrottbaren Vorurteilen gehört, dass die deutsche Rechtschreibung sich nach den morphologisch bestimmten Wortarten richtete. Die Getrennt- und Zusammenschreibung, die Groß- und Kleinschreibung, die Interpunktion sind aber nicht morphologisch bestimmt, sondern syntaktisch motiviert.

Grundregel für die Getrennt- und Zusammenschreibung

Die Grundregel bei der Getrennt- und Zusammenschreibung lautet, dass getrennt geschrieben wird, wenn eine syntaktische Beziehung zwischen den Elementen angebbar ist.

<Haustür> schreiben wir also zusammen, weil zwischen <Haus> und <Tür> keine syntaktische Beziehung angebbar ist, vielmehr bilden beide einen Begriff. Zwei Substantive können im Deutschen in der Grundform nicht einfach nebeneinander stehen. Außerdem regiert der Artikel <die> den zweiten Bestandteil (= Grundwort der Zusammensetzung) <Tür>, sodass sich umso mehr die Frage erheben würde, was <Haus> sein sollte, wenn es nicht zusammengeschrieben würde.

Ähnlich kann man bei <hellwach>, <graugrün>, <superstark> argumentieren. Statt des Artikelkriteriums fällt hier allerdings etwas anderes auf: Wenn diese Wörter als Attribut gebraucht werden, wird immer nur der zweite Bestandteil dekliniert: *meine hellwache Freundin, die graugrüne Wand, ein superstarker Traktor ...* Wir haben also nur ein Attribut, also kann nur zusammengeschrieben werden.

Dieselben Überlegungen helfen bei *eislaufen, nottun, kopfstehen etc.* Da weder *eis*, noch *not*, noch *kopf* in einer angebbaren syntaktischen Beziehung zu den betreffenden Verben steht, kann man nur zusammenschreiben. Bei *eislaufen* und *kopfstehen*

kommt hinzu, dass es sich hier um sog. *Inkorporationen* handelt.
Zugrunde liegt: *auf dem Eis laufen* → *eislaufen; auf dem Kopf stehen*
→ *kopfstehen;* ebenso: *vom Mond beschienen* → *mondbeschienen.*

Bei den sogenannten Verbpräfixen, haben wir untrennbare (die sind orthographisch unproblematisch) und trennbare. Hier muss man sich im Einzelfall wiederum die besonderen Verhältnisse ansehen. Wir haben:

Schreibung bei präfigierten Verben

(1) *Wenn wir diese Wörter zusammenschreiben ...*
(2) *Wenn wir diese Wörter zusammen schreiben ...*
Im ersten Satz geht es um die Zusammenschreibung von Wörtern, im zweiten darum, dass gemeinsam (= *zusammen*) Wörter geschrieben werden. In diesem Satz ist also *zusammen* adverbiale Bestimmung. Als solche kann sie den Platz im Satz wechseln, während im ersten Satz *zusammen* trennbares Verbpräfix ist und daher platzfest:
(2') *Wenn wir zusammen diese Wörter schreiben ...*
Dasselbe gilt für: *abwärts-, aneinander-, aufeinander-, aufwärts-, auseinander-, beieinander-, beisammen-, davon-, davor-, dazu-, dazwischen-, durcheinander-, empor-, fort-, gegeneinander-, her-, herab-, heran-, herauf-, heraus-, herbei-, herein-, herzu-, hin-, hinab-, hinauf-, hinaus-, hindurch-, hinein-, hintenüber-, hinterher-, hinüber, nebeneinander-, nebenher-, nieder-, rückwärts-, umher-, voran-, voraus-, vorbei-, vorher-, vorwärts-, vorweg-, weg-, weiter-, wieder-, zurück-, zusammen-, zuvor-*

Allgemein kann man sagen: Den Unterschied zwischen selbstständigem Wort und Verbpartikel erkennt man daran, dass die Verbpartikel ihre Eigenschaft als Präposition oder Adverb bzw. Pronominaladverb verloren haben. Die mit Präpositionen formgleichen Wörter regieren keine Substantivgruppe (= Merkmal für Präpositionen), die mit Adverbien bzw. Pronominaladverbien formgleichen Wörter bilden kein eigenes Satzglied und antworten auf keine W-Frage (= Merkmal für Adverbien).

Außerdem können zwischen selbstständigem Wort und Infinitiv ein oder mehrere Satzglieder eingeschoben werden, zwischen Verbpartikel und verbalem Bestandteil hingegen nicht, vgl.:
Sie wollte dabei nicht immer sitzen, sondern auch ab und zu mal stehen (Adverb *dabei*) ≠ *Sie wollte nicht immer dabeisitzen* (Verbpartikel *dabei-*).

Zusammenschrei-
bung bei neuer
idiomatisierter
Gesamtbedeutung

Zusammengeschrieben wird auch, wenn Substantiv, Adjektiv, Verb und Verb eine neue, idiomatisierte Gesamtbedeutung eingehen.

Substantiv-Verb: *standhalten* (= *ausharren*), *teilnehmen* (= *dabei sein*), *wundernehmen* (= *verwundern*),

Adjektiv-Verb: *festnageln* (= *festlegen*), *kaltstellen* (= *(politisch) ausschalten*), *fertigmachen* (= *bekämpfen*), *übrigbleiben* (= *keine andere Wahl haben*), *heiligsprechen* (= *in den Kreis der Heiligen aufnehmen*), *verlorengehen* (= *verlieren*); *krankschreiben* (= *von der Arbeit freistellen*), *freisprechen* (= *keine Schuld feststellen, nicht verurteilen*), *(sich) kranklachen* (= *sehr lachen*), *vollquatschen* (= *auf jemanden einreden*); *festnageln* (= *festlegen*).

Bindestrich-
Schreibungen

Es gibt Verbindungen, die nicht einfach zusammengeschrieben werden können, weil sie ein undurchsichtiges Wortbild ergäben. In diesen Fällen gebraucht man den Bindestrich: *ein 3-Tonner*, *x-beliebig*, *PKW-Steuer*, *das In-den-Tag-hinein-Träumen*, *A-Dur-Tonleiter*, *Arbeiter-Unfallversicherungsgesetz*; damit können auch Missverständnisse behoben werden: *Druck-Erzeugnisse, See-Elefant*.

Zusammenschreibung hat viel mit Wortbildung zu tun. Daher kann man nur allgemeine Regeln angeben und es wird einen Spielraum bei der Schreibung geben müssen.

• **Die Groß- und Kleinschreibung**

Die Untersuchungen von Bock (1989, 1990) haben gezeigt, dass die deutsche Großschreibung das schnelle, leise Lesen unterstützt. Warum ist das so? Man kann einen einfachen Aus-

Großschreibung:
Prädikat-Argument-
Struktur

sagesatz als eine Struktur aus Prädikat, das sprachlich durch ein Verb gebildet wird, und Argumenten, die sprachlich gemeinhin durch Substantive gebildet werden, ansehen. Wenn nun die Argumente groß geschrieben sind, hat ein Leser sehr schnell einen Überblick über den Inhalt eines Satzes. Ein Substantiv wird also nicht groß geschrieben, weil es ein Substantiv ist, sondern weil es Argument in einem Satz ist. Allerdings wäre die Regel *Schreibe alle Argumente in einem Satz groß!* ziemlich umständlich für den Schreiber, daher hat sich im Laufe der Zeit herausgebildet, dass die Substantive, die so gut wie immer die Argumente bilden, groß geschrieben werden. Ein Substantiv erkennt man daran, dass es einen Artikel bei sich hat (allerdings steht im Satz auch häufig der Nullartikel), dass es dekliniert werden kann (allerdings verändern die Feminina im Deutschen ihre Form nicht mehr) und dass es mit *k*- verneint wird. Abgesehen von *die anderen, ein bisschen, die beiden* ist dies im Großen und Ganzen das Wesentliche der Groß- und Kleinschreibung.

Ein paar Beispiele:

Beispiele

(1) *Wir wandern im Regen.*
(2) *Das Wandern ist des Müllers Lust.*
(3) *Ich habe Angst.*
(4) *Mir ist angst.*

Die beiden Beispiele zeigen ganz deutlich, dass man nicht sagen kann: *wandern* ist ein Verb und deshalb wird es klein geschrieben, während *Angst* ein Substantiv ist und deshalb groß geschrieben wird. Vielmehr geht es immer um den konkreten Satz, vor dessen Hintergrund entschieden werden muss, wie man schreibt. Dabei ist ein Satz der sprachliche Ausdruck für eine Proposition, die einen Inhalt als Struktur aus Prädikat und Argumenten abbildet.

In (1) ist *wandern* Verb, weil es – verbunden mit dem Personalpronomen *wir* als Subjekt – das Prädikat im Satz bildet.

In (2) ist *Wandern* nicht Prädikat – dieses lautet *ist* – sondern das Subjekt des Satzes. Es ist mit einem Artikel verbunden (*das Wandern*), also schreibt man groß.

In (3) ist *Angst* Objekt des Satzes. Es hat keinen Artikel dabei, der näheren Aufschluss geben würde. Verneint man aber den Satz, so erscheint plötzlich der Artikel: *Ich habe **keine** Angst.* es wird also mit *k*- verneint.

In (4) ist *angst* Prädikativ. Dass es aber kein substantivisches Prädikativ ist, merkt man wiederum an der Verneinung: *Mir ist nicht angst.* Angst ist also kein Substantiv und wird daher klein geschrieben. Da es auch heißt: *Ich bin nicht pleite* schreibt man *pleite* hier auch klein, wenngleich *die Pleite* ein Substantiv ist.

Damit bewahrheitet sich wiederum, dass auch die Groß- und Kleinschreibung wie die Getrennt- und Zusammenschreibung auf der Ebene des Satzes entschieden werden muss.

In der zurückliegenden Rechtschreibreform (vgl. Mat. 17) hat man vor allem auf das Kriterium *Artikel* gesetzt, was dazu führte, dass – ganz entgegen den ursprünglichen Intentionen der Reformer – mehr groß geschrieben wird als bisher. So werden auch die Adverbialen *des Weiteren, im Übrigen, im Großen und Ganzen* ... nun groß geschrieben, da formal ein Artikel vorliegt. Allerdings kann man hier nicht von einer Argument-Struktur sprechen. Auf diese Weise wird zwar die Großschreibung formaler geregelt, der eigentlichen Aufgabe handelt man damit aber zuwider.

Mat. 17: Rechtschreibreform

Die deutsche Orthographie ist erst 1901 normiert worden. Ein erster Versuch 1876 scheiterte an grundverschiedenen Vorstellungen. Das Ergebnis von 1901 war ein schlankes Regelwerk mit 26 Paragraphen. Aus gutem Grund hat man die Getrennt- und Zusammenschreibung und auch die Interpunktion nicht geregelt. Die Erfordernisse des Alltags ließen das Regelwerk schnell anwachsen und die Unzufriedenheit mit ihm stieg. Nach dem 2. Weltkrieg gab es mehrere Versuche einer Reform, die allerdings alle scheiterten. Erst 1996 wurde ein neues Regelwerk von den deutsch sprechenden Ländern (die 16 deutschen Bundesstaaten vertreten durch die Kultusministerkonferenz, Österreich, die deutsch sprechenden Schweizer Kantone, Liechtenstein und Südtirol) beschlossen und mit einer Übergangszeit bis 2005 in den Schulen eingeführt. Von Anfang an bildete sich in der Öffentlichkeit eine starke Opposition gegen Teile der Reform. Relativ widerspruchslos wurde beispielsweise die neue s-Schreibung akzeptiert, wonach nach kurzem, betonten Vokal *ss* zu schreiben ist. Sogar die vermehrte Großschreibung von Wörtern – früher *im folgenden* jetzt: *im Folgenden* – wurde im Großen und Ganzen (sic!) akzeptiert. Den größten Widerstand erregte die Getrennt- und Zusammenschreibung, die die Reformer im Wesentlichen (sic!) unabhängig von sprachlichen Verhältnissen schematisch geregelt hatten. Ebenso wenig wurde die Liberalisierung im Bereich der Kommasetzung und im Bereich der Worttrennung am Zeilenende akzeptiert. Widerstand gab es auch gegen Teile der Fremdwortschreibung. Um hier zu tragfähigen Kompromissen zu kommen, setzten die deutsch sprechenden Länder Ende 2004 den *Rat für deutsche Rechtschreibung* ein, der 40 Mitglieder aus sechs Ländern umfasst. 2006 hat der Rat Vorschläge für eine Reform der Reform vorgelegt, die weitestgehend akzeptiert wurde und zum 1.8.2007 in Kraft trat. Seine Aufgabe besteht nun in der kontinuierlichen Beobachtung der deutschen Schriftsprache und gegebenenfalls weiterer Anpassungen des Regelverzeichnisses wie des Wörterbuchs. Der Rat ist beim *Institut für deutsche Sprache* in Mannheim angesiedelt und unterhält unter www.rechtschreibrat.com eine eigene Homepage.

• **Die Interpunktion**

Zu unterscheiden sind Zeichen, die eine Äußerung begrenzen, Zeichen, die innerhalb eines Satzes stehen und Zeichen, die sonst noch gebraucht werden.

Die Verteilung der Satzzeichen, die besser *Äußerungszeichen* heißen sollten, wie Engel (1988) in seiner Grammatik zu Recht ausführt, ist folgendermaßen geregelt:

Satzzeichen: Äußerungszeichen

Fragezeichen <?>	Ausrufezeichen <!>	Punkt <.>
Wenn etwas als Frage verstanden werden soll, steht als Satzzeichen ein <?> Dies gilt auch bei rhetorischen Fragen.	Wenn etwas mit Nachdruck, z.B. nachdrückliche Aufforderungen, oder als Ausdruck der Überraschung, Freude, Begeisterung... gelesen werden soll, steht ein <!>.	Sonst steht immer ein Punkt.

Tab. 19 | Äußerungszeichen

Innerhalb eines Satzes regeln Doppelpunkt, Strichpunkt, Kommas, Parenthesestriche, Anführungszeichen und gegebenenfalls Klammern die Verhältnisse.

Gliederungszeichen innerhalb des Satzes

Ein **Doppelpunkt** ist ein Ankündigungszeichen. Paradigmatisch steht er, wenn eine Aufzählung kommt.

Ein **Strichpunkt** trennt weniger stark als ein Punkt, aber stärker als ein Komma.

Kommas stehen bei Reihung von Gliedteilen (*es war ein schöner, angenehmer Morgen ...*), Satzgliedern (*Meine Oma, mein Onkel und ich ...*) und Sätzen (*Wir gingen nach Hause, tranken einen guten Wein und ...*); in diesem Fall ist das Komma immer einstellig. Paarig ist es, wenn es einen ganzen Gliedsatz (Konjunktionalsatz) abtrennt. In diesem Fall steht immer ein Komma vor der unterordnenden Konjunktion und nach dem finiten Verb (*Er stand, da es regnete, im Nassen.*). Trivialerweise fällt das erste

Kommasetzung

Komma weg, wenn der Gliedsatz am Satzanfang steht (*Da es regnete, ...*), und analog fällt das letzte Komma weg, wenn der ganze Satz mit dem Gliedsatz endet.

Ein Komma kann auch stehen, wenn verkürzte Gliedsätze im Infinitiv in einem Satz sind. Obligatorisch steht eines, wenn der Infinitiv durch ein Hinweiswort explizit angezeigt ist oder der Infinitiv attributiv ist:

- explizit durch Hinweiswort angezeigt: *Er missbilligte* **es**, *jeden Tag kontrolliert zu werden. Er arbeitete* **daran**, *sich zu verbessern.* **Es** *missfällt mir, diesen Vertrag zu unterzeichnen.*
- attributiver Infinitiv: *Bei dem Versuch, sich zu verbessern, missglückte ihm alles. Er fasste den Plan, heimlich abzureisen.*

Bei einem bloßen Infinitiv kann in diesen beiden Fällen das Komma auch weggelassen werden.

Grundsätzlich steht ein Komma, wenn der Infinitiv durch *um, ohne, statt, anstatt, außer, als* eingeleitet ist: *Er verschwand, ohne zu grüßen. Sie senkte den Kopf, statt Blickkontakt aufzunehmen.*

In allen anderen Fällen von Infinitivsätzen kann ein Komma stehen, ist aber nicht zwingend vorgeschrieben. Mit Blick auf den Leser kann man nur empfehlen, diese Kommas zu setzen, da sie den Lesefluss enorm erleichtern. Dies gilt ganz besonders dann, wenn das Komma Missverständnisse verhindert wie in: *Er versprach, mir ein gutes Buch zu schenken.* vs. *Er versprach mir, ein gutes Buch zu schenken.* Das erste Mal bekomme ich ein Buch, das zweite Mal ein Versprechen.

Ein Komma steht immer, wenn mit *aber* oder *sondern* ein adversatives Verhältnis eingeleitet wird: *Er war gesund, aber träge.* Ein Komma steht auch immer, wenn eine Phrase ins Nachfeld gerückt wird: *Sie kaufte ihrem Hund ein weiches Bettchen, diese edle Tierfreundin.*

In solchen Fällen könnte man sich auch einen Parenthesestrich (Gedankenstrich) vorstellen, der die Trennung noch deutlicher macht als ein Komma.

Schließlich Anführungszeichen. Sie kennzeichnen eine Rede als wörtlich übernommen. Die Regeln sind:
Vorangestellter Begleitsatz: „..."

Nachgestellter Begleitsatz:

| ,,   '', sagte Simone. | ,,   !'', sagte Simone. | ,,   ?'', sagte Simone. |

Es steht also immer ein Komma vor dem nachgestellten Begleit-satz. Die Äußerungszeichen stehen innerhalb der wörtlichen Rede außer dem Punkt wie gefordert.

Ein besonderes Zeichen ist der Apostroph, der im Deutschen – anders als im Englischen – eine Auslassung markiert. *Die Einstein'sche Theorie ... Was gibt's?*

• **Die Worttrennung am Zeilenende**

Getrennt wird im Deutschen auf der Grundlage phonologischer Wörter und Silben. Damit setzt die Worttrennung am Zeilenende die Prinzipien der Laut-Buchstaben-Beziehung fort. Trotzdem ist das Erscheinungsbild der Worttrennung am Zeilenende nicht identisch mit Silben. Silben sind phonologische Einheiten. Die Worttrennung am Zeilenende aber ein graphisches Verfahren. Es gilt: an jeder Lexemstelle ist eine Trennungsmöglichkeit. Mehr-silbige, nicht zusammengesetzte Wörter trennt man weiter auf der Basis von Silben letztlich schematisch so, dass die neue Zeile immer mit einem Konsonantenbuchstaben beginnt. Dabei gelten *ch, sch, ck* als einzelne Konsonantenbuchstaben. Also:

Worttrennung am Zeilenende

ein- ei- ig
le- ben
Har- fe
knusp- rig

Problematisch ist die Trennung dort, wo die Verhältnisse nicht mehr klar sind. Das ist bei verdunkelten Zusammensetzungen so und auch bei Fremdwörtern: *her- um* und *he- rum; dar- auf* und *da- rauf; Päd- a- go- gik* und *Pä- da- go- gik.*

Worttrennung am Zeilenende dient der ökonomischen Platz-ausbeute. Da man keinen Platz spart, wenn man einen Vokal-buchstaben abtrennt, unterlässt man dieses. Damit werden auch entstellende Trennungen wie *Kore -akrieg* oder *Sitze - cke* verhin-dert. Überhaupt sollte der Leser durch die Worttrennung am Zei-lenende nicht in die Irre geschickt werden. Also nicht: *Urin- stinkt, Anal – phabet.*

Zusammenfassung

Die deutsche Orthographie baut als alphabetische Schrift auf einer Phonem-Graphem-Zuordnung auf. Die maßgebliche Einheit für die Zuordnung ist nicht das lexikalische Wort, sondern das phonologische Wort und die Silbe als kleinste Einheit. Dies sind auch die Grundeinheiten für die Worttrennung am Zeilenende. Natürlich kommen Idiosynkrasien vor wie das stumme <h>, die Schreibung mit <v>, <ai>, <aa>, <ee>, <oo> oder die Schreibung für /ks/. Beim Schreiben auf der Basis von Silben kann der Schreiber dem Gesprochenen folgen. Das Deutsche ist aber eine Schrift, die sich durch Leserfreundlichkeit auszeichnet. So optimiert der Schreiber das auf der phonologischen Basis Gewonnene ständig für den Leser. Er bewahrt Wortbilder, er schreibt zusammen, was einen Begriff ausmacht, er ermöglicht durch die Großschreibung ein schnelles Lesen und er hilft Zusammenhänge zu sehen durch die Interpunktion. Nichts wäre also fataler, als das Deutsche als eine Schrift zu beschreiben, die nach dem Grundsatz Schreibe, wie du sprichst! verfährt.

5.3.2 Didaktisch-methodische Kompetenz

Ziel einer Didaktik der Orthographie muss Rechtschreibsicherheit sein – im Großen und Ganzen also prozedurales Wissen, in Zweifelsfällen als Problemlösungswissen verfügbar.

Je prozeduraler die Orthographie verfügbar ist, desto mehr Aufmerksamkeit kann auf den Inhalt des Geschriebenen gelegt werden. Seit langem weiß man, dass deklaratives Wissen in der Orthographie keine Sicherheit bringt. Wer eine Rechtschreibregel aufsagen kann, kann noch lange nicht das in der Regel Ausgesagte richtig schreiben. (Das ist nicht anders als beim Autofahren. Wer eine Verkehrsregel aufsagen kann, kann sie noch lange nicht als Fahrer beachten.) Daraus darf nicht der Schluss gezogen werden, dass die Kenntnis von Regeln gänzlich unnötig wäre; vielmehr muss man den Schluss ziehen, dass diese Kenntnis so beschaffen sein muss, dass sie in das prozedurale Wissen übergehen kann.

Für eine Lehrkraft ist entscheidend, dass sie die Regeln erklären und sie daher unter einer problemlösenden Perspektive vermitteln kann – so wie die Orthographie ja selbst eine Problemlösung für ein Kommunikationsproblem ist.

Prozeduralität der Orthographie

- **Didaktisch-methodische Kompetenz für die Phonem-Graphem-Korrespondenz**

Oben wurde ausgeführt, wie wenig deklaratives Wissen in der Orthographie bewirken kann. Die Aufgabe der Lehrkraft besteht darin, den Schülerinnen dasjenige Material zu bieten, das es ihnen ermöglicht, sich selbstständig die Orthographie durch das Schreiben – also prozedural – anzueignen. Das bedeutet, dass auf die Wortauswahl am Anfang so viel Wert gelegt werden muss, wie nur irgend möglich. Hier scheinen sich zwei Prinzipien zu beißen. Auf der einen Seite sollen Schülerinnen so früh als möglich schreiben, um die kommunikative Kraft des Schriftlichen kennenzulernen, auf der anderen Seite sollen sie aber mit Wörtern umgehen, die sie in die Systematik der deutschen Orthographie einführen. Die Lösung dieses scheinbaren Dilemmas liegt darin, dass Lehrkräfte dort, wo sie instruktional auftreten, mit dem richtigen Material hantieren.

Zum Erlernen der Phonem-Graphem-Korrespondenz haben in der Vergangenheit Anlauttabellen eine weite Verbreitung gefunden. Die Frage ist, wie eine Anlauttabelle beschaffen sein soll, damit sie Schülerinnen auf die richtige Spur setzt. Abb. 34 zeigt ein Buchstabentor, das auf der Silbe fußt. Die Anordnung der Konsonanten erfolgt von links unten nach rechts unten gemäß der Sonorität mit den Vokalen als Silbenkern in der Mitte. Das Laut-Buchstaben-Tor ist so aufgebaut, dass jedes Wort mit Lauten/Buchstaben in der linken Säule beginnt. Nach den Onset-Konsonanten/-buchstaben kommen die Vokale im Torbogen, danach wiederum die Konsonanten; jedes Wort wird also in einem Bogen von links unten nach recht unten über die Silbenkerne aufgebaut (linke Säule Groß-, rechte Kleinbuchstaben). In dem Falle, dass ein Wort mit einem Vokalbuchstaben beginnt, fängt man in den Kapiteln an.

Anlauttabellen als Unterstützungssystem

Verwendet ein Kind ein solches Buchstabentor, lernt es implizit, wie Wörter aufgebaut sind, z.B. dass auf einen Anfangskonsonanten ein weiterer Konsonant folgen kann, je weiter unten man beginnt. Es lernt aus dem Buchstabentor, dass keine typischen deutschen Wörter mit <x>, <ie> und <ch> beginnen (diese Buchstaben sind markiert). Implizit lernt es, dass das Graphem <v>, das im Buchstabentor nicht auftaucht, ein besonderer Buchstabe ist, dasselbe gilt für <ä> für kurzes /ɛ/ oder <äu> und eine Graphemkombination wie <ai>. Schließlich kann es – mit Unterstützung der Lehrkraft – lernen, dass /ʏ/ im Deutschen am Wortanfang nicht vorkommt.

Abb. 34 | Sonoritätsorientierte Anlauttabelle

An dieser Stelle findet sich ein sog. *Minimalpaar*, also ein Wortpaar, das sich genau an einer Stelle unterscheidet: /hy:tə/ vs. /hʏt«/ Dass <ng> nicht auftaucht, ist dem Umstand geschuldet, dass <ng> bei konsequenter silbischer Basierung so gut wie immer aufgelöst werden kann. (Schwierig sind hier nur einsilbige Wörter wie *Angst*, *Hengst*, bei denen [ŋ] an keine Silbenfuge kommt.)

In einer Anlauttabelle kommt es nur auf den Anlaut an, nicht auf das ganze Wort. Daher kann das Bild einer Uhr für /u:/ stehen, obwohl es sich hier wegen des stummen <h> um ein rechtschriftlich problematisches Wort handelt.

Wichtig ist von Anfang an die Unterscheidung in regelgeleitete Wörter und Lernwörter.

Grundsätzlich ist für Anfänger subjektiv jedes Wort ein Lernwort. Objektiv gesehen sind es aber nur diejenigen, die keiner Regelmäßigkeit folgen.

Solche Wörter müssen anders gelernt werden als Wörter, die Regelmäßigkeiten folgen. Gemeinhin handelt es sich um Einzelschreibungen ohne Analogiebildung. Dass *Vater* mit <v> geschrieben wird, ist nicht analogiebildend. Dass *Bahn* ein stummes <h> aufweist, ist nicht vorhersagbar. Zwar steht ein stummes <h> vor <r, l, m, n>, aber eben nicht immer. Die Lernwörter müssen optisch präsent sein, um ihre Einzigartigkeit immer vor Augen zu haben. Dagegen sollten regelgeleitete Wörter auf der Basis von Reihenbildung gelernt und geübt werden.

Tab. 20 zeigt die Wörter aus einer Fibel, die mit *d* beginnen. Man sieht schnell, dass der gewählte Wortschatz nur bedingt geeignet ist, in die Systematik des Deutschen hineinzuführen.

(Randnotiz: regelgeleitete Wörter – Lernwörter)

(Randnotiz: Wortschatz einer Fibel)

Wort	Einsilber	Vollst. Sllbifizierung	erw. GPK	Lernwort
1. da	X			
2. damit		da . mit		
3. dann	X			- nn
4. darf	X			
5. das	X			
6. dass	X			-ss

Wort	Einsilber	Vollst. Sllbifizierung	erw. GPK	Lernwort
7. dasselbe		das . sel . be		
8. Dasti		das . ti		Eigenname
9. dauernd		dau . ern . d(e)		
10. davon		da . fon		-v
11. deine		dei . ne		
12. deinem		dei . nem		
13. deinen		dei . nen		
14. deiner		dei . ner		
15. dem	X			
16. den	X			
17. denkt	X	den . k(en) + t		
18. denn	X			-nn
19. Dennis		den . nis		Eigenname
20. deutsch	X	deu . tsch(e)		
21. Deutschland		deu . tsch(e) + lan . d(e)		
22. Dezember		de . tsem . ber		Eigenname
23. dich	X			
24. dicke		dik . ke	ck	
25. dicken		dik . ken	ck	
26. die	X			
27. diese		die . se		
28. dieselbe		die . sel . be		
29. dieses		die . ses		
30. dir	X		-i	
31. doch	X			
32. dort	X	dor . ti(g)		

172

Wort	Einsilber	Vollst. Sllbifizierung	erw. GPK	Lernwort
33. Dose		do . se		
34. Dosen		do . sen		
35. draußen		drau . ßen		
36. Dreck	X	drek . k(es)	ck	
37. dreckige		drek . ki . ge(s)	ck	
38. dreht	X	dre . h(en) + t		
39. drei	X			
40. dreißig		drei . ßig		
41. drin	X			
42. dringend		drin . gen . d(e)		
43. drücke		drük . ke	ck	
44. dumm	X	dum . m(e)		
45. dumme		dum . me		
46. dunkel		dun . kel		
47. Dunkeln		dun . keln		
48. durch	X			

Tab. 20 | Wörter mit anlautendem <d> in einer Fibel

Die Tabelle zeigt, dass von den 48 vorkommenden Wörtern in der gesamten Fibel 21 Wörter Einsilber sind, also keine paradigmatische Wortstruktur aufweisen, 5 Wörter sind Lernwörter, 2 sind Eigennamen, die grundsätzlich Lernwörter sind, weil die Schreibung eines Eigennamens nicht vorhersagbar ist. Fünfmal kommt <ck> vor – es muss also eine Sonderregel aktiviert werden, zweimal <ß> in einer nicht herleitbaren Form. <ß> ist für alle Süddeutschen, die den Unterschied stimmhaft/stimmlos nicht kennen, ein Lernbereich außer bei Wörtern, die aus der Wortfamilie die richtige Vorhersage ermöglichen. Das sind diejenigen Wörter, die in der Wortfamilie <ss> aufweisen: *fließen – Fluss* etc. 10 Wör-

Analyse des Wortschatzes

ter verlangen Verlängerungen, um zur richtigen Schreibung zu kommen (in der Tabelle mit einer Klammer angegeben). Lediglich 14 der 48 Wörter sind für das Deutsche paradigmatisch. Dass sich bei solchen Verhältnissen bei den Kindern (und bedauerlicherweise auch bei den Lehrkräften) schnell die Vorstellung einstellt, dass das Deutsche durch die »Andersschreibung« geprägt sei, kann man gut nachvollziehen.

Da das Deutsche die Wortgestalt bewahrt, ist es nötig, so früh als möglich Wörter nicht isoliert, sondern mit ihren Formverwandten in der Wortfamilie zu behandeln. Damit bekommt man drei große Bereiche gut in den Griff: Auslautverhärtung, Umlautschreibung und zum Teil die ß-Schreibung. Außerdem bereichern Wortfamilien den Wortschatz und zeigen den Formenreichtum einer flektierenden Sprache.

Da die Wortgestalt für das Auge des Lesers erhalten bleibt, ist es nötig, dass die Schülerinnen eine demonstratio ad oculos bekommen und nicht nur eine abstrakte Einsicht.

- **Didaktisch-methodische Kompetenz für die Getrennt- und Zusammenschreibung**

Das Thema Getrennt- und Zusammenschreibung ist in der Sekundarstufe I nach der Orientierungsstufe angesiedelt. Die syntaktischen Kenntnisse der Schülerinnen sollten so weit entwickelt sein, dass sie syntaktische Verhältnisse im Satz erkennen, damit die Prozeduren, die für diese Schreibung wichtig sind, entwickelt werden können. Syntaktisch betrachtet ist die wichtigste Erkenntnis, dass man zusammenschreibt, wenn keine syntaktischen Beziehungen zwischen den Teilen definierbar sind. Dieser Satz hat den Nachteil, dass er negativ formuliert ist und daher erst am Ende eines didaktischen Prozesses voll verstanden werden kann. Daher wird als Erstes der Weg über die Wortbildung beschritten.

Grammatische Proben zur Ermittlung der Getrennt- bzw. Zusammenschreibung Didaktisch gehandelt wird über grammatische Proben, deren Ergebnis in Schlussfolgerungen für die Schreibung eingeht.

Die problematischen Fälle sind allesamt Zusammensetzungen, nicht Ableitungen, denn diese werden aus selbstständigen und erkennbar unselbstständigen Teilen gebildet.

Bei den Zusammensetzungen ist es nach den Regeln des Deutschen so, dass immer der erste Teil Eigenschaften, die er als Volllexem hat, verliert. Außerdem können sich die Gesamteigenschaften des neuen Ausdrucks ändern:

(das) Haus + (die) Tür → die Haustür: Der Artikel des ersten Bestandteils verschwindet vollständig
(der) Garten + (der) Zwerg → der Gartenzwerg; Gen. *des Gartenzwergs;* dekliniert wird nur der 2. Bestandteil, nicht der erste.

Da zwischen Artikel und Bezugssubstantiv Verschiedenes stehen kann, muss man sich die Kongruenzverhältnisse ansehen.

*Die Nase **des** niedlichen Gartenzwerg**s*** ...

Das Beispiel zeigt nun deutlich, dass nur zusammengeschrieben werden kann.

Zwar schreibt man *Fußball spielen* auseinander, *das Fußballspielen* schreibt man zusammen, da nun *Fußball* seine substantivischen Eigenschaften verliert: der Artikel kann sich nur auf *Spielen* beziehen; im Genitiv taucht bei *Fußball* kein –s auf: *des Fußballspielens*.

Wenn eine gefüllte Fuge auftritt wie bei *Herzensangst, Lebensmut* wird dadurch immer schon Zusammenschreibung angezeigt.

Wenn vor Verben Präpositionen, Adverbien, Pronominaladverbien gestellt werden, die mit diesen eine neue Wortbedeutung bilden, verlieren sie ebenfalls alle ihre Wortarteigenschaften und sind jetzt nur noch Verbpartikel. Präpositionen stehen vor Substantivphrasen und regieren den Kasus der Phrase: *vor den Zoo;* in *vorkommen* regiert aber *vor* überhaupt nichts mehr. Bei *zusammenschreiben* kann *zusammen* nicht mit Wie? erfragt werden. Außerdem sind die Partikel nun im Großen und Ganzen platzfest im Satz, d.h. es können zwischen Verbpartikel und Verb nicht einfach Satzglieder eingeschoben werden. Ein interessanter Fall ist *mit*, das im Deutschen sehr produktiv ist. Man kann *mitkommen, mitlaufen, mitsingen,* aber man kann nicht **miteinkaufen, mitbearbeiten* ... *Mit* verweigert sich (noch) einer Zusammenschreibung, wenn bereits ein abgeleitetes oder zusammengesetztes Wort vorliegt.

In Fällen wie *krankschreiben* ändert sich das gesamte Verhalten im Satz: *sprechen* oder *schreiben* brauchen nur ein Subjekt, um einen Satz zu bilden, *heiligsprechen, freisprechen, krankschreiben* dagegen auch ein Objekt. In anderen Fällen ändern sich die Objektmöglichkeiten: während man **etwas macht, macht man jemanden** fertig.

Der Modus der Ausführungen hier ist der der Beweisführung. Dies kann auch der Modus in der Schule sein, um das nötige Problemlösungswissen bereitzustellen. Ergänzt werden muss ein

Orthographisches Beweisen

175

solches Wissen immer durch genügend variable Übungen im Rahmen sinnvoller Einbettungen.

Beispiele für orthographisches Beweisen

Vier Beispiele:

In einer Unterrichtseinheit zur Werbung soll ein selbstgemachter Joghurt beworben werden. Diesem werden die Eigenschaften *fruchtig* und *frisch* zugeschrieben.

Eine Arbeitsgruppe entscheidet sich für den Spruch: *Unser fruchtigfrischer Joghurt weckt Ihre Lebensgeister*, die andere *Unser fruchtig schmeckender Joghurt erfrischt Ihren Morgen*.

In Frage stehen: *fruchtigfrisch, fruchtig schmeckend*

Beweisführung: *fruchtigfrisch* in dem Satz: *Unser fruchtigfrischer Joghurt weckt ihre Lebensgeister*

a) Sowohl *fruchtig* als auch *frisch* sind Adjektive.

b) In der Umgebung *Artikelwort ___ Substantiv* verändern Adjektive ihre Form als Attribute.

c) Nur *frisch* verändert seine Form.

d) Also ist *fruchtig* hier nicht selbstständiges Adjektiv, sondern bildet mit *frisch* zusammen ein Wort.

e) (Wäre *fruchtig* Adjektiv, müsste es heißen: *Ein fruchtiger, frischer Joghurt ...*)

Beweisführung: *fruchtig schmeckender* in dem Satz: *Unser fruchtig schmeckender Joghurt erfrischt Ihren Morgen*.

a) *fruchtig* ist Adjektiv, *schmeckend* Partizip I, das in vorliegenden Fall wie ein Adjektiv gebraucht wird.

b) *fruchtig* kann im vorliegenden Fall nicht Attribut sein, da es nicht dekliniert ist. Die Bezugsgröße ist also nicht *Joghurt*.

c) Die Bezugsgröße von *fruchtig* ist *schmeckend*, wozu es adverbiale Bestimmung ist, denn es wird von *schmecken* aus mit Wie? erfragt (es kann mit *und zwar* angehängt werden: *Dieser Joghurt schmeckt – und zwar fruchtig*).

d) *fruchtig* hat seine vollen Eigenschaften und muss daher selbstständig geschrieben werden.

e) Wenn *fruchtig* selbstständig ist, dann kann es wie *schmeckend* einen eigenen Wortakzent erhalten. Beides ist der Fall.

Auf dem Plakat soll auch zum Ausdruck kommen, dass der Joghurt *selbstgemacht* ist. Die einen schreiben drauf: *Dieser Joghurt ist selbstgemacht*, die andern: *Wir haben den Joghurt selbst gemacht*.

Beweisführung: *selbstgemacht* in dem Satz: *Dieser Joghurt ist selbstgemacht.*

a) *selbst* ist Adverb, *gemacht* Partizip II zur Kopula *ist.*

b) Wenn *selbst* adverbiale Bestimmung zu *gemacht* ist, dann muss es von *gemacht* aus erfragt werden können. Das ist schwer möglich; es sollte mit *und zwar* angehängt werden können: ?? *Dieser Joghurt ist gemacht – und zwar selbst.* Es sollte im Satz verschoben werden können: ??*Selbst ist der Joghurt gemacht.*

c) Dem Joghurt wird die Eigenschaft zugesprochen, dass er *selbstgemacht* ist.

d) Der Akzent ist auf *selbst*, nicht auf *gemacht*; er sollte aber (auch) auf *gemacht* sein, wenn auseinandergeschrieben würde.

e) *selbstgemacht* wird als ein Wort geschrieben.

Beweisführung: *selbst gemacht* in dem Satz: *Wir haben den Joghurt selbst gemacht.*

a) *selbst* gehört zu *wir (wir selbst)*

b) Wenn *selbst* zu *wir* gehört, dann muss es von *gemacht* aus erfragt werden können. Das ist möglich: *Wer hat den Joghurt gemacht?* → *wir selbst; selbst* kann mit *und zwar* angehängt werden: *Wir haben den Joghurt gemacht – und zwar selbst;* es kann im Satz verschoben werden: *Wir selbst haben den Joghurt gemacht.*

c) Beide Wörter *selbst* und *gemacht* tragen einen Akzent.

d) Also muss auseinandergeschrieben werden.

Beweisführung: *krankschreiben* in dem Satz: *Der Arzt hat ihn krankgeschrieben.*

zwei weitere Beispiele

a) *schreiben* hat, wenn eine Ergänzung auftaucht, einen Dativ und einen Akkusativ als Ergänzung: der Dativ ist gemeinhin [+belebt]: *einem schreiben;* der Akkusativ gibt die Sendung an: *Brief, Sendschreiben...*

b) Der Satz weist keinen Dativ, sondern einen belebten Akkusativ (*ihn*) auf.

c) *ihn* ist Ergänzung zu *krankschreiben*, das deswegen nur zusammengeschrieben werden kann.

Beweisführung: *krank schreiben* in dem Satz: *Der Arzt hat ihm krank geschrieben.*

a) *schreiben* hat einen Dativ (*ihm*) bei sich, ist also gesättigt.

b) krank ist ein (disloziertes) Attribut zu *Arzt.* Der Satz könnte auch heißen: *Der kranke Arzt hat ihm geschrieben.*

c) krank kann also mit *schreiben* nicht zusammengeschrieben werden.

Besonders die letzten vier Beispiele machen deutlich, dass die Getrennt- und Zusammenschreibung vom Satz aus gedacht und angegangen werden muss. Eine isolierte Wortbetrachtung führt in die Irre und daher kann auch das Wörterbuch, das Wörter verzeichnet, zwar *krankschreiben* als ein Lemma aufführen, aber nicht angeben, wann beide Teile getrennt geschrieben werden sollten.

Orthographisches Beweisen ist eine Methode, die das nötige Problemlösungswissen bereitstellt. Wird es oft genug durchgeführt, können sich die entsprechenden Prozeduren automatisieren. Kontrastive Bespiele, gewöhnlich eher verwirrend, sind beim Beweisen aber gerade von Vorteil, weil die Unterschiede herausgearbeitet werden können. Dabei darf man nicht vergessen, dass ein erfahrener Schreiber die Schreibung aufgrund seiner Intuition findet; dass eine solche ausgebildet wird, ist aber gerade der Sinn orthographischen Beweisens.

- **Didaktisch-methodische Kompetenz für die Groß- und Kleinschreibung**

Auch die Groß- bzw. Kleinschreibung ist syntaktisch motiviert. Jedes Wort kann im Deutschen groß geschrieben werden, ja ganze Phrasen können substantiviert erscheinen: *ein Tunichtgut.* Natürlich gibt es Wörter, die immer groß geschrieben werden, das sind einmal die genuinen Substantive (*Tisch, Mutter, Mond* ...) sowie Ableitungen auf *-heit, -keit, -ung* etc. Es ist vernünftig, mit diesen eindeutigen Fällen zu beginnen, um ein Gefühl für die Großschreibung auszubilden. Bekannt ist, dass Schülerinnen der Grundschule kaum Schwierigkeiten haben mit den Konkreta unter den Substantiven. Schwieriger sind die Abstrakta, besonders die Konversionen unter ihnen.

Nach der Reform ist die Großschreibung auch der Nicht-Konkreta kaum mehr schwierig. Entscheidend ist der Artikelgebrauch. Jedes Bezugswort zu einem Artikel wird groß geschrieben. Sofern in einem Satz der Nullartikel nötig ist, muss man z. B. über die Verneinung versuchen, den Artikel sichtbar zu machen.

Bedingter Gebrauch des Wörterbuchs

Artikelprobe für die Großschreibung im Rahmen eines Satzes

Zu diesem Kuchen brauchen wir wir 500 g Mehl. → Zu diesem Kuchen brauchen wir **kein** *Mehl.*

Keineswegs reicht aber die Artikelprobe unabhängig von einem Satz, da es auch Desubstantivierung gibt. *Angst* hat einen Artikel, trotzdem: *Mir ist angst; Kraft* hat einen Artikel, trotzdem: *Dies hat er kraft seines Amtes getan* usw. Immer brauchen wir den konkreten Satz!

Das Wandern ist des Müllers Lust.

Wir haben die Bezüge: *das Wandern* → also *Wandern* groß; *des Müllers* → also *Müllers* groß. Für die Schreibung von *Lust* muss man anders vorgehen. Die Negationsprobe würde wenig bringen, da die Negation nicht vor *Lust* gebracht werden kann. Aber man kann syntaktisch umformen: *Das Wandern ist die Lust des Müllers,* also schreibt man auch die *Lust* groß.

Neben der Negation zeigt sich substantivischer Charakter auch darin, dass ein Substantiv in einem Satz attribuierbar ist: *Zu diesem Kuchen brauchen wir gesiebtes Mehl...Ich nehme die Tabletten auf besonderes Anraten meines Arztes.*

In dieser Weise lässt sich auch bei Zeitangaben argumentieren: *Wir treffen uns morgen Vormittag* ist gleichbedeutend mit *Wir treffen uns morgen* **am** *Vormittag.* Klar durch die Artikel und Attribuierungsprobe sind: *eines (späten) Abends – abends.*

Ein bekannter Merksatz in der Schule ist, dass Zahlen über einer Million groß geschrieben werden. Der Grund ist schnell zu sehen. Unter einer Million werden Zahlen ohne Artikel gebraucht, über einer Million mit Artikel: *tausend Menschen - eine Million Menschen.*

Die Artikel- wie die Attribuierungsprobe versagt in folgenden Fällen:

(a) *ein bisschen; die vielen, der eine, der andere, die beiden*
(b) *Jung und Alt (traf sich auf dem Marktplatz), in Bälde, auf Biegen und Brechen.*

Bei *ein bisschen* liegen alle Merkmale einer Nominalgruppe vor; es ist sogar attribuierbar: *ein kleines bisschen;* gemeint ist aber nicht ein kleiner Bissen, sondern *ein wenig.* Auch *ein wenig* weist zwar einen Artikel auf, allerdings keinen, der z.B. durch den bestimmten Artikel ersetzbar wäre; außerdem kann nicht attribuiert werden. Es liegen also keine substantivischen Merkmale vor. Nicht anders ist es bei den Zahladjektiven *die vielen, der eine ...*

Besonderheiten

179

In der Gruppe (b) liegt Großschreibung vor, weil *Jung und Alt* für *die Jungen und die Alten* steht, *Bälde* die Merkmale eines Substantivs (Präpositionsgebrauch; Zweisilber auf -e) hat, das Wort aber nur in der meist amtssprachlichen Wendung *in Bälde* vorkommt und *Biegen und Brechen* wiederum nach Präposition steht und nicht Verb sein kann, denn als solches müsste eine angebbare syntaktische Beziehung im Satz zu finden sein.

Das Vorhandensein einer Präposition (ohne Artikel) zeigt aber nicht unmittelbar substantivischen Gebrauch an. Wir haben die Fälle:

a) *von fern, von nah und fern, gegen bar, durch dick und dünn, über kurz oder lang, von klein auf, schwarz auf weiß*

b) *von neuem, von weitem, auf weiteres, ohne weiteres, seit langem*

Dabei ist die Gruppe a) deswegen unproblematisch, weil die Präposition offensichtlich keinen Kasus regiert, das Wort bzw. die Wortgruppe nach der Präposition auch sonst keine substantivischen Eigenschaften aufweist. Das ist bei der zweiten Gruppe anders. Hier liegt Deklination vor, aber offensichtlich von Adjektiven und nicht von Substantiven, denn keiner der Ausdrücke ist attribuierbar.

Nominalgruppe: Rahmen für die Großschreibung

Didaktisch betrachtet ist also die Großschreibung im Rahmen der Nominalgruppe gut erklärbar. Außer bei *ein (kleines) bisschen* wird groß geschrieben, wenn formal eine Nominalgruppe vorliegt, wenn also

a) ein Artikel vorhanden ist (unter Umstände der Nullartikel, den man über Proben sichtbar machen muss);

b) das Substantiv attribuierbar ist.

Der Großteil aller Fälle ist relativ simpel, nur am Rande finden sich Fälle, bei denen nur ein oder gar kein Merkmal auftaucht und für die dann mit weiteren Argumenten entschieden werden muss.

Man kann also auch bei der Großschreibung orthographisch beweisen.

Curriculares Vorgehen

Curricular sollte mit den Substantiven begonnen werden, die keine besondere Schwierigkeiten erzeugen, das sind die Konkreta, die alle relevanten Merkmale aufweisen. Aufgrund von Häufigkeit ist die Schreibung der Zahladjektive schon am Ende der Grundschule zu behandeln. Hier kann dann auch das Fehlen von Attribuierungsmöglichkeiten angesprochen werden, womit man gut zu den adverbialen Bestimmungen und ihrer Schreibung in der Orientierungsstufe übergehen kann. Hier muss dann differenzierter argumentiert werden.

- **Didaktisch-methodische Kompetenz für die Interpunktion**
Wer bei den sog. *Satzschlusszeichen* die Perspektive *Äußerungszeichen* hat, hat die didaktisch richtige Perspektive. Zur Erklärung: Satzarten sind pragmatisch nicht vollständig determiniert. Aussagesätze können als Aussagen, Fragen oder Ausrufe verwandt werden. Fragesätze können in der Form rhetorischer Fragen Aussagen meinen oder sie können als Ausrufe gebraucht werden usw. In der Sprechsprache hat man dafür zum Beispiel intonatorische Mittel oder die Gesamtsituation macht den Verwendungssinn klar. Die schriftliche Sprache braucht dafür Zeichen. Am Schluss eines Satzes kommt immer ein Punkt. Wenn dieser Satz eine Frage ausdrückt, dann kommt über den Punkt eine Schlangenlinie (die man sich als Intonationskurve über dem Satz vorstellen kann) oder ein Strich (den man sich als Crescendo-Zeichen für Nachdruck einprägen kann).

Satzzeichen sind Äußerungszeichen

Für das Komma gibt es eine Reihe von Untersuchungen, die zeigen, dass eine Regelkenntnis nichts bringt. Was wir brauchen, sind wiederum Problemlösungswissen unter einer erklärenden Perspektive, das Prozeduren aufweist, die automatisiert werden können.

Problemlösungswissen für reihende Kommas

Das reihende Komma wird dabei ersetzt durch die Konjunktion *und*. An der letzten Stelle bleibt *und* stehen, an allen anderen Stellen wird es durch ein Komma ersetzt. Graphisch kann man hier Untereinanderschreibung wählen, was die Gleichrangigkeit sinnfällig zum Ausdruck bringt.

Mein Bruder ~~und~~,
meine Oma ~~und~~,
meine Tante ~~und~~, } fuhren letzten Sommer an den
unser Hund Fiffi und Bodensee.
ich

Was hier am Beispiel der Reihung eines Satzgliedes vorgenommen wurde, kann ebenso mit Gliedteilen (Reihung von Attributen) oder mit ganzen Sätzen vorgenommen werden.

Diese Darstellung führt dazu, dass das Komma eine asyndetische Reihung anzeigt. Von da aus können die Fälle *dunkles bay-*

risches Bier, kräftige italienische Weine, hiesige notleidende Firmen etc. angegangen werden. Die Frage ist, ob es um *bayrisches Bier, das dunkel ist* geht oder um *Bier, das sowohl dunkel ist, als auch aus Bayern stammt.* Im Normalfall wird man die erste Interpretation wählen und entsprechend kein Komma setzen, da keine Reihung vorliegt (sondern eine Attribuierung zu einem attribuierten Ausdruck; genau genommen gehören die Adjektive *dunkel* und *bayrisch; kräftig* und *italienisch, hiesig* und *notleidend* nicht zur selben Klasse von Adjektiva, so dass im Normalfall keine Reihung vorliegen kann). Schließlich noch die Fälle, bei denen ein Komma trotz syndetischer Reihung dem Leser hilft, die richtigen Entscheidungen zu treffen: *Er traf sich mit meiner Schwester, und deren Freundin war auch mitgekommen. Wir warten auf euch, oder die Kinder gehen schon voraus. Ich fotografierte die Berge, und meine Frau lag in der Sonne.* Grundsätzlich kann man hier das Komma aus besagtem Grund (Reihung) weglassen. Aber ein Komma hilft dem Leser sehr, der als Erstes eine Satzgliedreihung vornimmt, bevor er merkt, dass ganze Sätze gereiht sind. (Im Übrigen ein schönes Beispiel dafür, dass Leserinteressen an die erste Stelle gesetzt werden sollten.)

Kommasetzung bei Gliedsätzen

Problematisch, weil fehleranfällig, ist die Kommasetzung bei Gliedsätzen, ganz besonders bei infiniten Wortgruppen.

Zuerst die Kommasetzung bei Gliedsätzen: Als Richtschnur für »Interpunktionshandeln« kann in diesen Fällen gelten: Hat ein Satz mehr als ein Prädikat, sind paarige Kommas nötig (wobei ein Komma am Satzanfang oder am Satzende wegfällt). Das eine Komma steht nach dem finiten Verb, das andere vor der Konjunktion. Nach welchem der mindestens zwei infniten Verben steht das Komma? Es ist immer dasjenige, das links davon eine Konjunktion hat, ohne dass ein weiteres finites Verb dazwischen wäre. Das deklarative Wissen beschränkt sich also auf diese beiden Ausdrücke, wobei die (unterordnenden) Konjunktionen als Liste gegeben werden können. Bewusst wird das zweite paarige Komma zuerst gesetzt, da dieses am häufigsten vergessen wird. Vom zweiten Komma aus wird das erste gesetzt. Das Ganze kann überprüft werden. Lässt man den Gliedsatz weg, dann bleibt

a) ein ungesättigter Ausdruck wie *wir haben dir versprochen* etc. übrig, bei dem man fragt, *was* versprochen wurde oder

b) ein vollständiger Satz: *Ich ging, da es regnete, an diesem Tag nicht spazieren.* Lässt man *da es regnete* weg, bleibt *Ich ging an diesem Tag nicht spazieren* übrig. (Man beachte, dass die Kommas zum Gliedsatz gehören!

Im Grundsatz sind diese Überlegungen auch auf die verkürzten Nebensätze, die nur eine infinite Wortgruppe mit *zu* aufweisen, anzuwenden.

Kommasetzung bei infiniten Formen

Als Erstes sind alle Fälle zu betrachten, bei denen der zu-Infinitiv eingeleitet ist: *um, ohne, statt* ... Hier verfährt man vollständig analog: Vor dem Einleitewort und nach dem zu-Infinitiv stehen die Kommas.

Als Nächstes prüft man, ob der Infinitiv angekündigt ist mit Verweiswörtern wie *es, daran...* In diesen Fällen steht das Komma nach dem Infinitiv und vor demjenigen Wort, das links vom Infinitiv stehend noch zur Infinitivkette gehört. Im Einzelnen:

(1) *Er missbilligte es, jeden Tag kontrolliert zu werden.*

(2) *Es missfällt mir, diesen Vertrag zu unterzeichnen.*

(3) *Er arbeitete daran, sich zu verbessern.*

In den Sätzen (1) und (2) fragt man, *was* missbilligt wird, in Satz (2) *woran* er arbeitet. Dieses wird formal durch *es* bzw. *daran* und durch den Infinitivsatz ausgeführt. Also wird alles, wofür das Hinweiswort ein Platzhalter ist, durch Kommas abgetrennt.

Die Sätze (1) und (2) zeigen im Vergleich, dass das Hinweiswort nicht unbedingt genau vor dem korrelierten Infinitivsatz stehen muss.

Schließlich geht es um das Komma abhängiger Infinitive.

(4) *Bei dem Versuch, sich zu verbessern, missglückte ihm alles.*

(5) *Er fasste den Plan, heimlich abzureisen.*

Als Erstes fällt auf, dass auch hier unwillkürlich gefragt wird, um welchen Versuch bzw. Plan es geht. Lässt man den Infinitivsatz weg, so fällt der unmotivierte bestimmte Artikel ins Auge. Die Antwort auf die Frage *Was für ein Versuch?* bzw. *Was für ein Plan?* wird durch Kommas ausgegrenzt.

Daher kann man die Fälle (1) – (5) didaktisch so zusammenfassen, dass gesagt wird, dass abhängige Infinitive – abhängig von einem Verweiswort oder einem Substantiv – immer mit Kommas abgegrenzt werden.

Unter einer didaktischen Perspektive sind aber auch die fakultativen Kommas bei erweiterten Infinitiven und Partizipialgruppen, Satzteile, die mit einer Konjunktion eingeleitet werden, aber durch kein Verb abgeschlossen werden, interessant und sollten so behandelt werden, dass der Schreiber in die Pflicht genommen wird, für den Leser ein Komma zu setzen.

(6) *Er führte aus, nie wieder rauchen zu wollen.*

(7) *Er ging, von allen guten Geistern verlassen, schnurstracks nach Hause.*

Kommasetzung bei Gliedsätzen

Alle diese Fälle – die mit vollständigen Gliedsätzen als auch die mit infiniten Formen – sind einheitlich darstellbar, was didaktisch von großem Vorteil ist.

Als Erstes markiert man das finite Verb des Hauptsatzes und alle Satzteile, die zum Hauptsatz gehören. Danach werden alle finiten oder infiniten Formen markiert, die darüber hinaus in einem Satz vorkommen. Von dieser finiten oder infiniten Form ausgehend markiert man alle Satzteile links davon als zu dieser Form zugehörig. Eine Konjunktion wird dazugezählt, ein Verweiswort natürlich nicht, da es zum übergeordneten Satz gehört. Man setzt nun nach der finiten Form, die nicht Prädikat des Hauptsatzes ist, oder infiniten Form ein Komma und vor dasjenige Wort, das am entferntesten links davon steht, aber noch zum Skopus der Verbform gehört.

Um dieses Verfahren zu zeigen, erweitern wir den Satz (7) noch um ein weites Glied:

(8) *Er ging, von allen guten Geistern verlassen, schnurstracks nach Hause, um sich endlich schlafen zu legen, damit er sich wieder erholen konnte.*

a) Markierung des finiten Verbs des Hauptsatz sowie aller zu diesem Verb gehörigen Satzteile:

(8') *Er <u>ging</u>, von allen guten Geistern verlassen, <u>schnurstracks nach Hause</u>, um sich endlich wieder schlafen zu legen.*

b) Markierung der weiteren Verbformen.

(8'') *Er ging, von allen guten Geistern <u>verlassen</u>, schnurstracks nach Hause, um sich endlich wieder <u>schlafen zu legen</u>, damit er sich wieder <u>erholen konnte</u>.*

Davon sind *schlafen* und *erholen* von anderen Verbformen (*legen* bzw. *konnte*) abhängige Infinitive und daher nicht weiter in Betracht zu ziehen.

c) Markierung aller Teile, die zu den markierten Formen *verlassen, legen* und *konnte* gehören.

(8''') *Er ging, von allen guten Geistern verlassen, schnurstracks nach Hause, um sich endlich wieder schlafen zu legen, damit er sich wieder erholen konnte.*

Von den so ermittelten Kommastellen sind vier Kommas obligatorisch:

– die vor *um* und nach *zu legen* sowie
– vor *damit* und nach *konnte*. Dieses letzte Komma fällt aber weg, weil danach der Satz endet und Punkt vor Strich geht. Also haben wir drei obligatorische Kommas.

Die Kommas des Einschubes *von allen guten Geistern verlassen* sind fakultativ. Aber, wie man leicht sehen kann, sehr hilfreich und nicht anders zu erklären als die anderen. Daher ist die Schule gut beraten, alle derartigen Kommas in den Lehrplan aufzunehmen.

Der nachfolgende Text (vgl. Mat. 18) weist noch auf weitere Kommas hin, die ebenfalls gesetzt werden müssen, das sind die Kommas bei nachgestellten Attributen: *Mein Bruder, erfahren und mit allen Wassern gewaschen, klärte mich auf ...*

Mat. 18: Kommasetzung

Der folgende Text wurde 1995 in der Wochenzeitschrift »Der Spiegel« in einem »Bildungstest« vorgegeben. Es sollte unter vielen anderen Fragen überprüft werden, ob die Bundesbürger Kommas richtig setzen können.

Als erstes der Text, wie er im »Spiegel« stand:

Sie bestiegen den Wagen und fuhren nach Hause. Nach kurzer Zeit begann der Wagen zu stottern. Die Tankuhr stand auf voll und die Batterieanzeige war in Ordnung. Der Wagen war eigentlich viel zu neu als dass er schon einen Defekt haben durfte. Als sie ein gelbes Schild mit der Aufschrift Tankstelle sahen hielten sie an. Der Tankwart ein blonder Bayer sah sich den Motor an und sein Mechaniker holte die Werkzeugtasche. Sie konnten ihren Heimweg nicht fortsetzen weil ihr Auto repariert werden musste und riefen ein Taxi.

Der erste Schritt: Wir markieren die Verben mit einer Personalendung (das oben gezeigte Verfahren wird hier etwas abgekürzt):

Sie bestiegen den Wagen und fuhren nach Hause. Nach kurzer Zeit begann der Wagen zu stottern. Die Tankuhr stand auf voll und die

Batterieanzeige *war* in Ordnung. Der Wagen *war* eigentlich viel zu neu als dass er schon einen Defekt haben *durfte*. Als sie ein gelbes Schild mit der Aufschrift Tankstelle *sahen hielten* sie an. Der Tankwart ein blonder Bayer *sah* sich den Motor *an* und sein Mechaniker *holte die Werkzeugtasche*. Sie *konnten* ihren Heimweg nicht fortsetzen weil ihr Auto repariert werden *musste* und *riefen* ein Taxi.

Als nächstes nehmen wir das zu den Verben, was zu ihnen gehört. Wenn in einem Satz zwei Verben sind, ist das, was zum ersten Verb gehört, einfach, das, was zum zweiten Verb gehört, zweifach unterstrichen.

(1) <u>Sie *bestiegen* den Wagen und *fuhren* nach Hause.</u> (2) <u>Nach kurzer Zeit *begann* der Wagen zu stottern.</u> (3) <u>Die Tankuhr *stand* auf voll und die Batterieanzeige *war* in Ordnung.</u> (4) <u>Der Wagen *war* eigentlich viel zu neu als dass er schon einen Defekt haben *durfte*.</u> (5) <u>Als sie ein gelbes Schild mit der Aufschrift Tankstelle *sahen hielten* sie an.</u> (6) <u>Der Tankwart ein blonder Bayer *sah* sich den Motor *an* und sein Mechaniker *holte* die Werkzeugtasche.</u> (7) <u>Sie *konnten* ihren Heimweg nicht fortsetzen weil ihr Auto repariert werden *musste* und *riefen* ein Taxi.</u>

1., 3., 6. und 7. Satz: kein Komma vor *und,* weil die Konjunktion das Komma ersetzt.

2. Satz: Kein Komma, da nur ein Verb mit einer Personalform vorhanden ist. Man könnte auch sagen, dass das Prädikat *zu stottern beginnen* heißt.

4., 5. und 7. Satz: Hier steht jeweils ein Satzgefüge. Die Konjunktionen, die das Satzgefüge einleiten, sind nicht unterstrichen. Der Konjunktionalsatz muss immer durch Kommas vom Hauptsatz herausgetrennt werden. Daher steht im Satz (4) vor *als dass,* im Satz (5) nach *sahen* und im Satz (7) vor *weil* und nach *musste* ein Komma.

Jetzt fehlt noch ein Kommapaar im Satz (6). Dort wird der Tankwart als ein blonder Bayer beschrieben. Das Attribut *ein blonder Bayer* ist nachgestellt, also steht auch hier ein paariges Komma.

- **Didaktisch-methodische Kompetenz für die Worttrennung am Zeilenende**

Worttrennung am Zeilenende

Bei der Worttrennung am Zeilenende ist der Redefluss und seine Gliederung in phonologische Wörter und Silben die Basis. Aufmerksamkeit brauchen nur diejenigen mehrsilbigen Wörter, bei denen nach langem Vokal mehrere Konsonanten folgen, wobei der erste ein Sonoritätsminimum aufweist (*Adler, eklig, leugnen...*), oder bei denen an der Silbenfuge drei Konsonanten sind (*knusprig, Klempner, Kanzler...*). Hier richtet sich die Wortrennung am Zeilenende nicht nach der sich an der Sonorität orientierenden Silbengliederung; vielmehr beginnt die neue Zeile schematisch mit einem Konsonantenbuchstaben. Das wiederum bedeutet, dass die Worttrennung am Zeilenende im Großen und Ganzen auf wenige Regeln begrenzt werden kann. Trenne mehrsilbige Wörter nach Wortstämmen, trenne jeden vorangestellten Wortbaustein ab, trenne zwischen Vokalen, wenn sie zu zwei Silben gehören und beginne jede Zeile nur mit einem Konsonantenbuchstaben.

Zurzeit wird die Worttrennung am Zeilenende meistens in der 2. Klasse thematisiert, weil sie mit Silbentrennung identifiziert wird. Betrachtet man Nähe und Andersartigkeit der silbischen Gliederung und der Worttrennung am Zeilenende, so erscheint dies als eine Verfrühung, die auch deswegen unnötig ist, weil niemand trennen muss. Da die Regeln sinnvollerweise mit der Trennung von Wortstämmen beginnen, sollte man daher die Worttrennung am Zeilenende auch erst dann thematisieren, wenn entsprechendes morphologisches Wissen in der Schule aufgebaut ist. Das ist Ende der 3. bzw. der 4. Klasse der Fall.

Zusammenfassung

Rechtschreiben lernt man nicht dadurch, dass man Regeln aufsagen kann. Daher wurde in diesem Abschnitt konsequent Problemlösungswissen vermittelt, das auf Prozeduren hinausläuft. Interessanterweise kann für jeden orthographischen Bereich ein solches Problemlösungswissen angegeben werden, wodurch indirekt gezeigt wird, dass die deutsche Orthographie ein großes Maß an Geregeltheit aufweist. Da dies so ist, kann man auch die Methode des orthographischen Beweisens anwenden, das die Verhältnisse jeweils expliziert und sie durchsichtig macht. Dabei darf man aber nicht vergessen, dass eine solche Explikation nur ein Schritt ist. Ziel ist, dass die expliziten Handlungen zu automatisierten inneren Operationen werden. Dazu braucht es viel Übung, weswegen der Satz, dass man Rechtschreiben nur durch das Rechtschreiben lernt, unbedingt gilt.

5.3.3 Diagnose-, Beurteilungs- und Förderkompetenz

Diagnoseverfahren für die Vorausset- zungen für Schrift- spracherwerb

Am Anfang steht die Frage, ob Kinder die nötigen Vorausset- zungen für das Schreiben (und Lesenlernen) mitbringen. In der letzten Zeit hat sich vor allem das Konzept der phonologischen Bewusstheit durchgesetzt. Entsprechende Screenings erfassen, ob Kinder in der Lage sind, von der Inhaltebene der Sprache auf die Form- /Ausdrucksebene umzuschwenken, denn dies müssen sie bei einer alphabetischen Schrift. In diesem Zusammenhang spricht man von der phonologischen Bewusstheit im weiteren und im engeren Sinne. Phonologische Bewusstheit im weiteren Sinne liegt vor, wenn Kinder suprasegmentale formale Einheiten (Silben, Reim) erkennen können; im engeren Sinne, wenn sie die lautlichen Segmente isolieren und manipulieren können. Ty- pische Aufgaben für Suprasegmentalität sind:
Hans und Gans hören sich ganz ähnlich an.
a) *Hören sich auch Rauch und Bauch ähnlich an?*
b) *Hören sich auch Rauch und Feuer ähnlich an?*
Solche Fragen (die natürlich raffinierter gestellt werden) sind geeignet zu ermitteln, ob das ausdrucksseitige Konzept des Reims beherrscht wird oder ob Kinder noch inhaltlich gefangen sind (*Rauch – Feuer*)
Eine Aufgabe für Segmentalität könnte so aussehen:
c) *Beginnt Ofen mit o?*
d) *Was bleibt übrig, wenn ich in dem Wort rund das r weglasse?*
Diese Aufgabe sind unterschiedlich schwer. Gemeinhin kann c) von den meisten Kindern vor der Einschulung gelöst werden, während es kaum Kinder gibt, die zu diesem Zeitpunkt d) lösen. Suprasegmentale Aufgaben sollten Kinder vor der Einschulung im Großen und Ganzen lösen können.

Fehlen Kinder die Voraussetzungen, so müssen sie über ent- sprechende Förderprogramme erworben werden. Daher sind Screening-Verfahren im Kindergarten sinnvoll, so dass eine För- derung früh einsetzen kann.

Rechtschreibent- wicklung nach Frith

Das »Urmodell« für die Rechtschreibentwicklung stammt von Uta Frith (1984, vgl. Abb. 35).

Frith unterstellt, dass Rechtschreiben nicht nur durch Schrei- ben, sondern auch über das Lesen »entdeckt« wird, ja, dass die Grundvorstellungen aus der Leseumwelt des Kindes stam- men.

	Lesen					**Schreiben**
1a	logographemisch	L1	↓			ideographisch
1b	logographemisch	L2	↓→→→→→→→→	L2		logographemisch
			↓			
2a	logographemisch	L3	↓	A1		alphabetisch
2b	alphabetisch	A2	←←←←←←←←↓	A2		alphabetisch
			↓			
3a	orthographisch	O1	↓		A3	alphabetisch
3b	orthographisch	O2	↓→→→→→→→→	O2		orthographisch

Abb. 35 | Entwicklung des Rechtschreibens nach Frith (1984)

Diese ersten Vorstellungen sind ganzheitlich (logographemisch); nicht zuletzt durch die Schule lernt das Kind im Schreiben das alphabetische Prinzip, also dass Buchstaben Laute zugeordnet werden (A1). Diese Entdeckung überträgt es auf das Lesen (A2), das im Übrigen an dieser Stelle plötzlich weniger flüssig wird als dies beim ganzheitlichen Lesen, das auf dem Gedächtnis basierte, der Fall war. Im Lesen wird nun eine weitere Entdeckung gemacht, nämlich, dass es nicht um eine einfache Laut-Buchstaben-Zuordnung geht, sondern hier orthographische Kräfte am Werk sind (O1); wiederum wird diese Entdeckung übertragen, nun auf das Schreiben. Während die Phasen L2 bis O1 relativ schnell gehen – gemeinhin nach der ersten Klasse abgeschlossen sind, dauert die Phase O2 die ganze Schulzeit, wenn nicht das ganze Leben. Das bedeutet, dass das Frith'sche Modell ein gutes Modell für den Schreibanfang ist. Vor allem aber ist es ein Modell, das auch angibt, ob eher Förderung im Schreiben oder Förderung im Lesen angesagt ist.

Beispiele für Schreibentwicklung

Haris schreibt in der 6. Schulwoche (vgl. Abb. 36):

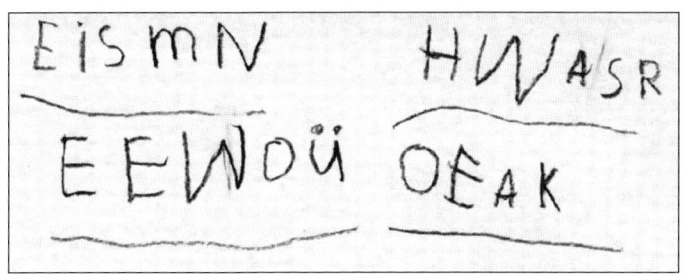

Abb. 36 | Schreibentwicklung I

189

Man sieht schnell, dass Haris das alphabetische Prinzip gerade entdeckt hat. Eine weitere Förderung im Schreiben ist angesagt, denn alphabetische Schrift bedeutet nicht willkürliche, sondern geordnete Abfolge von Buchstaben.

Wenn er später schreibt (vgl. Abb. 37):

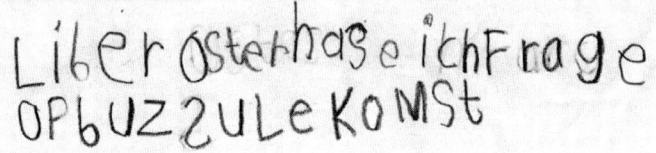

Abb. 37 | Schreibentwicklung II

so sieht man, dass er das alphabetische Prinzip verstanden hat und nun auf dem Weg zur Orthographie ist. Eine Förderung im Lesen würde ihm helfen, die Buchstaben richtig zu schreiben, durchgehend die richtigen Wortabstände einzuhalten und orthographische Elemente wie *kommst* zu erlernen.

Den Zugriff von Schülerinnen auf Rechtschreibung kann man mit der Hamburger Schreibprobe (vgl. Abb. 38) erfassen, die es für die Klassen 1–9 gibt (zum Konzept vgl. May 1996; die Neueichung erfolgte 2001).

Allerdings sollte man deutlich sehen, dass, wie hinter jedem Testinstrument, auch hinter der Hamburger Schreibprobe eine orthographische Theorie steht. May behandelt beispielsweise die Konsonantenbuchstabengemination als orthographisches Merkmal. In einem silbenbasierten Ansatz ist sie aber nahtlos aus der Silbifizierung selbst, also auf der Ebene der Phonologie erschließbar. Davon abgesehen, liegt der Vorteil der Hamburger Schreibprobe vor allem darin, dass sie nicht nur wie viele, auf Diktaten basierende Rechtschreibtests Fehler zählt, sondern zum einen die Zugriffe konstatiert und zum anderen die Treffer wertet.

Die Notwendigkeit der Vermittlung von Problemlösungswissen auf der Basis von Prozeduren als Förderinstrument wurde im Abschnitt zuvor eingehend erörtert und muss hier nicht noch einmal wiederholt werden; ebenso die Notwendigkeit, Prozeduren einzuüben.

Die hier eingenommene Sichtweise lässt das Diktat als probates Mittel der Rechtschreibübung als sehr problematisch erscheinen. Mit einem Diktat kann man Rechtschreibkenntnisse

Hamburger Schreibprobe

Bedeutung der Diktate

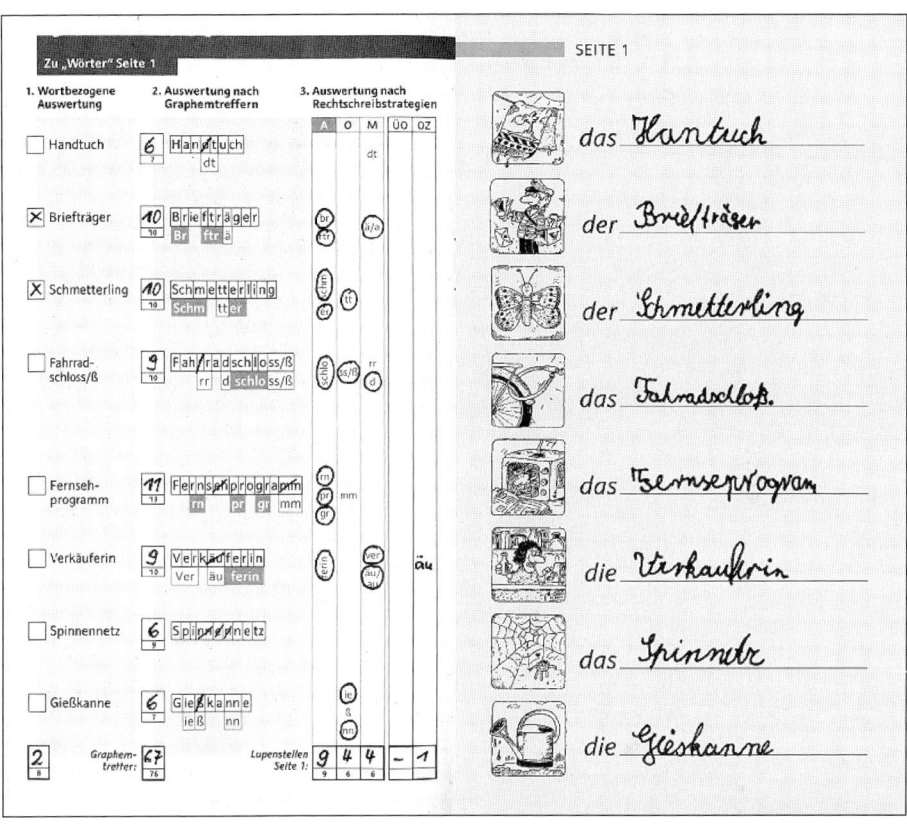

Abb. 38 | Hamburger Schreibprobe (May)

überprüfen und daher kann man mit Diktaten die Überprüfung üben, weniger aber die Rechtschreibung selbst. Gemeinhin sind Diktate mit Schwierigkeiten zu einem oder zu mehreren Phänomenbereichen gespickt. Sofern sich die Schüler gerade erst mit einem Bereich beschäftigt haben, sind sie meistens noch nicht in der Lage, unter Leistungsdruck die Phänomene sorgfältig zu ordnen und die richtigen Entscheidungen zu treffen. Man sollte Diktate keineswegs abschaffen, aber sie brauchen den richtigen Ort.

Günstigere Formen für das Üben sind orthographisches Beweisen; Analogisieren oder Rechtschreibrätsel. Hier wird den Schülerinnen ein Wort oder ein Satz mit einer problematischen Stelle gegeben, die sie lösen sollen. Dabei kann ihnen ein Hinweis

Weitere Lernformen: Rechtschreibrätsel, Rechtschreibkarten

gegeben werden und es sollte angegeben werden, ob es sich um ein regelhaftes Wort handelt oder um ein Lernwort (vgl. Abb. 39).

Wort	Problem	Hinweis	
Wa♣rheit	a oder ah?	Ob ein stummes <h> steht, kann man nicht vorhersagen. Das Wort solltest du dir merken.	Lernwort
vo♣endet	l oder ll	Zwei Wörter sind zusammengesetzt. Wie lauten sie?	Regelgeleitetes Wort

Abb. 39 | Rechtschreiberätsel

Der Hinweis, ob es sich um ein Lernwort handelt oder nicht, ist deswegen wichtig, weil davon die Lernart abhängt.

Diese Überlegungen führen zu Rechtschreibkarten (vgl. Abb. 40). Wörter können auf Rechtschreibkarten übertragen werden. Solche Karten können farblich gestaltet werden (rot für Lernwörter – hier dunkelgrau; grün für regelgeleitete Wörter – hier hellgrau) und so aussehen:

Wort im Text: *Vagabunden*

Grundform: *Vagabund*

Wortart: Substantiv

Auffälligkeit: *V-Schreibung*

Wortfamilie: *vagabundieren, Vagabundentum*

Wort im Text: *zerreibt*

Grundform: *zerrreiben*

Wortart: Verb

Wortfamilie: *reiben, Reibung, Reiberei*

Abb. 40 | Rechtschreibkarten

Wörter kommen in Texten vor, daher sollte das problematische (z. B. falsch geschriebene) Wort in der Textform genommen werden. Eine erste gute Übung ist, die lexikalische Nennform zu suchen, die man für das Wörterbuch braucht. Die Wortart gibt Aufschlüsse über die Verwendungsmöglichkeiten im Satz, auch ob grundsätzlich groß geschrieben werden muss. Bei den Lernwörtern, die am besten auf rote Karteikarten kommen, sollte auch die Auffälligkeit, die das Wort zum Lernwort macht, markiert werden. Man merkt sich *Haare* mit zwei *aa*, *Härchen* mit einem

Fehlerarten	Beispiele
Gruppe A: Fehler im Regelbereich	
1. Laut-Buchstabe	
– Verdoppelung von Konsonantenbuchstaben – Schreibung von langem, betonten /i:/	$ko\underline{mm}en$; $Hi\underline{m}beere$, ... $flie\underline{ß}en$, ...
2. Einbettung in die Wortfamilie	
– Herleitung von Wortfamilien (Auslautverhärtung, <ä>; <äu>; <ß>)	$F\underline{ä}lle \rightarrow F\underline{a}ll$ ... $F\underline{äu}lnis \rightarrow f\underline{au}l$, ... $flie\underline{ß}en \rightarrow Flu\underline{ss}$
3. Wortfehler	
– das – dass – Falsche Endungen	$Er\ sah,\ \underline{dass}\ ...,\ Das\ M\"adchen,\ \underline{das}\ ...,\ ...$ $Er\ gab\ de\underline{m}\ Mann\ ein\ Buch.\ ...$
4. Groß- und Kleinschreibung	
– Klein- statt Großschreibung – Groß- statt Kleinschreibung	$eines\ \underline{A}bends,\ das\ \underline{S}chreiben\ von\ Einladungen,\ ...$ $es\ passierte\ \underline{a}bends,\ ...$
5. Getrennt- und Zusammenschreibung	
– Getrennt- statt Zusammenschreibung – Zusammen- statt Getrenntschreibung	$\underline{angsterf\"ullt},\ \underline{jahrelang},\ ...$ $\underline{Rad\ fahren},\ \underline{schwimmen\ lernen},\ ...$
6. Zeichensetzung	
– Redezeichen (Anführungszeichen, Komma beim Redebegleitsatz) – Reihendes Komma (Aufzählung) – Paariges Komma (Gliedsätze) – Sonstige	$»Niemals!«,\ schrie\ er.\ ...$ $Der\ Hund_{\underline{,}}\ die\ Katze\ und\ der\ Esel\ ...,\ ...$ $Ich\ gehe_{\underline{,}}\ wenn\ ich\ fertig\ bin_{\underline{,}}\ nach\ Hause.\ ...$ $Warst\ du\ zu\ Hause\underline{?}$
Gruppe B: Fehler im Lernwortschatz	
– <ß> (wenn es keine Wortfamilie mit <ss> gibt, insbesondere süddeutsche Sprecher) – Wörter mit stummem <h> – Wörter mit doppeltem Vokalbuchstaben – andere Lernwörter – Fremdwörter	$s\ddot{u}\underline{ß},\ blo\underline{ß},\ Stra\underline{ß}e,\ Spie\underline{ß},\ Gru\underline{ß},\ Bu\underline{ß}e,\ m\ddot{u}\underline{ß}ig,\ Mu\underline{ß}e,$ $Sto\underline{ß},\ So\underline{ß}e$ ... $Ba\underline{h}n,\ So\underline{h}n,\ me\underline{h}r,\ ...$ $H\underline{aa}r,\ M\underline{ee}r,\ M\underline{oo}r,\ ...$ $m\underline{i}r,\ L\underline{ai}b,\ M\underline{ai}s;\ Gel\underline{ä}nder,\ Fr\underline{e}vel,\ ...$ $Apo\underline{th}eke,\ A\underline{t}mosph\"are,\ All\underline{ee},\ ...$
Gruppe C: Andere Fehler	
Zum Beispiel:	
– vergessene i-, ü-, ä-, äu-Punkte – vergessene Satzschlusszeichen – falsche, ausgelassene oder zu viele Buchstaben	$L\underline{i}ebe,\ \ddot{u}bersetzen,\ ...$ $Warst\ du\ weg\underline{?}\ ...$ $fast\ (nicht:\ fat),\ ...$

Abb. 41 | Fehlerraster

193

ä. Schließlich sollte immer die Wortfamilie wegen des deutschen Stammprinzips auf einer Karte stehen. (Die Karten können vielfältig sortiert werden, sodass sich immer neue Übungsmöglichkeiten mit den Karten ergeben.)

Bei aller Übung werden aber immer auch Fehler gemacht werden. Daher ist es auch nötig, ein *Fehlerbewusstsein* bei den Schülern zu entwickeln, also ihr orthographisches metakognitives Wissen auszubilden.

Fehlerraster

Dazu helfen Fehlerraster, die Verteilungen von Fehlern zeigen (vgl. Abb. 41). In der Logik der hier vorgebrachten Argumentation sollte die Hauptunterscheidung die zwischen regelgeleitetem Wortschatz und Lernwortschatz sein.

Für die Arbeit mit einer Kartei wie auch mit dem Fehlerraster ist es wichtig, dass sie regelmäßig geleistet wird, z.B. einmal in der Woche werden schwierige Wörter in die Kartei, Fehlschreibungen in die Rechtschreibkartei aufgenommen. Das vollständige Ausfüllen der Karte bzw. des Rasters ist eine sinnvolle Hausaufgabe (muss aber kontrolliert werden).

Zusammenfassung

In diesem Abschnitt wurden verschiedene Instrumente vorgestellt, die zur Diagnose, zur Beurteilung und zur Förderung von Rechtschreibkompetenz eingesetzt werden können. Ausgangspunkt waren die Voraussetzungen der Kinder für das Schreiben (und Lesen); Grundlegend war dann der Unterschied zwischen regelgeleitetem Wort und Lernwort. Vor diesem Hintergrund müssen die Schülerinnen angemessene Problemlösungsstrategien ausbilden und ihre eigenen Strategien und Kenntnisse beurteilen können. In diesem Falle sollte ihnen auch vor Diktaten nicht angst und bange sein.

Aufgaben

1. Geben Sie jeweils einen orthographischen Beweis an für (a) die Zusammenschreibung von *heiligsprechen* und (b) die Großschreibung von *Roten* bzw. *Schwarzen* in dem Satz: *In diesen Wahlen siegten nicht die Roten, sondern die Schwarzen.*
2. Nehmen Sie den folgenden Text eines Hauptschülers (aus Fix & Melenk 2000, CD) und erstellen Sie

a) ein Fehlerraster
b) Rechtschreibkarten zu den folgenden Wörtern:
   Wasserrohre, beherrschten

Mein zweites Lehrjahr
Heute ist der 13.7.1998. Ich habe heute mit meinem 2. Lehrjahr angefangen als Gas-Wasserinstallateur. Der Tag hat für mich gut angefangen. Mit meiner neuen Azubipartnertin mußten wir an einem Proberohr die Rohre anschließen und festschrauben. Als wir es schon beherschten hat unser Meister gesagt, das wir es mal in Wirklichkeit machen.
Er schickte uns mit anderen Azubis in eine Wohnung um sie Wasserlohre zu reparieren. Wir stellten das Wasser in der Wohnung ab, und wechselten die Rohre. Als wir das Wasser einschalteten platzte ein Rohr und das Wasser kam auf uns. Meine Partnerin rannte runter und stellte wieder das Wasser ab. Wir waren Pitsch Naß. Wir wechselten wieder die Rohre und machten die Schweinerei Sauber. Dann fuhren wir in den Betrieb. Unser meister hat gesagt, das es ein Unfall war. es könnte jedem passieren.
Danach bin ich nahause gegangen. Es war ein harter Tag für mich.

195

SPRACHE THEMATISIEREN | 6

6.1 Fachliche Kompetenz

Die menschliche Sprache lernen wir auf eine natürliche Weise und setzen sie als Mittel unserer Kommunikation ein. Früh schon können Kinder ihre eigene Sprachproduktion kontrollieren. Man unterstellt dabei, dass ein innerer Monitor einen Ist-Soll-Abgleich vornimmt, so dass sich bereits kleine Kinder in ihrer Sprachproduktion verbessern können. (Die Annahme eines inneren Monitor haben wir bereits beim Modell von Flower & Hayes in der schriftlichen Sprachproduktion kennengelernt.) Damit kann man auch sagen, dass bereits kleine Kinder über ein Sprachbewusstsein verfügen, das sie allerdings nur im Zusammenhang konkreter Sprachproduktion einsetzen können. Anders gesagt: Kinder verfügen über ein metakommunikatives Bewusstsein, aber nicht über ein metalinguistisches. Sie können Sprache nicht von einem äußeren Standpunkt aus betrachten und beurteilen, sondern nur in der Situation reagieren. Das Erstere aber erfordert zum Beispiel eine entwickelte Schriftlichkeit, wobei die Frage nicht mehr nur ist, ob die Ziele überhaupt, sondern auch, ob sie gut, leserbezogen effektiv, ästhetisch gestaltet etc. erreicht wurden. Das Ziel des Arbeitsbereichs *Sprache thematisieren* besteht also darin, sich im Medium Sprache so bewegen zu können, dass man flexibel und variabel mit Sprache auf beliebige Situationen, mit Blick auf verschiedene Leser bzw. Sprecher, unter Berücksichtigung verschiedener Intentionen operieren kann. Dazu sollte man den inneren Aufbau der Sprache kennen.

Sprachbewusstheit bei Kindern

Ausgangspunkt ist der Text, den man sich als eine hierarchisch gegliederte Ansammlung von Sätzen vorstellen kann, die sich wiederum aus hierarchisch gegliederten Satzgliedern aufbauen, die sich wiederum als hierarchisch gegliederte und morphologisch gestaltete Wörter darstellen, die wiederum aus hierarchisch gegliederten Morphemen auf der Inhaltsseite und Silben auf der Ausdrucksseite bestehen, die sich wiederum in hierarchisch gegliederte Teile und schließlich Phoneme aufspalten lassen.

Über den Text wurde bereits etwas im Zusammenhang mit Schreiben gesagt, über Wörter und Silben ebenso. Daher steht in diesem Kapitel der Satz im Mittelpunkt.

6.1.1 Der Satz

Ein Satz ist ein raffiniertes Geflecht aus gegenseitigen Bezügen und Verweisen. Wir haben eine Beziehung zwischen Subjekt und Prädikat dergestalt, dass das Subjekt die Form des Prädikats bestimmt. Das Prädikat seinerseits bestimmt wiederum die Form der Objekte; genau genommen macht dies nicht das Prädikat, sondern das Verb, das ein Prädikat bildet.

Beziehungs- und Bestimmungsverhältnisse im Satz

Innerhalb von Satzgliedern haben wir wiederum Bestimmungsverhältnisse. In einem nominalen Satzglied bestimmt das Substantiv (Nomen) als Kopf der Konstruktion den Artikel und die Form der zwischen Artikel und Substantiv stehenden Attribute. Diese stimmen wiederum überein in Kasus – bei einem nominalen Subjekt der Nominativ, bei einem nominalen Objekt einer der drei sog. obliquen (= abhängigen) Kasus (Genitiv, Dativ oder Akkusativ) –, Numerus und Genus, wobei das Genus nur einmal angezeigt werden muss.

Man kann sich den Satz als eine Art Puzzle vorstellen (vgl. Abb. 42):

Satz als Puzzle

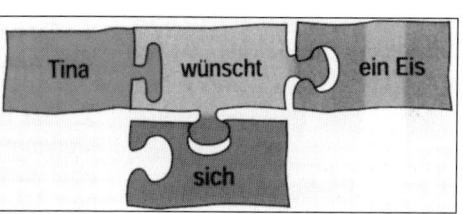

Abb. 42 | Der Satz als Puzzle

Das Prädikat (*wünscht*) hat eine feste Einkerbung, die die Kongruenz mit dem Subjekt anzeigt: Wenn es *wünscht* heißt, dann kann das Subjekt nicht *meine Schwestern* heißen. Außerdem hat das Prädikat Noppen, die die Andockstellen für die Objekt anzeigen. *Wünschen* braucht zwei solche Noppen, da es ein Objekt im Dativ und eines im Akkusativ erfordert, *lieben* braucht nur eine Noppe, da es nur ein Akkusativobjekt braucht und *schlafen* braucht überhaupt keine Noppe, da es überhaupt kein Objekt braucht.

Man kann über die Struktur des Satzes zwei Auffassungen haben. Entweder betrachtet man ihn als eine Prädikat-Argument-Struktur, mit dem finiten Verb und seinen Teilen als Prädikat und den abhängigen Satzgliedern als Argumenten oder man betrachtet ihn als grundsätzlich zweigeteilte Struktur aus Satzgegenstand (= Subjekt) und Satzaussage (= Prädikat). Für die Schule ist die zweite Auffassung nicht nur traditionell, sondern auch günstiger. Man kann damit den Grundunterschied zwischen einem Subjekt und einem Prädikat in den Griff bekommen. Das Subjekt ist die erste Stellgröße eines Satzes: dasjenige, worüber es überhaupt geht, daher auch der Ausdruck *Subjekt* mit der deutschen Übersetzung *Satzgegenstand*; das Prädikat ist dasjenige, was über das Subjekt ausgesagt wird, daher der Ausdruck *Prädikat = Satzaussage*.

Didaktisches Grundmodell: Zweigliedrigkeit des Satzes

Beide Auffassungen lassen es zu, den Satz als eine Informationseinheit zu sehen, wobei der kürzeste Satz immer noch mit der kleinsten vollständigen Informationseinheit identisch ist. Ex negativo kann man sagen, dass ein sprachlicher Ausdruck dann keine vollständige Information bietet, wenn er notwendigerweise Fragen aufwirft. *Tina wünscht sich* lässt die Frage *Was?* aufkommen, *wünscht sich ein Eis* die Frage *Wer?* usw. Diese Überlegung führt dazu, dass man Satzglieder erfragen kann (vgl. Abb. 43).

Satz als erfragbare Informationseinheit

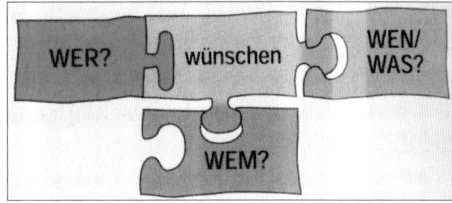

Abb. 43 | Frageschema für Satzglieder

Ein solches Frageschema hat jedoch seine Tücken zur Bestimmung der Satzglieder, da

a) manche Fragewörter sowohl einen Nominativ als einen Akkusativ erfragen *Was?*
b) manche Fragewörter einen Kasus erfragen, dieser aber in seiner Funktion nicht festgelegt ist: *Wer?*

Daher braucht man auch noch andere Zugänge zu den Satzgliedern. Im Folgenden werden die einzelnen Satzglieder

a) nach ihrer Bildung
b) Besonderheit im Satz
c) Erfragbarkeit
   dargestellt:

Subjekt

Bildung des Subjekts: nominaler Ausdruck (Substantivgruppe: *Mein kleiner Bruder schläft*, Pronomen: *Er schläft*) im Nominativ, eingeleiteter oder uneingeleiteter Gliedsatz, sog. *Subjektsatz: Tief zu schlafen ist eine große Gnade.*)

Besonderheit im Satz: Das Subjekt kongruiert in Person und Numerus mit dem finiten Teil des Prädikats: *Ich schlafe. Mein kleiner Bruder schläft.* Dabei tritt, wenn weder die erste noch die zweite Person ausgewiesen sind, die dritte Person ein. Der Numerus richtet sich streng nach der Anzahl, daher: *Tief zu schlafen und nicht aufzuwachen sind eine große Gnade.*

Da das Subjekt mit dem finiten Teil des Objekts kongruiert, fällt es weg, wenn das Prädikat in den Infinitiv gesetzt wird: *den Fortschritt wählen, 500 Gramm Mehl unterrühren* hat alles kein Subjekt.

Stellung im Satz: Gemeinhin steht das Subjekt am Satzanfang, da es das Bekannte ausdrückt. Im Deutschen kann aber ein Subjekt auch in das Satzinnere wandern. Dies ist zum Beispiel dann der Fall, wenn eine Zeit- (Adverbiale der Zeit) oder Ortsangabe (Adverbiale des Orts) vorhanden ist: *Heute gehen wir in den Zoo. In Europa gibt es viele verschiedene Kulturen.*

Weitere Bestimmungen: Schließlich kann das Subjekt eines Satzes, wenn der ganze Satz verneint wird, nicht verneint werden: *Heute gehen wir nicht in den Zoo.* Das ist sehr einleuchtend, denn eine Satzverneinung besagt nichts anderes, als dass dem Subjekt das Prädikat nicht zugesprochen wird. Also kann die Verneinung nicht vor dem Subjekt stehen.

Erfragbarkeit im Satz: *Wer? Was?* mit Fragebasis Prädikatsausdruck.

Bestimmungen des Subjekts

Objekte

Bildung der Objekte: nominaler Ausdruck (Substantivgruppe: *Ich liebe die Grammatik*, Pronomen: *Er antwortet ihm*) im Akkusativ, Dativ oder Genitiv, eingeleiteter oder uneingeleiteter Gliedsatz – sog. *Objektsatz: Er versprach, nach Hause zu kommen.*) Unter den Kasus ist der Genitiv als Objektkasus sehr selten und auf dem Rückzug. Häufig gibt es bereits Ersatzformen: *Ich erinnere mich seiner. – Ich erinnere mich an ihn. Ich harre seiner. – Ich warte auf ihn.*

Bestimmungen der Objekte

Besonderheiten im Satz: Die beiden Ersatzformen zeigen, dass es auch Präpositionalobjekte gibt. Unter einem Objekt versteht man ein Satzglied, das
a) notwendig ist (also zum minimalen Satz gehört)
b) in seiner Form vom finiten Teil des Prädikats, also vom Verb, festgelegt wird.
Da in den Sätzen *an ihn* bzw. *auf ihn* notwendig sind und zudem in der Form festgelegt sind, da das Verb *sich erinnern an* bzw. *warten auf* lautet, muss man beide auch als Objekte behandeln. Da sie mit einer Präposition gebildet sind, nennt man sie günstigerweise *Präpositionalobjeke*.

Bildet man den Infinitiv in einem Satz, so bleiben die Objekte beim Verb: *die Nase putzen, die Ohren spitzen* etc.

Stellung im Satz: Gemeinhin stehen die Objekte nach dem finiten Verb; sie können aber auch an eine andere Satzstelle gerückt werden. Hinweisenswert ist die Reihenfolge Dativobjekt vor Akkusativobjekt (*Ich gebe dir ein Buch.*); diese Reihenfolge ändert sich aber bei Pronominalisierung (*Ich gebe es dir*).

Erfragbarkeit: *Was?, wem?, wessen?, auf wen?, an wen?* etc. mit dem verbalen Teil des Prädikats als Fragebasis.

Prädikat

Bestimmungen des Prädikats

Bildung des Prädikats: Jeder Satz hat ein Subjekt (das mehrteilig sein kann) und ein Prädikat (das ebenfalls mehrteilig sein kann). Gebildet wird das Prädikat immer durch den verbalen Teil eines Satzes. Der Kern des Prädikats wird in einem vollständigen (=informativ gesättigten) Satz immer durch ein finites Verb gebildet, wobei sich die Verbendung (= der finite Teil) nach dem Subjekt richtet (s. o.).

Besonderheiten im Satz: Eine Frage kann sein, was überhaupt als Prädikat anzusehen ist. Eine Antwort kann sein, dass das Prädikat mit dem finiten Verb eines Satzes (und weiteren verbalen Teilen, die wie beim Perfekt oder bei Modalverben unmittelbar zum finiten Verb gehören) identisch ist. Eine andere Antwort kann sein, dass das Prädikat identisch ist mit allem, was in einem minimalen Satz (ohne adverbiale Bestimmungen) nicht Subjekt ist. Das Prädikat wird dann durch die verbale Wortkette gebildet. In diesem Fall nennt man den verbalen Teil dann

Prädikatskern. Da aber das Prädikat selbst mehrteilig sein kann und der finite Teil immer der Kern ist, ist diese Ausdrucksweise nicht ganz so geeignet. Daher sollte man immer so vorgehen, dass man einen Satz teilt in Subjekt und Prädikatsverband (zu dem auch die Objekte und die Prädikatsadverbialen gehören). Der Prädikatsverband wird eingeteilt in Prädikat und gegebenenfalls Objekte und Prädikatsadverbiale sowie den Prädikatskern und gegebenenfalls die infiniten Teile des Prädikats (s.u.). Den Ausdruck *Prädikatskern* braucht man also nur, wenn das Prädikat mehrteilig ist. Ansonsten sind Prädikat und Prädikatskern identisch. Diese Terminologie wird im Folgenden verwandt.

Erfragbarkeit im Satz: Den Prädikatsverband kann man erfragen durch: *Was wird vom Subjekt ausgesagt?* Das Prädikat selbst ist dagegen nicht erfragbar, sondern bildet die Basis allen Fragens. Völlig verquer ist es, wenn man mit *Was tut?* fragt, denn die Antwort auf diese Frage ist, sofern sie überhaupt berechtigt ist, immer der Prädikatsverband.

Prädikativ

Bildung des Prädikativs: Manche Sätze werden mit einem inhaltsleeren Prädikat gebildet, der sog. *Kopula.* Solche Sätze sind: *Mein Auto ist neu. Mein Bruder ist Lehrer. Der Vorschlag kommt zur Anwendung.*

  Die Aufgabe der Kopula ist es, das Subjekt (*mein Auto / mein Bruder*) mit dem, was man das *Prädikativ* nennt (*neu / Lehrer*) zu verbinden. Das Prädikat *ist* hat dabei keine eigene Bedeutung, sondern hält nur die Verbindung. In gewisser Weise könnte man sagen, dass das Prädikat *neu sein, Lehrer sein* lautet. Genau dies soll auch die Fachbezeichnung *Prädikativ* ausdrücken. Im letzten Satz hat auch das Prädikat *kommt* keine eigene Bedeutung. Vielmehr heißt das ganze Prädikat *zur Anwendung kommen*; es steht für *anwenden.* Solche Fügungen nennt man auch *Funktionsverbgefüge.* Weitere solche Gefüge sind: *zum Abschluss bringen, zur Ruhe bringen, in Gefahr bringen, zu Ende gehen, in Erfüllung gehen, in Verwirrung/Vergessenheit/Angst geraten, in Gang halten, zur Ruhe/zum Abschluss/zu einem Entschluss kommen, in Ruhe lassen, in Betrieb/Empfang/Schutz nehmen, in Widerspruch/Beziehung/Zusammenhang/Verhandlungen stehen, zur*

Bestimmungen des Prädikativs

Verfügung stehen/stellen usw. Insgesamt also eine ziemlich umfangreiche Liste.

Besonderheiten im Satz: Ein Prädikativ erkennt man immer daran, dass das Verb entweder eine Kopula ist – also inhaltleer – oder ein Funktionsverb, also nur zusammen mit dem Präpositionalausdruck eine Bedeutung bildet. Prädikative sind immer notwendig. Eine besondere Form von Prädikativen sind *Objektsprädikative* in Sätzen wie: *Er hat den Herd blank geputzt.* Von einem Objektsprädikativ spricht man, weil *blank* sich auf den Herd bezieht und der Satz in zwei Sätze zerlegt werden kann: *Er hat den Herd geputzt. Der Herd ist blank.* Das Problem eines Objektsprädikativ taucht nicht auf, wenn man, was möglich ist, *blankputzen* und entsprechende Verben (*kaltstellen, grünstreichen* ...) zusammenschreibt. Man kann dann solche Verben *resultativ* nennen.

Erfragbarkeit im Satz: Prädikative werden mit *Was?* bei der Kopula erfragt; Funktionsverbgefüge können nicht erfragt werden, außer dass man vom Subjekt aus mit *Was wird vom Subjekt ausgesagt?* den gesamten Prädikatsverband erfragt.

Adverbiale Bestimmungen

Bestimmungen von Adverbialen

Im Gegensatz zu den bisher genannten Satzgliedern sind die adverbialen Bestimmungen vom elementaren Satzgedanken aus nicht notwendig. Adverbiale Bestimmungen machen interessante, aber vom Satzgedanken aus nicht notwendige Angaben, sie situieren den Satz temporal, lokal, modal, final, instrumental, konditional.

Bildung der adverbialen Bestimmungen: Adverbiale Bestimmungen können über alle möglichen Formen gebildet werden:

– Nominalausdrücke. *Er wartete den ganzen Tag auf mich.*
– Präpositionalausdrücke: *Er schläft in einem Schlafsack.*
– Adverbausdrücke: *Er kommt morgen.*
– Adjektivausdrücke: *Er geht sehr schnell.*
– (Adverbial-)sätze (Gliedsätze/Nebensätze): *Da es regnete, nahm er seinen Schirm.*

Adverbiale Ausdrücke sind also eine bunte Klasse, am häufigsten sind Präpositionalausdrücke.

Besonderheiten im Satz: Da Präpositionalausdrücke vom elementaren Satzgedanken aus nicht notwendig sind, können sie weggelassen werden. Das äußert sich auch darin, dass sie an den elementaren Satz mit *und zwar* angehängt werden können. *Er schläft und zwar in einem Schlafsack. Er kommt und zwar morgen.*

Da sie den Satzgedanken situieren, kann man sie auch mit der Phrase *und das geschieht* an den Satz anhängen: *Er schläft und das geschieht in einem Schlafsack. Er kommt und das geschieht morgen.*

Adverbiale können das, was im Prädikat gesagt wird, näher bestimmen (situieren) (= Prädikatsadverbiale) oder den ganzen Satz (Satzadverbiale). Dies äußert sich wiederum in der Negation, da ja diese das Prädikat verneint. Wird der Satz: *Ich arbeite heute gerne* verneint, so steht die Satznegation zwischen *heute* und *gerne*. Sie steht in *Ich arbeite heute nicht* nach *heute* und in *Ich arbeite nicht gerne* vor *gerne*. Daraus kann man schließen, dass *heute* den ganzen Satz temporal, während *gerne* nur das im Prädikat Gesagte modal situiert. Das drückt sich wiederum darin aus, dass jedes Satzadverbial mit *Es ist der Fall, dass* dem Satz vorangestellt werden kann: *Es ist heute der Fall, dass ich arbeite,* aber nicht: **Es ist gerne der Fall, dass ich arbeite.*

Erfragbarkeit im Satz: Adverbiale Bestimmungen werden im Satz mit *Wann? Wo? Wozu? Womit? Warum? Mit wessen Hilfe?* etc. vom Prädikat als Fragebasis aus erfragt.

Wenn man nun alles zusammennimmt, so erhält man den folgenden Satzbauplan (vgl. Abb. 44).

Satzbauplan

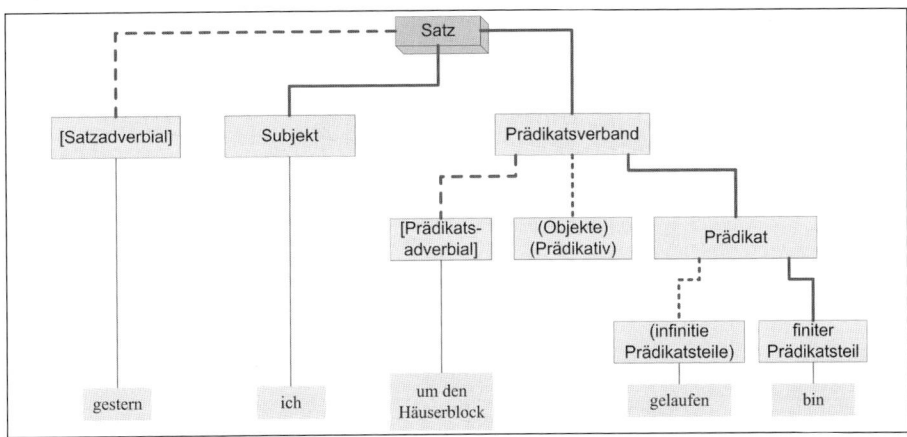

Abb. 44 | Satzbauplan

205

Alles, was ohne Klammer steht, muss vorhanden sein, runde Klammern zeigen an, dass das betreffende Satzglied erfordert sein kann – das hängt vom jeweiligen Prädikatskern ab –, eckige Klammern zeigen an, dass etwas fakultativ stehen kann.

In diesem Bauplan fällt auf, dass das Verb rechts steht. In der Tat ist das Deutsche eine sogenannte *linksverzweigende Sprache*. Am rechten Rand steht der jeweilige *Kopf* der Einheit, der seinerseits bestimmt, welche Form die links stehenden Einheiten haben. Rechts steht das Prädikat im Deutschen im Gliedsatz, der damit eigentlich die Normalstellung aufweist, während die Zweitstellung im Aussagesatz nicht die Normalstellung im Deutschen ist.

Analyse der Satzglieder

Satzglieder sind meistens komplexe Wortgruppen. Also kann man wiederum fragen, woraus diese Wortgruppen bestehen. Dafür gibt es den Terminus *Gliedteile*.

Ein nominales Satzglied besteht immer aus einem nominalen Kern. Das kann ein Substantiv (Nomen) sein oder ein Pronomen. Ist der Kern ein Substantiv, hat er, sofern es sich nicht um einen Eigennamen handelt, einen Determinator, der durch ein Artikelwort gebildet wird. Zwischen Artikelwort und Substantiv kann ein oder können mehrere Attribute stehen. Attribute können aber auch nach einem Substantiv kommen, beispielsweise steht normalerweise ein Genitivattribut nach einem Substantiv sowie alle Wortarten, die nicht dekliniert werden können, also: *das Haus meines Vaters*, *der Mann dort*...Zwischen Artikel und Substantiv herrscht dagegen strenge Kongruenz: Der Artikel und die Attribute vor dem Substantiv richten sich in Genus, Numerus und Kasus nach dem rechts stehenden Substantiv: *das spannende Buch*; die deutsche Monoflexion bestimmt, dass dabei das Genus nur beim Artikel oder beim Attribut angezeigt werden muss, daher: *ein spannendes Buch*.

In dem Ausdruck *ein spannend geschriebenes Buch* kann nach dem Gesagten also nur *geschriebenes* Attribut sein, während *spannend* etwas anderes sein muss, denn als Attribut müsste es dekliniert sein. Tatsächlich versteht man die Funktion, wenn man den Satz paraphrasiert: *ein Buch, das spannend geschrieben wurde*. *Spannend* erscheint nun als Modaladverbiale zu *geschrieben wurde*; das bleibt es auch in dem zuerst genannten Satz.

Baupläne von Gliedteilen

Bei den Gliedteilen hat man folgende Baupläne (vgl. Abb. 45):

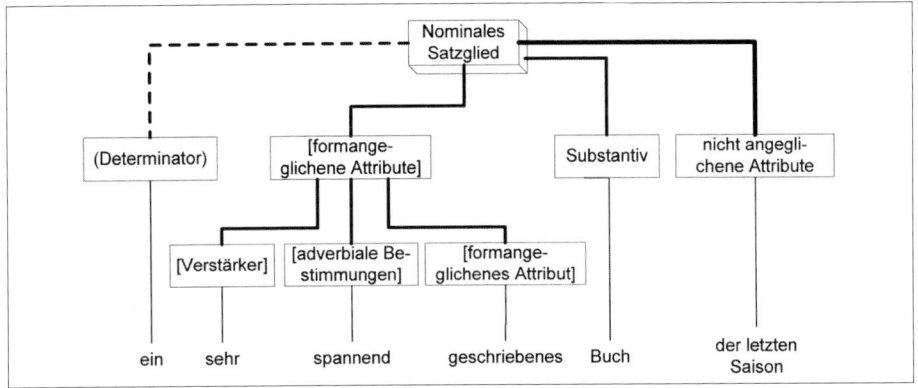

Abb. 45 | Bauschema des nominalen Satzglieds

- **Topologie**

Man muss unterscheiden, ob man von der Wortstellung im formalen Sinn spricht oder im Rahmen von Texten. Im formalen Sinne ist das Deutsche, wie oben angesprochen, eine linksverzweigende Sprache; das heißt, dass die entscheidenden Auslöser für die jeweilige Form rechts in einer Konstruktion sitzen. Eine solche Betrachtung ist sinnvoll, wenn man Schemata zeichnet. Im tatsächlichen Sprachvollzug rechnet man allerdings anders. Wo dort ein Satzglied oder Gliedteil tatsächlich sitzt, hängt in einem gewissen Rahmen von vielen Faktoren ab. Von der Intention, von der Verteilung der Information, vom stilistischen Willen, um nur ein paar Aspekte zu nennen.

Topologie: Wortstellung im Satz

Wenn man nicht die formale Satzstruktur zugrunde legt, sondern den deutschen Aussagesatz, bei dem das Verb eisern an der zweiten Satzgliedstelle steht, erhält man folgendes *Feldschema* (vgl. Abb. 46). Man spricht auch von der *Topologie des Satzes*.

Man kann sich einen Satz als Feld vorstellen. Alles, was im Hauptsatz vor dem finiten Teil des Prädikats steht, soll *Vorfeld* heißen, alles, was nach den obligatorischen Satzgliedern steht, *Nachfeld*. Das Feld zwischen Vorfeld und Nachfeld heißt dann *Mittelfeld*. Am deutlichsten kann man sich das machen, wenn man ein Verb im Perfekt hat. Alles, was dann innerhalb der finiten Form und der infiniten Form des Verbs steht, ist das Mittelfeld.

Vorfeld	finites Verb	Mittelfeld	infinite Verbform	Nachfeld
die Lehrerin	hat	uns Erfolg	gewünscht	bei der Klassenarbeit
die Lehrerin	hat	uns bei der Klassenarbeit Erfolg	gewünscht	
bei der Klassenarbeit	hat	uns die Lehrerin Erfolg	gewünscht	

Abb. 46 | Feldschema eines Satzes I

Man kann sehen, dass die adverbiale Bestimmung *bei der Klassenarbeit* in jedes Feld rücken kann. Allein dies zeigt, dass sie nicht besonders eng in den Satz verwoben ist. Das Subjekt und die Objekte können dagegen nicht ins Nachfeld rücken.

Was passiert, wenn wir als adverbiales Satzglied einen ganzen Satz haben?

Wenn wir eine adverbiale Bestimmung, die mit einem Satz gebildet wird, haben, so wird sie mit einer Konjunktion eingeleitet – und zwar mit einer solchen Konjunktion, die bewirkt, dass das finite Verb an das Ende dieses Satzes rückt. Solche Sätze nennt man

Bezeichnungen für Nebensätz

– **Gliedsätze**, weil sie ein Satzglied bilden, oder
– **Konjunktionalsätze**, weil sie mit einer Konjunktion eingeleitet werden, oder
– **Nebensätze**, weil sie immer Teil (Glied) eines Hauptsatzes sind, oder
– **Adverbialsätze**, weil sie im Satz eine adverbiale Bestimmung bilden.

Wenn wir einen Gliedsatz haben, der die Funktion einer temporalen Adverbiale hat, so nennen wir ihn einen **Temporalsatz;** entsprechend haben wir: **Kausal-, Final, Konditional, Konsekutiv-, und Konzessivsätze.** Lokal- und Instrumentalsätze gibt es nicht, da es keine lokalen und instrumentalen Konjunktionen gibt.

Vorfeld	finites Verb	Mittelfeld	infinite Verbform	Nachfeld
die Lehrerin	hat	uns Erfolg	gewünscht	, als wir eine Klassenarbeit schrieben
die Lehrerin	hat	uns, als wir eine Klassenarbeit schrieben, Erfolg	gewünscht	
als wir eine Klassenarbeit schrieben,	hat	uns die Lehrerin Erfolg	gewünscht	

Abb. 47 | Feldschema eines Satzes II

Was passiert, wenn wir eine adverbiale Bestimmung durch einen Gliedsatz ausdrücken, zeigt Abb. 47:

Man kann schnell erkennen, dass ein ganzer Satz als Satzglied die Stellung im Vorfeld oder im Nachfeld bevorzugt. Man könnte auch so sagen: Je umfangreicher ein Satzglied ist, desto eher strebt es aus dem Mittelfeld weg, weil sonst zu viele Informationen im Mittelfeld stehen.

Vor dem finiten Teil des Verbs darf immer nur ein Satzglied stehen. Daraus kann man zum Beispiel schließen, dass kein Satz mit *sehr/nur VERB* ... beginnen kann, da diese beiden Partikel kein Satzglied bilden können. Man kann auch schließen, dass in dem Satz *Immer liest Inge den Spiegel* das Adverb *immer* am Satzanfang als adverbiale Bestimmung steht. In dem Satz *Immer Inge liest den Spiegel* muss *immer* die Wortart gewechselt haben, denn andernfalls wären zwei Satzglieder vor dem finiten Verb. *Vorfeldfähigkeit* ist also eine wichtige Eigenschaft, nicht minder interessant ist, dass kein obligatorisches Satzglied in das Nachfeld treten kann.

6.1.2 Wortarten

Satzglieder bestehen aus formangeglichenen Wörtern. Eine erste und unmittelbare Aufgabe ist es, Wörter zu sortieren und zu klassifizieren. Dies ist einfacher gesagt als getan, denn für jede Klassifizierung braucht man ein oder mehrere Kriterien. Es bieten sich die folgenden Kriterien an:

– *semantisch:* Zusammengefasst werden alle Wörter, die dieselbe Leistungskraft haben. Nach dieser Klassifikation unterscheidet man *Substantive* als Wörter, die Menschen, Tiere, Pflanzen, Dinge und Gedachtes bezeichnen, von Verben, die Tätigkeiten, von Adjektiven, die Eigenschaften bezeichnen usw. Eine solche Klassifikation kann beispielsweise zwischen Pronomen und Substantiven nicht unterscheiden, aber auch der Unterschied zwischen dem Adjektiv *schön* und dem Substantiv *das Schöne* ist schwer fassbar. Wörter wie *sehr, nur, dass*... sind so gut wie überhaupt nicht zu erfassen.

Kriterien für die Klassifikation von Wortarten

– *morphologisch:* Danach unterteilt man die Wörter nach ihrer Veränderbarkeit. Man erhält *Deklinierbare, Komparierbare, Konjugierbare* und *Unveränderliche*. Diese Klassifikation ist ebenfalls nicht sehr befriedigend, da sie z.B. ein Wort wie *lila*, das wir intuitiv wie die anderen Farbwörter auch zu den Adjektiven zählen würden, zu den Unveränderlichen schlagen muss, da sich das Wort nie verändert. Außerdem erhalten wir eine zu große Restklasse *Unveränderliche*.

- *syntaktisch:* Hier klassifiziert man nach dem Verhalten im Satz. Die Stellungsmöglichkeiten geben danach ein Klassifikationsmerkmal an. Ein Substantiv würde man demnach kategorisieren mit der Eigenschaft *Art* __, ein Verb mit *Personalpronomen* ____, ein Adjektiv als *Art* ___ *Substantiv* oder *ist* ___. Hier kann man zum Beispiel den Unterschied zwischen *Kraft/kraft* einfangen. In dem Satz *Er brauchte seine ganze Kraft* liegt offensichtlich ein Substantiv vor, da es mit *seine* als Artikelwort eingeleitet wird; in *Er entschied dies kraft seines Amtes* haben wir dagegen eine Präposition, da *kraft* nun nie ein Artikelwort bei sich haben kann, aber einen Kasus fest regiert. Genau dies ist das Kennzeichen von Präpositionen. Aber natürlich hat auch eine syntaktische Klassifikation Grenzen. Zwingend erfordert sie in dem Satz *Der Vogel singt schön* das Wort *schön* als Adverb zu klassifizieren. Das aber hätte zur Folge, dass viele Adjektive auch als Adverbien klassifiziert werden müssten.

Kurz und gut, die einfache Klassifikation gibt es nicht, vielmehr sollte man mit Mischklassifikationen arbeiten. Dabei ist immer zu bedenken, dass jede Klassifikation einen klaren Kernbereich hat – in diesem Sinne ist *schön* ein Adjektiv, wie ein Adler ein Vogel ist –, dass es aber auch unscharfe Ränder gibt – in diesem Sinne ist auch *futsch* ein Adjektiv, obwohl es nie in der Umgebung *Art* ___ *Subst* stehen kann, etwa so, wie auch ein Pinguin ein Vogel ist, obwohl er weder singen noch richtig fliegen kann.

Wortarten im Überblick

Die folgenden Tabellen (vgl. Tab. 21) geben Bestimmungsmerkmale für die wichtigsten Wortarten an:

Verben ...	Die Lehrerin **erzählte** uns eine witzige Geschichte.
Leistung:	... bezeichnen Tätigkeiten, Vorgänge, Zustände.
Verhalten im Satz	... bilden in der finiten Form das Prädikat, können mit Personalpronomina kombiniert werden.
Veränderungen am Wort:	... verändern ihre Form entsprechend der Zahl (Einzahl/Mehrzahl: *ich lese*), *wir lesen*), der Person *(ich friere, du frierst)*, der Zeit *(ich lese, wir lasen)*, der Modalität *(er lese)*, des Genus verbi (*Diese Lektion wird nächste Woche gelernt*.).

Woran erkennt man sie am schnellsten?	... können mit den Personalpronomen *ich, du* ... stehen: *ich <u>erzähle</u>.*
Substantive ...	Die **Lehrerin** erzählte uns eine witzige **Geschichte.**
Leistung:	... bezeichnen Menschen, Tiere, Pflanzen, Dinge, Gedachtes.
Verhalten im Satz	Artikel und Substantiv gehören immer zusammen. Zwischen Artikel und Substantiv können Adjektive stehen. Als Satzglied kann das Substantiv Subjekt oder Objekt eines Satzes sein (und manches andere mehr).
Veränderungen am Wort:	... verändern ihre Form entsprechend der Zahl (Einzahl/Mehrzahl: *die Mutter, die Mütter*) und dem Fall (*das Haus meines <u>Vaters</u>*); dagegen ist das Genus fest.
Woran erkennt man sie am schnellsten?	... können mit einem Artikel und einem Adjektiv stehen: *eine witzige <u>Geschichte</u>;* manche Substantive erkennt man auch an der Endung: alles, was mit *-heit, -keit, -ung* endet, ist ein Substantiv.
Artikelwörter ...	**Die** Lehrerin erzählte uns **eine** witzige Geschichte aus **ihrem** Urlaub.
Leistung:	... geben an, ob es sich um eine bestimmte (*der, die, das*), eine unbestimmte (*ein, eine, ein*) oder um eine andere bestimmte Größe (*mein, sein, alles, manches ...*) handelt.
Verhalten im Satz	... gehören immer zu einem Substantiv. Sie richten sich in der Form nach diesem.
Veränderungen am Wort:	... verändern ihre Form wie das Substantiv, zu dem sie gehören. *Die Länge <u>des Tisches</u>* ... Zudem gibt der bestimmte Artikel im Nominativ Singular das Genus (Geschlecht) des Substantivs an: *die Frau, das Mädchen, der Pudel.*
Woran erkennt man sie am schnellsten?	... haben immer ein Substantiv als Bezugswort in unmittelbarere Nähe.
Besonderheit	In der Schulgrammatik nennt man gewöhnlich nur *der, die, das* und *ein/ eine* einen Artikel. Dies führt zu einer Reihe von Problemen und macht die syntaktische Abgrenzung von den Pronomina sehr kompliziert. Vor allem mit Blick auf die Orthographie ist es sinnvoll, den syntaktisch zu bestimmenden Begriff eines *Artikel<u>wortes</u>* zu haben, das so definiert wird: ___ Substantiv, s. auch Pronomen.

Pronomen ...	Die Lehrerin erzählte **uns** eine witzige Geschichte.
Leistung:	... verweisen auf den Sprecher (*ich, wir*), Hörer (*du, ihr*) sowie die Gesprächsgegenstände (*er, sie, es; sie*), sie können definit (*der, dieser, derselbe, solche, beide*) oder indefinit (*irgendeiner, etwas, man, einige* ...) sein, kollektiv (*alle, sämtliche*) oder distributiv (*jeder, wer auch immer* ...).
Verhalten im Satz	Die Pronomina *er, sie es; sie* verweisen im Normalfall auf Satzglieder, die mit einem Substantiv gebildet sind (*Meine Mutter* feiert Geburtstag. *Sie* wird 40 Jahre.) Eine Reihe von Pronomina hat keinen textuellen Vorgänger- oder Nachfolgebezug, sondern nur einen allgemeinen (*Jeder muss sterben*) oder einen unbestimmten (*man, irgendeiner* ...).
Veränderungen am Wort:	... verändern ihre Form wie das Substantiv (Einzahl/Mehrzahl und die verschiedenen Fälle – ausgenommen *man*). Bei Pronomina, die sich auf ein Satzglied mit einem Substantiv beziehen, richtet sich das Pronomen auch im Genus danach: *Mein Bruder kommt in die Schule. Er ... Meine Schwester ist in der 10. Klasse. Sie ...*
Woran erkennt man sie am schnellsten?	*ich/du* und *wir/ihr* liegen als Sprecher – Hörerpronomen fest. Viele andere Pronomen haben gewöhnlich in einem Vorgängersatz (manchmal auch in einem Folgesatz) ein Satzglied oder einen ganzen Satz als Bezug oder es gibt einen indefiniten Bezug.
Besonderheit	Man unterscheidet also: <u>*Mein* Bruder ...</u> – *mein* ist hier Artikelwort, weil es zu einem folgenden Substantiv gehört, das seine Form bestimmt, und: *Dort stehen zwei Autos. <u>Meines</u> ist das gelbe*; hier verweist *meines* auf das Subjekt des Vorgängersatzes und ist daher Pronomen, s. auch *Artikelwort*.

Adjektive ...	Die Lehrerin erzählte uns eine **witzige** Geschichte.
Leistung:	... bezeichnen die Eigenschaft (*gut*), Beschaffenheit (*hölzern*) oder Herkunft (*italienisch*) von etwas.
Verhalten im Satz:	... stehen zwischen Artikel und Substantiv (*das schöne Wetter* ..., *ein schönes Wetter...*) oder nach dem Hilfsverb *ist* (*Das Wetter ist schön.*). Nur wenn sie vor dem Substantiv stehen, passen sie ihre Form dem Substantiv an.
Veränderungen am Wort:	... verändern auch ihre Form wie das Substantiv in Einzahl und Mehrzahl und in den verschiedenen Fällen. Viele Adjektive, aber nicht alle, können auch gesteigert werden: *schön - schöner - am schönsten*; Wörter mit den Suffixen *-ig, –sam, –bar* sind Adjektive.
Woran erkennt man sie am schnellsten?	... können zwischen Artikel und Substantiven oder nach *ist* stehen: *Eine <u>witzige</u> Geschichte ... Die Geschichte ist <u>witzig</u>.*

Präpositionen ...	Die Lehrerin erzählte uns **während** der Deutschstunde eine witzige Geschichte.
Leistung:	... geben ein Verhältnis an: Temporal (zeitlich): *während (während der Deutschstunde), seit (seit drei Tagen), bis (bis übermorgen), gegen (gegen 9.00 Uhr), am (am 13. Mai)*; lokal (örtlich): *an (am Ortsrand), auf (auf dem Tisch), neben (neben der Bank), vor (vor der Stunde)*; kausal (begründend): *wegen (wegen des schlechten Wetters), vor (vor Kälte), aus (aus Interesse)*; manche Verben sind fest mit einer Präposition verbunden: *warten auf, sich erinnern an, glauben an* ...
Verhalten im Satz	... leiten eine Substantivgruppe ein und sie bestimmen den Kasus des Substantivs. Den Kasus muss man lernen. Grundsätzlich aber wird bei Ortspräpositionen der Dativ verwandt *(im Haus)* und bei Richtungspräpositionen der Akkusativ *(in das Haus)*.
Veränderungen am Wort:	... können sich nie verändern.
Woran erkennt man sie am schnellsten?	... bestimmen (regieren) den Kasus eines Bezugssubstantivs.
Konjunktionen ...	Die Lehrerin erzählte uns eine witzige, **aber** lehrreiche Geschichte.
Leistung:	Grundsätzlich verbinden Konjunktionen Sätze oder Teile von Sätzen. Alle Unterscheidungen, die es bei den Präpositionen gibt, gibt es auch hier. Außerdem gibt es noch adversative (gegensätzliche) Konjunktionen wie *aber*, ausschließende wie *entweder – oder* ...
Verhalten im Satz	... stehen zwischen Gliedteilen oder Satzgliedern oder Sätzen (nebenordnende Konjunktionen) oder leiten einen Gliedsatz ein (unterordnende Konjunktionen).
Veränderungen am Wort:	... können sich nie verändern.
Woran erkennt man sie am schnellsten?	... verbinden Gliedteile, Satzglieder oder Sätze (nebenordnende Konjunktionen) oder leiten einen Gliedsatz ein (unterordnende Konjunktionen).
Adverbien ...	Die Lehrerin erzählte uns **heute** eine witzige Geschichte.
Leistung:	... geben eine nähere Bestimmung an: temporal: *heute* ..., lokal *dort* ..., modal (Art und Weise): *gerne, glücklicherweise* ..., kausal: *deshalb, sonst* ...
Verhalten im Satz	... können als adverbiale Bestimmungen auftreten: *Er kam gestern*, aber auch Attribut sein: *der Mann dort, das Essen heute.*
Veränderungen am Wort:	... können sich nie verändern.

Woran erkennt man sie am schnellsten?	... können im Vorfeld stehen, antworten gewöhnlich auf eine W-Frage.
Partikel ...	**Nur** diese Lehrerin erzählt uns **halt** witzige Geschichten.
Leistung:	... können einen Satzteil (einen Gliedteil, ein Satzglied) hervorheben: *sehr, nur...*, einen ganzen Satz modalisieren: *wohl, ja, halt, mal* ...: *Du hast ja nicht alle Tassen im Schrank*, sind »syntaktischer Kitt«: *zu, es* ...: *Er glaubt zu wissen*...; *Es regnet*; sind Teile eines Vergleichs: *Sie ist größer als ich*.
Verhalten im Satz	... bilden nie allein ein ganzes Satzglied, stehen in unmittelbarer Nähe eines Inhaltswortes – Verb, Substantiv, Adjektiv, Adverb – (Verstärkungspartikel, Vergleichspartikel), sind nicht vorfeldfähig (Modalpartikel).
Veränderungen am Wort:	... können sich nie verändern.
Woran erkennt man sie am schnellsten?	... sind so gut wie immer kurze Wörter, können nie Satzglied sein.

Tab. 21 | Wortarten im Überblick

- **Unterarten von Wörtern**

Natürlich kann man die hier gegeben Wortarten noch unterteilen. Man kann beispielsweise aus den Adverbien diejenigen aussortieren, die nur Satzadverbiale bilden. Solche Adverbien sind *sicherlich, vielleicht* etc. Man kann die Modalpartikel (*wohl, halt, ja, vielleicht, schon* ...) in eine eigene Klasse packen, da sie andere Eigenschaften haben als andere Partikel. Im Großen und Ganzen wird aber die Einteilung in neun verschiedene Klassen den meisten Bedürfnissen in der Schule gerecht.

Weitere Unterklassifikationen

Flektierbare Wörter tragen über Flexionssuffixe Informationen mit sich. Ein Kasussuffix wie das Genitivsuffix zeigt z.B. an, dass das entsprechende Wort bzw. die entsprechende Wortgruppe entweder Genitivattribut ist, dann muss man das dazugehörige Bezugssubstantiv suchen (*das Haus meines Vaters*) oder Genitivobjekt, dann muss man das entsprechende Bezugsverb suchen (*Ich harre seiner*) oder, falls kein Bezug zu finden ist, adverbiale Bestimmung (*Eines Nachts kamen* ...)

- **Kategorien des Verbs**

Kategorien des Verbs

Die interessantesten Informationen trägt das Verb. Es verändert sich in Person, Numerus, Modus, Tempus und Genus verbi.

Dabei verdienen *Modus* und *Tempus* besondere Aufmerksamkeit.

Für Modus und Tempus gilt, dass sie am Verb angezeigt werden können, dass sie aber keineswegs durch das Verb allein angezeigt werden müssen. Modalität kann beispielsweise durch Modalverben (*Er soll gesagt haben ...*), Modaladverbien (*Vielleicht bin ich krank*) oder Modalpartikel (*Das ist vielleicht lustig*) lexikalisch angezeigt werden. Temporalität kann ebenfalls lexikalisch durch Adverbien (*heute, gestern ...*) Wörter oder Wortgruppen (*in drei Tagen ...*) ausgedrückt sein. Aber auch das Verb zeigt durch Flexionssuffixe oder bei den starken Verben durch Stammvokaländerung Modalität und Temporalität an.

Beim *Modus* unterscheidet man *Indikativ, Konjunktiv I, Konjunktiv II* und *Imperativ*. Dabei drückt der Indikativ die Wirklichkeit, der Konjunktiv Möglichkeit aus. Der *Konjunktiv I* wird vor allem zur Anzeige indirekten Redens verwandt. Er zeigt die Möglichkeit an, dass etwas so gesagt worden sein könnte, ohne dass der Sprecher/Schreiber der indirekten Rede eine Gewähr für den Wortlaut dessen, was er wiedergibt, übernehmen würde. Damit drückt er eine gewisse Distanz zu dem Wiedergegebenen aus. Überhaupt kann man den Konjunktiv I auch als Form der Distanznahme ansehen. Der Konjunktiv II drückt Wunsch (*Ich wäre gerne Fußballspieler*) oder Irrealität (*Wenn ich Fußballspieler wäre, würde ich viel Geld verdienen können*) aus, je nachdem heißt er auch *Optativ* oder *Irrealis*. Der Konjunktiv II wird über den Präteritumstamm gebildet, hat aber nichts Präteritales an sich.

Modus

Indirekte Rede, Wunschformen, Heischeformen, der Irrealis – alle bedienen sich des Konjunktivs. Allerdings ist es nicht leicht und nicht immer eindeutig, welche Konjunktivform in einem Satz nun verwendet werden soll; manche Formen unterscheiden sich auch nicht von Indikativformen des gleichen Verbs (z. B. *ich gehe* (Indikativ) – *ich gehe* (Konjunktiv)). Dazu kommt, dass die Bildung des Konjunktivs bei vielen Verben ungewohnt und daher schwierig ist. Besonders in der Umgangssprache hilft man sich deshalb durch Umschreibungen mit *würde + Infinitiv. Ich würde gerne in den Urlaub fahren* (statt: *ich führe gerne in den Urlaub*). Je nach Verwendungssituation sollte man überlegen, welche Form am besten passt.

Tempus

Tempus ist eine nicht minder komplexe Kategorie. Im Deutschen werden sechs Tempusformen unterschieden: Präsens, Präteritum, Perfekt, Plusquamperfekt, Futur I und Futur II. Auf den ersten Blick fällt auf, dass wir genau doppelt so viele Zeitformen haben wie es Zeiten (Gegenwart, Vergangenheit, Zukunft) gibt.

Zeitdimensionen

Um sich den Zeitformen zu nähern, ist es sinnvoll, drei Dimensionen von Zeit zu unterscheiden:

- Sprechzeit: Wann sagt der Sprecher etwas? Die Sprechzeit ist mit der Gegenwart identisch.
- Aktzeit: Wann geschieht etwas bezogen auf die Sprechzeit?
- Betrachtzeit: Worauf zielt das Augenmerk des Schreibers/Sprechers bezogen auf die Aktzeit?

Wenn man diese drei Dimensionen bedenkt, dann erhält man:
Präsens: Sprechzeit = Aktzeit = Betrachtzeit
Präteritum: Aktzeit = Betrachtzeit vor Sprechzeit
Perfekt: Aktzeit vor Sprechzeit = Betrachtzeit
Plusquamperfekt: Betrachtzeit vor Aktzeit vor Sprechzeit
Futur I: Aktzeit = Betrachtzeit nach Sprechzeit
Futur II: Aktzeit nach Betrachtzeit nach Sprechzeit

Beispiel für die Relativität von Tempus

Das ist aber nur eine Betrachtungsmöglichkeit. Der Sprecher/Schreiber kann mit dem Hörer/Leser eine Art Zeitreise unternehmen. Ein solches Beispiel ist der folgende Text einer Viertklässlerin (vgl. Abb. 48).

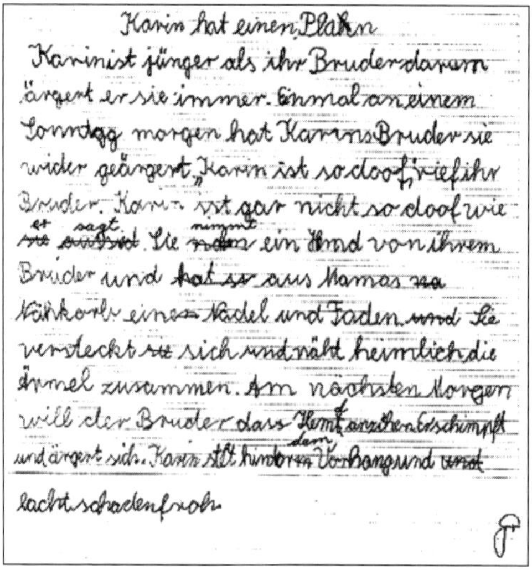
Karin hat einen Plan
Karinist jünger als ihr Bruder darum
ärgert er sie immer. Einmal an einem
Sonntag morgen hat Karins Bruder sie
wider geärgert „Karin ist so doof" wie ihr
Bruder. Karin ist gar nicht so doof wie
er sagt. Sie nimmt ein Hemd von ihrem
Bruder und aus Mamas
Nähkorb Nadel und Faden. Sie
versteckt sich und näht heimlich die
Ärmel zusammen. Am nächsten Morgen
will der Bruder das Hemt anziehen er schimpft
und ärgert sich. Karin steht hinter dem Vorhang und
lacht schadenfroh

Abb. 48 | Beispiel für Tempusgebrauch

Der erste Satz ist im Präsens, da es sich um ein allgemeines Geschehen handelt. Im zweiten Satz nimmt die Erzählerin das Perfekt: Zuerst wird der Leser temporal auf einen Sonntagmorgen situiert, an dessen Ende feststeht, dass der Bruder die Schwester wieder geärgert hat. Die Betrachtzeit ist auf das Ende des Ärgers gerichtet, daher Perfekt. Von diesem Zeitpunkt aus betrachtet, ärgerte der Bruder die Schwester mit einem Schimpfwort (*doof*). Aktzeit und Betrachtzeit sind vergangen bezogen auf den gedachten Zeitpunkt des Sonntagmorgens. Die Erzählerin fährt nun mit dem Präteritum fort, das die Lehrerin konsequent in Präsens korrigiert, denn nach dem geschilderten Ärgern ist das Geschehen wieder an jenem gedachten Zeitpunkt des Sonntagmorgens. Die Erzählerin selbst wählt auch dieses Tempus im nächsten Satz (*versteckt*). Nun kommt ein zweiter Zeitsprung hin zum nächsten Morgen. Wenn der Leser sich gedanklich an diesem Zeitpunkt befindet, kann alles im Präsens erzählt werden. Das Beispiel zeigt, wie relativ Zeit und Zeitpunkte gehandhabt werden können. (Die Schreiberin hätte sich allerdings vieles erspart, wenn sie das Präteritum konsequent als Erzählzeit gewählt hätte.)

- **Ordnung von Wörtern: semantisch und morphologisch**
Wörter kann man natürlich auch ganz anders ordnen als nach Wortarten. Man kann alle Wörter zusammenstellen, die semantisch zusammengehören. Hier spricht man von einem *Wortfeld*. Mat. 19 zeigt das Wortfeld *sagen* und spricht Ordnungsmöglichkeiten innerhalb eines Wortfeldes an.   Wortfelder

Mat. 19: Wortfeld *sagen*

sagen: abstreiten – andeuten – anfragen – ansagen – zur Antwort geben – antworten – (sich) anvertrauen – aufsagen – zum Ausdruck bringen – ausdrücken – ausfragen – sich auslassen über – auspacken – ausplaudern – ausposaunen – ausrufen – aussagen – (sich) äußern – eine Aussprache halten – babbeln – beantworten – befehlen – befragen – behaupten – bejahen – bekannt geben – bekräftigen – bekunden – bemerken – Bericht erstatten – berichten – Bescheid geben – beschreiben – besprechen – bestätigen – auf etwas bestehen – betonen – bezeugen – bitten – kein Blatt vor den Mund nehmen – blödeln – brabbeln – brüllen – brummen – daherreden – darstellen – dartun – diskutieren – dolmetschen – donnern – drohen – dröhnen – einsagen – einwenden – entgegnen – erklären – sich erkundigen – eröffnen – fordern – formulieren – erwähnen – erwidern – erzählen – faseln – flüstern – fragen – von sich geben – hauchen – herausstoßen – herunterleiern – hervorsprudeln – seinem Herzen Luft machen – hinzufügen – informieren – jammern – johlen – klagen – krächzen – kreischen – kundgeben – labern – lallen – lispeln – meinen – seine Meinung kundtun/sagen – mitteilen –

den Mund aufmachen – murmeln – murren – nachfragen – nennen – nuscheln – offen legen – palavern – petzen – plappern – plärren – plaudern – plauschen – prahlen – predigen – quasseln – quatschen – radebrechen – eine Rede halten/schwingen – reden – rufen – etwas zu sagen haben – säuseln – schelten – schildern – schimpfen – schmeicheln – schnattern – schreien – schwafeln – schwatzen – schwätzen – seinen Senf dazugeben – zur Sprache bringen – sprechen – stammeln – Stellung nehmen – stocken – stottern – leeres Stroh dreschen– telefonieren – toben – tönen – tuscheln – übersetzen – Unsinn reden – sich unterhalten – unterrichten – sich verbreiten – verkünden – verlauten lassen – verleugnen – verneinen – verraten – versichern – vorausschicken – vorbringen – einen Vortrag halten – vortragen – widerrufen – widersprechen – wispern – wissen lassen – das Wort ergreifen – in Worte fassen – zetern – dummes Zeug reden – zuflüstern – zustimmen

Ordnungsmöglichkeiten gibt es sehr viele, z. B.:

Im Gespräch reagieren: antworten, einwenden, erwidern, entgegnen ...

Art und Weise: babbeln, labern, quatschen (= nur daherreden), brabbeln (unverständlich), rufen (laut), schreien (sehr laut), flüstern (leise), stammeln (abgehackt), klagen (mit klagendem Tonfall)

Neutral: bemerken, erwähnen, reden, sprechen

Wortfamilie Man kann Wörter morphologisch zusammenstellen, die denselben Stamm haben. Eine solche Gruppierung nennt man eine *Wortfamilie: ziehen, aufziehen, beziehen, verziehen, entziehen, Erziehung, Zucht, Züchtigung* ... bilden alle eine Wortfamilie. Mat. 20 zeigt die Wortfamilie *fahren*, ohne dass diese vollständig wäre. Hier fällt auf, dass das stumme *h* in allen Formen erhalten bleibt.

Mat. 20: Wortfamilie *fahren*

---

fahren, anfahren, abfahren, auffahren, ausfahren, befahren, davonfahren, dazwischenfahren, dreinfahren, durchfahren, einfahren, emporfahren, fortfahren, herfahren, herausfahren, hereinfahren, hinfahren, hinausfahren, hineinfahren, hinterherfahren, hinüberfahren, mitfahren, umfahren, vorwegfahren, verfahren, weiterfahren, widerfahren, zurückfahren, zusammenfahren, Fahrer, Fahrerei, Fahrt, Gefahr, Fähre, Fuhre, Fährte, Fährnis, Fahrabteilung, Fahrausweis, Fahrbahn, Fahrbahnmarkierung, Fahrbahnverengung, Fahrbahnwechsel, Fahrdienst, Fahrbereitschaft, Fahrdienstleiter, Fahrdraht, Fahrensmann, Fahrerflucht, Fahrerhaus, Fahrerlaubnis, Fahrersitz, Fahrfehler, Fahrgast, Fahrgefühl, Fahrgeld, Fahrgemeinschaft, Fahrgestell, Fahrgeschwindigkeit, Fahrigkeit, Fahrgeld, Fahrkarte, Fahrkartenausgabe, Fahrkartenautomat, Fahrkartenschalter, Fahrkomfort, Fahrlässigkeit, Fährlinie, Fahrplan, Fahrrad, Radfahrer, Autofahrer, Trambahnfahrer, Zugfahrer, Fahrprüfung, Fahrschule, Fahrrinne, Fahrschein, Fahrsicherheit, Fahrstil, Fährtensucher, Fahrtenschreiber, Fahrtenbuch, Fahrtest, Fahrtkosten, Fahrtreppe, Fahrtrichtung, Fahrverbot, Fahrwasser, Fahrzeug, Fahrzeugbau, fahrerisch, fahrbar, fahrbereit, fahrtauglich, fahrtüchtig, fahrig, gefährlich, fahrlässig ...

- **Wortbildung**

Damit kommt man in den Bereich der Wortbildung. Man unterscheidet grundsätzlich zwischen Zusammensetzung (Komposition), Ableitung (Derivation) und Konversion.

    Bei der Zusammensetzung (Komposition) treten zwei Lexeme mit eigener Bedeutung zusammen und bilden ein neues Wort: *Haus + Tür → Haustür;* dabei bestimmt immer der letzte Bestandteil den Artikel. Unter einer anderen Betrachtungsweise kann man sagen, dass eine solche Zusammensetzung einen Unterbegriff (besondere Tür, nämlich *Haustür*) zum Grundwort (= letzter lexikalischer Bestandteil) bildet. Wie viele Lexeme vor dem Grundwort stehen, ist nicht festgelegt: *Landhaustür* ist eine Tür an einem Landhaus, welches ein Haus auf dem Land ist (kaum: eine Haustür auf dem Land). So einfach also der Mechanismus der Komposition ist, so komplex ist die Auflösung, die nicht einem einfachen Muster wie etwa Teil-Ganzes etc. folgt. *Die Donaudampfschifffahrtskapitänsrentenanstalt* ist eine Anstalt *für die* Donaudampfschifffahrtskapitänsrente, die eine Rente *für einen* Donaudampfschifffahrtskapitän ist, der Kapitän *der* Donaudampfschifffahrt ist, die eine Fahrt *für* Donaudampfschiffe ist, die Schiffe, die *mit* Dampf betrieben werden, *auf der* Donau sind. Komplexe syntaktische Verhältnisse werden in der Wortbildung eingedampft, der Leser/Hörer muss sie wieder auflösen.

    Keineswegs müssen Lexeme derselben Wortart zusammentreten, um ein neues Wort zu bilden. Wir haben *Lesebuch, Schöngeist* etc.

Wortbildung

Zusammensetzung (Komposition)

Besondere Formen der Komposition sind Zusammensetzungen aus zwei gleichen Lexemen, die gemeinhin mit *und* verbunden wären: *fruchtigfrisch, dummdreist, süßsauer, Spielertrainer*. Man spricht hier auch von *Kopulativbildung*.

Kopulativbildung

Ein anderer Typ ist die Vergleichs- und Verstärkungsbildung: *superschön, affengeil, wahnsinnsfrech, bärenstark ...*

Vergleichs- und Verstärkungsbildung

Abkürzungen können mit Volllexemen zusammengesetzt werden: *PKW-Maut, KFZ-Steuer ...*

Ableitung (Derivation)

Unter *Derivation* versteht man die Bildung eines neues Wortes durch Verbindung mit einem unselbstständigen Morphem (vgl. Mat. 21):

Mat. 21: Morpheme

Unter einem Morphem versteht man eine kleinste bedeutungstragende Einheit. Dabei kann man selbstständige und unselbstständige Morpheme unterscheiden. Selbstständige Morpheme sind Lexeme, unselbstständige Affixe. Sind Affixe einem Morphem vorangestellt, handelt es sich um Präfixe, sind sie nachgestellt, sind es Suffixe; bilden sie – wie in *Schifffahrtskapitän* – den Kitt zwischen zwei Lexemen, nennt man sie *Infixe*.

Wir haben Präfigierungen: *verarbeiten, bearbeiten, entwarnen, umfahren ...* und Suffigierungen: *heilig, achtbar, Zeitung ...*

Die Derivation kann auch auf einer Komposition wirken *Heimatverbundenheit* und auf bereits vollzogenen Derivationen: *Umgebung ...*

Implizite Derivation

Eine besondere Form ist die *implizite Derivation: Flug, Wurf, Pflug ...* Hier wird ein Wort nicht durch Hinzufügung von Wortbildungsbausteinen (Affixen) gebildet, sondern durch Alternation des Stammes, wie dies bei einer stark flektierenden Sprache möglich ist.

Rückbildung

Eine andere besondere Form ist die *Rückbildung*: Dabei wird nichts hinzugefügt, sondern etwas getilgt: *Sanftmut ← sanftmütig, notlanden ← Notlandung, bergsteigen ← Bergsteiger ...* Hier ist mit der Wortbildung immer Wortartwechsel verbunden.

Konversion

Eine eigene Form ist schließlich die *Konversion*. Hier werden Wörter oder Wortgruppen syntaktisch transponiert. Die einfachste Form ist die substantivische Konversion, die aus Wörtern oder Wortgruppen Substantive macht: *das Wandern, der Reisende, der Neue, das Miteinander, ein Dreikäsehoch, ein Tunichtgut, das Vergissmeinnicht.*

6.1.3 Semantik und Pragmatik

So weit haben wir das, was gemeinhin in der Grammatik beschrieben wird und was unmittelbar schulisch relevant ist, betrachtet. Fachliches Wissen im Arbeitsbereich *Sprache thematisieren* muss aber mehr umfassen. Ein wichtiges Gebiet ist die Frage, wie eine Äußerung gebraucht wird (s. auch *Sprechen und Hören*).

Eine Äußerung kann linguistisch, was ihren Bau betrifft, mit den Mitteln der Texttheorie und der Grammatik beschrieben werden; dies gilt aber nicht für ihre kommunikative Funktion.

• **Paraphrasen**

Ein erster Schritt in Richtung dieser Fragestellung kann das semantische Instrument der Paraphrase sein. Damit ist gemeint, dass ein Ausdruck durch einen (mehr oder weniger gleichbedeutenden) anderen Ausdruck ersetzt wird.

Paraphrasieren

Man kann die folgenden Arten von Paraphrasen unterscheiden: lexikalische, stilistische, idiomatische, kontextuelle oder pragmatische, syntaktische und syntaktisch-semantische Paraphrasen. Das lässt sich an einem einfachen Beispiel zeigen (vgl. Tab. 22). A und B sollen Namen für zwei Personen sein:

A schlägt B.

a.	A haut/verprügelt/versohlt/ verdrischt B.	lexikalisch, stilistisch	Aufteilung der möglichen Kontexte
b.	A besiegt B.	lexikalisch	
c.	A kriegt B an den Wickel.	idiomatisch (aktivisch)	Sonderform der lexikalischen Paraphrase
d.	B kriegt von A eins drauf.	idiomatisch (passivisch)	
e.	A bestraft B.	pragmatisch	In bestimmten Kontexten gleichbedeutend
f.	A rächt sich an B.		
g.	B wird von A geschlagen.	syntaktisch (Passiv-Konverse)	

221

h.	Es ist A, der B schlägt.	syntaktisch (Spaltsatz; Extraposition des Subjekts in diesem Falle)	
i.	B bekommt Schläge von A.	syntaktisch-semantisch	
j.	A´s Schläge treffen B.		
k.	A schlägt B mit der flachen Hand ins Gesicht.	semantische Spezifizierungen	
m.	A schlägt auf B ein.		

Tab. 22 | Paraphrasearten (nach Wunderlich) 1980, S. 81–83

Eine Paraphrase kann dem subjektiven Verständnis nahe kommen, aber sie kann nicht die Frage beantworten, wie die Äußerung gebraucht wird. Dazu hat das Gebiet der linguistischen Pragmatik Instrumente entwickelt. Sie sieht eine Äußerung als einen Sprechakt an, mit dem Verschiedenes getan und bewirkt werden kann.

- **Sprechakte: Illokutionen, Perlokutionen und Positionen**
Zuerst einmal vollzieht ein Sprecher/Schreiber mit einer Äußerung eine phonetisch oder visuell wahrnehmbare Handlung. Das, was er äußert, gehört einer Sprache an und kann in ihr (im Normalfall) beschrieben werden und er vollzieht im Normalfall eine Prädikation, d.h. er sagt irgendetwas über etwas aus und schließlich vollzieht er einen sog. *illokutiven Akt*. Er gibt ein Versprechen, er macht eine Behauptung oder eine Feststellung, er fragt, er fordert auf, er bittet, er schließt einen Vertrag usw. Wie kommt man zu solchen Interpretationen? Dies wird deutlich, wenn man ein 4-Rollen-Modell unterstellt:

Analyse von Äußerungen

A (=Sprecher-/Schreiberrolle) äußert gegenüber B (= Hörer-/Leserrolle): »...«
C (=Berichterrolle) gegenüber D (Analysatorrolle): A äußerte gegenüber B: »...«
D: Also hat A *versprochen / befohlen / angekündigt ..., dass ...*
Der Analysator D kann nur dann zu einer Interpretation der Äußerung kommen, wenn ihm C nicht nur mitteilt, was A zu B gesagt hat, sondern auch wie, in welchem Kontext und bei welcher Gelegenheit er es gesagt hat: A sagte (Indikator für den Inhalt) auf eine bestimmte Art und Weise (*ziemlich freundlich, in barschem Ton, ...*) im Zusammenhang von und bei Gelegenheit von, dass ...

Zur Analyse werden also herangezogen:
- sprachlicher Ausdruck (→ ... sagte, dass ...),
- Interagenten (→ Sprecher/Schreiber und Hörer/Leser) und ihre Rollen,
- Art und Weise der Äußerung (→ extra- und parasprachliche Mittel),
- Kontext,
- Situation.

(Vgl. auch die Parameter zur Verschriftlichung/Transliteration unter *Sprechen und Hören*.)

Das Ergebnis dieser Analyse ergibt die *Illokution* (= den illokutiven Akt) einer Äußerung. Darunter versteht man das *konventionelle Ergebnis* des Gesagten. Illokutionen werden durch sog. *performative Verben* (bzw. ihren Substantivierungen) angegeben: Versprechen, Bitte, Befehl, Aussage, Behauptung ...

    Neben der Illokution ist die *Perlokution* von Bedeutung, die beabsichtigte Wirkung, die aber nicht konventionell mit der Äußerung verbunden ist.

    Austin (1962/1972), der philosophische Begründer der Sprechakttheorie, unterscheidet folgendermaßen: *Illokution*: indem ich X äußere, vollziehe ich den illokutiven Akt I.

    Perlokution: Dadurch dass ich x äußere (und damit konventionell den Akt I vollziehe), <u>versuche</u> ich den perlokutiven Akt P zu vollziehen.

    Als dritte Kategorie sollte man die *Position* einer Äußerung bedenken. Jeder Sprechakt beinhaltet eine Sprecherposition. Wenn beispielsweise A B gegenüber behauptet, dass Deutschland viermal Fußballweltmeister war, so drückt A mit der Äußerung *Deutschland war viermal Fußballweltmeister* zugleich die propositionale Einstellung (Position) aus, dass er den Inhalt der Äußerung für wahr hält und er drückt die intentionale Einstellung (Position) aus, dass er intendiert, dass der Hörer den Inhalt der Äußerung für wahr hält.

Man kann folgende Sprechaktklassen annehmen:

Deklarativa: Die wichtigsten Sprechakte sind: BEHAUPTEN, FESTSTELLEN, VORHERSAGEN, ERZÄHLEN ...

Direktiva: AUFFORDERN, BITTEN, BEFEHLEN ...

Interrogativa: FRAGEN (aller Art)

Deklarationen: ENTSCHULDIGUNG, VERURTEILUNG, TAUFE ...

Expressiva: ÜBERRASCHUNG ...

Marginalien:
Illokution einer Äußerung

Perlokution einer Äußerung

Position einer Äußerung

Sprechaktklassen

Beispiel für eine Äußerungsinter- pretation

Ein Beispiel für diese Unterscheidungen, die helfen, Äußerungen in ihrer kommunikativen Wirksamkeit zu beschreiben:
Äußerung von A zu B: *Warst du gestern im Seminar?*
C zu D: A sagte zu B (in fragendem Ton, ohne besonderen Kontext und ohne markierte Situation): *Warst du gestern im Seminar?*
D: A FRAGTE B, ob er gestern im Seminar gewesen sei.
Illokution: FRAGE (ENTSCHEIDUNGSFRAGE)

Sprecherposition

propositionale Einstellung	intentionale Einstellung
a) S weiß nicht, ob p oder non-p	a) S intendiert, das S weiß, ob p oder non-p
b) S wünscht, dass S weiß, ob p oder non-p (p steht für die ganze erfragte Proposition)	b) S intendiert, dass H wünscht, dass S weiß, ob p oder non-p

Perlokution: z. B.: Bitte um Vorlesungsmitschrift; Tadel, dass jemand ein Streber sei etc.

• **Sagen und Meinen**

Der Sprecher/Schreiber wählt nicht immer das konventionelle Mittel, also diejenige Illokution, die sprachlich vorgesehen ist. Dafür gibt es viele Gründe, etwa können andere Konventionen mit den sprachlichen Konventionen konfligieren oder die/der Sprecher/in hat Lust auf Ironie oder andere Formen »uneigentlichen Redens« etc. Mit anderen Worten: *Sagen* und *Meinen* können dissoziieren, wie dies unter Bezug auf H.P. Grice unter

Sagen und Meinen vom Sprecher aus

Mündlichkeit ausgeführt wurde. Dort war die Perspektive vom Hörer aus, der auf der Grundlage des Kooperationsprinzips konversationelle Implikaturen erschließen kann. Nun kann man dies auch auf den Sprecher/Schreiber übertragen. Dieser steht dann vor der Frage, welche Formulierung in einer Situation die geeignetste ist, um seine Intentionen zu transportieren. Eine Antwort auf eine solche Frage wird nur der bekommen, der verschiedene Formulierungen auf ihre Wirkung beim Hörer/Leser hin abschätzen kann.

Der argumentative Zusammenhang zwischen Geäußertem und Gemeintem: Auf einer Party sagt der Gastgeber spät abends »Ich bin müde«. Dieser Beitrag ist innerhalb einer Party nicht besonders relevant (er hält die Party nicht in Schwung). Hier kann jeder der Gäste ohne besondere Kenntnis des Gastgebers folgende Überlegungen anstellen: *Wer müde ist, soll ins Bett gehen;*

der Gastgeber ist müde; also soll er ins Bett gehen. Als Gastgeber hat er bestimmte Verpflichtungen, z.B. kann er nicht vor dem letzten Gast ins Bett gehen. Dieses Dilemma zwischen Sollen und Nicht-Können ist dadurch aufzulösen, dass ich und alle anderen Gäste nach Hause gehen.

Ich bin müde hat also die konversationelle Implikatur *Geh(t) nach Hause!* (Es ist nicht sinnvoll zu sagen, der Ausdruck A habe im Kontext C die Bedeutung B, sondern: B ist eben eine konversationelle Implikatur, abhängig von jeweiligen Umständen.)

Sowohl eine illokutive Analyse als auch die Feststellung einer konversationellen Implikatur sind analytisch-interpretative Vorgänge. Man kann aber auch fragen, welche Überlegungen ein Sprecher/Schreiber verfolgt, wenn er eine geeignete Formulierung für die Intentionen, die er verfolgt, sucht.

Ein Sprecher steht dann vor der Aufgabe, überlegen zu müssen, welche von vielen möglichen Formulierungen die angemessenste zum Erreichen seiner Intentionen ist. Dazu muss er die erwartbaren Folgen seiner ins Auge gefassten Formulierung bewerten und diese Werte mit der Wahrscheinlichkeit des Eintreffens der Folgen verrechnen (Modell einer rationalen Entscheidung). Dabei kann sich der Sprecher/Schreiber sehr täuschen: er kann die falschen Formulierungsalternativen abwägen (da ihm die richtigen nicht einfallen), er kann sich in der Zuschreibung des Wertes der Erwünschbarkeit der Folgen täuschen (bei genauerem Hinsehen, hätte er gemerkt, dass anderes erwünschter gewesen wäre) und er kann sich in der Einschätzung der Wahrscheinlichkeiten für Hörer-/Leser-Reaktionen täuschen. Diese Erfahrung gehört zum alltäglichen Leben.

Sprechakte vollziehen sich in grammatischen Strukturen. Vergleicht man Satzart und Sprechakt, so stellt man fest, dass es keine unmittelbare Entsprechung gibt (vgl. Tab. 23). Dabei wird unter *Satzart* eine grammatisch beschreibbare Struktur verstanden: Im Aussagesatz steht das Verb an der 2. Satzgliedstelle, im Fragesatz (Ja/Nein-Frage) an der ersten Stelle, im Aufforderungssatz ebenfalls an der ersten Stelle mit entsprechender Imperativmorphologie. (Ausrufesätze werden nicht angenommen, da sie strukturell nicht beschreibbar sind, vielmehr kann alles zu einem Ausruf werden, wenn der Sprecher es nur mit der nötigen Expression dazu macht.)

Satzarten und
Sprechakte

	Aussage	Frage	Aufforderung
Aussagesatz	Heilbronn liegt am Neckar.	Heilbronn liegt an der Sulm?	Wir schreiben ein Diktat!
Fragesatz	(rhetorische Fragen)	Liegt Heilbronn an der Sulm?	Gehst du jetzt zu Bett!
Aufforderungssatz	–	–	Geh jetzt zu Bett!

Tab. 23 | Satzarten und Sprechakte

Man sieht, dass Aussagesätze sprachliche Mittel sind, die zu den verschiedensten Sprachhandlungen gebraucht werden können, sie sind also eine unmarkierte Satzart, so wie das Präsens beim Tempus unmarkiert ist und gebraucht wird, wenn nichts temporal auszuzeichnen ist. Dagegen sind Aufforderungssätze sehr spezielle Mittel, mit ihnen kann man nur auffordern.

Zusammenfassung

In diesem Abschnitt wurden vor allem Satz und Wort in ihrem Bau vorgestellt. Dabei wurden auf der Ebene des Satzes Satzglieder und Gliedteile, auf der Ebene des Wortes mit Blick auf die Wortbildung Morpheme, gegliedert in Lexeme und Affixe eingeführt. Wörter wurden auch kategorisiert (Wortarten) und es wurden die Flexionskategorien des Verbs besonders betrachtet (vor allem Modus und Tempus). Elementare Kenntnisse der Satztopologie spielten ebenfalls eine Rolle. Am Schluss wurde auf der Ebene der Semantik die Paraphrase analysiert und es wurden wesentliche Begriffe der Sprechakttheorie (Illokution, Perlokution) behandelt. Damit ist eine Verbindung zu dem Thema Sagen und Meinen hergestellt, das bereits mit Bezug auf H.P. Grice im Kapitel Mündlichkeit eine Rolle spielte. Am Schluss wurden grammatische Aspekte (Satzart) mit pragmatischen (Sprechakt) in Beziehung gesetzt.

6.2 Didaktisch-methodische Kompetenz

Der Arbeitsbereich *Sprache thematisieren* hatte, wie im 2. Kapitel ausgeführt, in der Didaktik bereits viele Namen. Dies zeigt, dass er nicht ganz unumstritten ist. Immer wieder gab es in der Deutschdidaktik Strömungen, die den Arbeitsbereich ganz aufgeben wollten. Das wesentliche Argument wurde dabei bereits von Rudolf Hildebrand im 19. Jahrhundert entwickelt. Man sollte, so Hildebrand, die Muttersprache nicht wie ein zweites Latein lernen; anders ausgedrückt: die Gefahr des Arbeitsbereichs, vor allem, wenn er eingeengt wird auf Grammatikunterricht, liegt darin, dass die eigene Sprache wie eine Fremdsprache behandelt wird. Auf der anderen Seite kann aber gerade in der verfremdeten Betrachtung von außen auf etwas, was uns als unmittelbar natürlich erscheint, eine Chance liegen, wenn das Ziel Bewusstheit des eigenen Sprachgebrauchs ist.

Was bedeutet Bewusstheit? Bewusstheit äußert sich immer darin, dass jemand nicht etwas tut, sondern weiß, was er tut und in Folge dieses Wissens im Grundsatz auch anders handeln könnte, zumindest für sein Handeln Rechenschaft ablegen kann. Ohne Zweifel muss ein bewusster Sprachgebrauch ein Ziel der Schule sein. Worauf kann eine solche Bewusstheit aufbauen?

Bewusstheit von Sprache

Die Antwort, dass sie auf dem impliziten grammatischen Wissen der Kinder aufbauen müsse, greift solange nicht weit genug, solange nicht ausgeführt wird, welche Struktur und welche Funktion dieses Wissen hat.

Grammatisches Wissen ist Teil des kommunikativen Verhaltensrepertoires des Kindes. Da sein Interesse darin liegt, die eigene Grammatik für die unmittelbaren kommunikativen Bedürfnisse auszubauen, handelt es sich, wenn man den Begriff des Bewusstseins hier bemühen möchte, immer um metakommunikative Bewusstheit in dem Sinne, dass die jeweilige Kommunikation fokussiert wird, nicht die Sprache als System oder Ähnliches. Kinder werden auf Sprache bei verschiedenen Gelegenheiten aufmerksam, aber es fehlt ihnen der willkürliche, d.h. dem eigenen Willen unterworfene Zugang zu ihr.

Funktion von Sprachbewusstheit beim Kind

Ein Kind

»eignet sich [...] ein sprachliches Muster zunächst als relativ unstrukturierte Einheit an, die es allerdings nach relativ kurzer Zeit schon kommunikativ beherrscht. Diese Beherrschung des Musters in der Kommunikation hat dann zunächst den Status einer impliziten Fähigkeit, die das Kind nur in dem Rahmen [...] anwenden kann, in dem es das Muster erworben hat, auf die es keinen bewussten Zugriff hat und die es natürlich auch nicht zum Gegenstand einer Metakommunikation machen kann (I-Level).

Wenn die Muster des I-Levels eine Zeitlang erfolgreich in der Kommunikation eingesetzt wurden, kann, durch verschiedene auslösende Faktoren verursacht, der Prozess einer Rekodierung beginnen. Die kommunikativ beherrschten sprachlichen Strukturformen werden – zunächst unbewusst, auf höheren Rekodierungsstufen später u. U. auch bewusst – reanalysiert und es wird parallel zu den bereits bestehenden sprachlichen Mustern ein neues sprachliches Muster angelegt. Die durch Rekodierung entstandenen Muster gehören dem expliziten Level (E-Level) an, das sich selbst noch einmal in drei Ebenen unterteilen lässt:

- *E1: einfacher, domänenübergreifender Mustereinsatz*
- *E2: bewusstseinsfähiger Mustereinsatz*
- *E3: metakommunikativ behandelbarer Mustereinsatz«.*

(Kappest 1998, S. 10)

Die Hebung auf ein bewusstheitsfähiges Niveau geschieht allerdings nie zu einem Selbstzweck und nicht von selbst. Vielmehr bedarf es äußerer Faktoren. Und es ist auch nicht so, dass ein einmal erreichtes Muster immer und in jedem Kontext gebraucht würde, vielmehr sinkt der Benutzer auf die I-Level-Muster ab, wenn es keinen besonderen Bedarf gibt. Anders ausgedrückt: auch wenn wir durch äußeren Einfluss, etwa die Schule, gelernt haben zu sagen *vor dem Haus* gebrauchen wir alltagssprachlich lieber *vorm Haus;* selbst wenn wir in der Schule immer wieder gehört haben, dass *wer brauchen ohne zu gebraucht, brauchen gar nicht zu gebrauchen braucht,* verwenden wir *brauchen* zunehmend als Modalverb etc. Vielleicht fallen wir deswegen immer wieder auf den I-Level zurück, weil der Weg vom I-Level zum E3-Level ein Gang der zunehmenden Systematisierung ist. Systematisierung bedeutet aber immer auch Zwang und Zuordnungsentscheidungen an den Rändern. Dies verhindert erwünschte Spontaneität in der Kommunikation. Auf der anderen Seite ist Bewusstheit bei einem willkürlichen Gebrauch, der sich sinnfällig in der Auswahl einer Formulierungsvariante aus anderen zeigt, nötig.

Notwendigkeit systematischer Sprachthematisierung

Damit wird auch deutlich, dass systematische Sprachthematisierung nötig ist, da man erst durch sie und in ihr Lösungen für sprachliche Probleme findet, dass sie aber kein Selbstzweck sein kann.

In einer systematischen Sprachbetrachtung braucht man eine sinnvolle Arbeitssprache. Das Thema der grammatischen Terminologie ist – didaktisch betrachtet – ein besonders leidvolles

Thema. 1982 hat die deutsche Kultusministerkonferenz eine Liste grammatischer Begriffe verabschiedet (s. Bausch & Grosse 1987, S. 221–228), die beispielsweise bei der Schulbuchzulassung bis heute gilt. Diese Liste ist nicht befriedigend. Beispielsweise kennt sie den Begriff des *Prädikativs* nicht. Schließlich hat nicht zuletzt auch diese Liste dazu verleitet, dass man Sprachthematisierung als Grammatikunterricht versteht und diesen als das Lernen von Begriffslisten. Hans Glinz (1987) hat einen wichtigen Unterschied eingeführt, den zwischen *Terminus* und *Begriff*. Dieser Unterschied ist grundsätzlich bedeutsam, in der Grammatik ist er von größter Bedeutung, weil es verschiedene und miteinander konkurrierende Grammatikmodelle gibt, die grammatische Phänomene unterschiedlich benennen. Damit hat man eine sehr heterogene Terminologie, die solange nichts wert ist, bis die durch sie bezeichneten Phänomene nicht begriffen sind. Um dies zu leisten, wurde bei den Griechen und Römern in didaktischer Absicht eine metaphorische Redeweise in der Grammatik gebracht, die wir bis heute kennen, deren Sinn wir aber längst vergessen haben. Was hier gemeint ist, soll an zwei Beispielen deutlich werden:

Grammatische Terminologie

Metaphorik der grammatischen Bezeichnungen

a) Kasusbezeichnungen

Wir unterscheiden *Nominativ, Genitiv, Dativ* und *Akkusativ*. Die Bezeichnungen bedeuten:

Nominativ = Nennfall; es ist der Fall, der im Lexikon erscheint (so wie das Wort im Lexikon genannt wird).

Genitiv: Zugehörigkeitsfall. Paradigmatisch ist hier der attributive Gebrauch des Genitivs, der Zugehörigkeit anzeigt.

Dativ: Gebefall; paradigmatisch ist hier das Verb *dare (= geben)*, das im Dativ denjenigen nennt, der etwas bekommt.

Akkusativ: Fall, der den Grund (causa) angibt; paradigmatisch sind hier transitive Verben, die im Akkusativ den Grund des jeweiligen Geschehens nennen. In dem Satz *Karl liebt Emma* ist *Emma* der Grund der Liebe von Karl.

Die Bezeichnungen verdanken sich also prototypischen Verwendungsweisen der Kasus. Auch der Terminus *Kasus* selbst verdankt seine Bezeichnung der didaktischen Veranschaulichung. Man dachte sich den Nominativ als einen aufrecht in den Sand getriebenen Stab. Deshalb heißt der Nominativ auch manchmal *casus rectus*, der *aufrechte Fall*. Die anderen Fälle veranschaulichte man im Verhältnis zu den 90 Grad des Nominativs als Beugung des Stabs. *Beugung* heißt lateinisch *declinatio*, daher also die Deklination des Substantivs/Adjektivs/Pronomens, die alle verschiedene Kasus annehmen können. Die jeweilige Form erkannte man an der Art, wie weit der Stab *gefällt* war – damit hatte man den Ausdruck *Fall* (*Kasus*).

b) Konjugation

Im Gegensatz zu den nominalen Wortarten wird das Verb *konjugiert*, wörtlich übersetzt: *es heiratet*. *Conjugatio* ist der Ausdruck für *Heirat*. Damit wurde metaphorisch sinnfällig zum Ausdruck gebracht, dass das Verb, das in einem Satz immer das Prädikat bildet, mit dem Subjekt verheiratet ist. Wir bezeichnen dies auch als grammatische Kongruenz (= Übereinstimmung).

Kurz und gut, die lateinische Terminologie hat einmal dazu gedient, um grammatische Phänomene und Verhältnisse sinnfällig zu machen; dies wurde im Laufe der langen Grammatiktradition vergessen. Didaktisch sollte man daraus den Schluss ziehen, dass eine systematische Sprachthematisierung einen sinnfälligen Ausdruck braucht, um in den Sinnhorizont von Schülerinnen zu kommen, bevor die Ergebnisse begrifflich-terminologisch gefasst werden. Für die dann gebrauchte Terminologie gilt nur, dass sie möglichst einheitlich und nicht nur für den Deutschunterricht, sondern für den Sprachunterricht überhaupt, also auch für den Fremdsprachenunterricht, tauglich sein sollte.

Für einen bewussten, willkürlichen Gebrauch muss die Sprache nicht nur terminologisch gefasst, sondern auch denaturalisiert werden. Mittel hierzu sind Verfremdung und Variation, das heißt das Suchen nach Alternativen. Dazu dienen die sog. *grammatischen Proben*, die bislang meistens nur als Auffindungsprozeduren für grammatische Begrifflichkeit eingesetzt wurden. Einen Teil dieser Proben haben wir bereits unter *Texte schreiben* vorgestellt, da sie für Formulierungsalternativen ihre Dienste leisten. Durch jede grammatische Probe wird ja an irgendeiner Stelle im Satz etwas verändert, sodass man zu neuen Formulierungen kommt. Ein anderer Teil wurde unter der fachlichen Kompetenz dieses Abschnitts angesprochen. In Tab. 24 findet sich eine erweiterte Liste, die das schriftliche und das grammatische Potential darstellt.

Grammatische Proben

230

Probe	Wirkweise	schriftliche Wirkweise	grammatischer Ertrag
Ersatzprobe	Einheiten – im Satz Gliedteile, Satzglieder oder ganze Sätze – werden ersetzt. Er sagte … äußerte … bat …	Es wird ein alternativer (besserer) Ausdruck gesucht	Durch eine kontrollierte Anwendung im Rahmen des Satzes werden sog. *Paradigmen* (=Klassen) geschaffen. Damit kann Zugehörigkeit zu einer grammatischen Klasse (Kategorie) ausgedrückt werden
Erweiterungsprobe	Gliedteile, Satzglieder oder Sätze werden um einen weiteren Teil erweitert (Komplement zur Weglassprobe): *Sie wohnte in Frankfurt.* → *Sie wohnte zeit ihres Lebens in Frankfurt.*	Satz oder Text werden informativ angereichert.	Im Rahmen des Satzes kann die Erweiterungsprobe fakultative Satzglieder (adverbiale Bestimmungen) erkennbar machen.
Es-ist-der-Fall-Probe	Satzteile werden in die Phrase *Es ist ___ dass… gebracht:* *Es ist leider der Fall, dass wir ihnen mitteilen müssen…*	Dient zur besonderen Hervorhebung, verschlechtert aber gemeinhin den Stil eines Satzes.	Da sich die Phrase *Es ist ___ dass…* immer auf den ganzen Satz bezieht, können Satzteile, die sich nur auf den ganzen Satz beziehen, bestimmt werden. Damit können insbesondere Satzadverbiale ermittelt werden.
Frageprobe	Ein Gliedteil oder Satzglied wird erfragt: *Karl liebt Emma* *Wer liebt wen?*	Informationen im Satz werden erfragt.	Da ein Satz immer Informationen enthält, können diese erfragt werden. Da Informationen in Satzgliedern gebunden sind, dient die Probe zur Ermittlung von Satzgliedern.
Infinitiv-Probe	Das finite Verb wird in den Infinitiv gesetzt: *Wir wählen den Fortschritt* → *den Fortschritt wählen*	Täterlose Ausdrucksweise	Da der Kongruenzverband Subjekt-Prädikat durch die Infinitivsetzung aufgehoben ist, hat das Subjekt seinen Ankerplatz verloren. Die Probe dient also zur Auffindung der Subjekte

Probe	Wirkweise	schriftliche Wirkweise	grammatischer Ertrag
Klangprobe	Die Intonationskurve eines sprachlichen Ausdrucks wird überprüf- bzw. mit anderen kontrastiert: *Du warst in Kronberg* (falls die Intonation fällt, steht ein Punkt, falls Sie am Schluss steigt, ein Fragezeichen).	Jeder Text hat einen bestimmten Rhythmus. Durch die Klangprobe kann dieser ermittelt werden.	Manche pragmatischen Funktionen haben kontrastiv eine besondere Intonation, z.B. Frage oder Ausruf (Expression); Modalpartikel können im Satz nie einen Akzent tragen (und nicht ins Vorfeld rücken). Bei der Zusammenschreibung eines Wortes hat man gewöhnlich nur einen Wortakzent.
Koordinationsprobe	Ein Satzglied wird mit *und* erweitert: *Er war im Urlaub → Er und seine Frau waren im Urlaub.*	Dient zur informativen Anreicherung innerhalb eines Satzgliedes.	Wird die Probe auf das Subjekt als Satzglied angewandt, so muss sich auch das finite Verb verändern. Die Probe dient als der Auffindung von Subjekten.
Negationsprobe	Ein Satz wird verneint: *Er hat Angst → Er hat keine Angst.*	Verändert den Satzsinn in sein Gegenteil! Stilistisch ist die Probe also irrelevant, da der Sinn und nicht nur der Stil verändert wird.	Mit der Negationsprobe können Nullartikel sichtbar gemacht werden. Die Probe macht den Unterschied zwischen Satz- und Prädikatsadverbialen deutlich.
Paraphrasierungsprobe	Eine definierte Einheit wird durch eine andere ersetzt: *Dieses Mittel kommt zur Anwendung → Dieses Mittel wird angewandt.*	Es wird ein alternativer (besserer) Ausdruck gesucht.	s. Ersatzprobe als besondere Form der Paraphrasierung.
Passiv-Probe	Ein Satz wird in das Passiv umgesetzt: *Wasserkraft bewegt die Turbinen → Die Turbinen werden durch Wasserkraft bewegt.*	Damit ändert sich die Perspektive. Die Täterperspektive wird zur Geschehens-Perspektive.	Die Probe dient dazu, die transitiven Verben zu ermitteln; es können Subjekte sowie Objekte im Aktivsatz ermittelt werden.
Pronominalisierungsprobe	Ein Satzteil wird durch ein Pronomen ersetzt: *Das Mädchen kaufte Brot → Es kaufte Brot.*	Im Text ist Pronominalisierung teils fakultativ, teils notwendig.	Da immer Satzglieder, nie Gliedteile von Satzgliedern pronominalisiert werden, dient der Test zur Satzgliedermittlung.

Probe	Wirkweise	schriftliche Wirkweise	grammatischer Ertrag
Spitzenstellungsprobe	Ein Satzteil wird im Aussagesatz in das Vorfeld vor das finite Verb gebracht: *Das Mädchen kaufte wohl Brot* → *Brot kaufte wohl das Mädchen* →*Wohl kaufte das Mädchen Brot.*	Dient im Text einer geordneten Thema-Rhema-Abfolge und kann der besonderen Hervorhebung dienen.	Alles, was im Aussagesatz vor dem finiten Verb steht, ist genau ein Satzglied.
Umstellprobe	Satzglieder oder Sätze werden umgestellt: *Die Maus entwischte der Katze* → *Der Katze entwischte die Maus.*	Damit ändert sich gewöhnlich die Thema-Rhema-Folge. Umstellungen können einen Text stilistisch verändern (verbessern).	Da man im Großen und Ganzen nur Satzglieder umstellen kann, zeigt die Probe Satzglieder an.
Und-das-geschieht-Probe	Ein Gliedteil oder Satzglied wird in die Phrase und das geschieht___ gebracht: *Wir tagen heute* → *Wir tagen – und das geschieht heute.*	Dient zur besonderen Hervorhebung dadurch, dass bei Satzgliedern diese ins Nachfeld gerückt werden. Stilistisch nicht immer erwünscht.	Die Probe kann nur auf adverbiale Bestimmungen angewandt werden (da Nominalgruppen gewöhnlich kein Geschehen ausdrücken); ansonsten wie die Und-zwar-Probe.
Und-zwar-Probe	Ein Gliedteil oder Satzglied wird in die Phrase und zwar___ gebracht: *Wir tagen heute* → *Wir tagen und zwar heute.*	Dient zur besonderen Hervorhebung dadurch, dass bei Satzgliedern diese ins Nachfeld gerückt werden. Stilistisch nicht immer erwünscht.	Wenn die Probe auf Gliedteile angewandt wird, rückt sie das fakultative Gliedteil hinter den Kopf des Satzglieds: *das alte Haus* → *das Haus – und zwar das alte -* … Auf Satzglieder angewandt steht vor der Phrase immer ein vollständiger Satzgedanke. Daher können mit der Probe fakultative Gliedteile oder Satzglieder ermittelt werden.
Weglassprobe	Ein Satzteil wird weggelassen (Komplement zur Erweiterungsprobe): *Wir schliefen jeden Tag in unseren Zelten* → *Wir schliefen.*	Die Probe dient dazu, einen stringenten (Satz-) Gedanken zu entwickeln.	Weglassen kann man nur fakultative Teile. Die Probe dient also dazu, Gliedteile oder fakultative Satzglieder zu ermitteln.

Die Liste ist alphabetisch geordnet. Dabei sind nur einige der Probleme angesprochen. Insgesamt gilt unter einem grammatischen Blickwinkel:

»*Die vorgeführten operationalen Verfahren sind Hilfsmittel, mit denen grammatische Einteilungen vorgenommen und nachvollzogen werden können. Dabei ist es wichtig zu wissen, dass sie nie automatisch auf ›richtige Lösungen‹ führen. Sie setzen immer einen kompetenten Sprecher voraus, d.h. einen Sprecher, der die betreffende Sprache sicher beherrscht. Dieser Sprecher muss z. B. eine Umschreibungsmöglichkeit nachvollziehen und als angemessen oder nicht angemessen bestimmen können; dafür muss er das sprachliche Beispiel, um das es geht, verstanden haben. Nur so kann er entscheiden, ob z. B. eine bestimmte Umschreibungsmöglichkeit im konkreten Fall auch zutrifft. Vorausgesetzt ist also – pointiert formuliert – ein Sprecher, der schon können muss, was er wissen will.*« (Drosdowski 1995, S. 604)

Auch wenn dies unbestreitbar so ist, wird gerade die nötige Sprachintuition durch das wiederkehrende Anwenden solcher Proben geschult. Man kann also nicht sagen, dass man erst auf irgendeinem Weg die Intuition schulen müsse, um dann die Proben anwenden zu können; vielmehr schult man durch das Anwenden der Proben die Intuition, wobei man auch die Grenzen der Proben verstehen lernt. Die Proben schulen mehr das Sprachbewusstsein, indem sie Möglichkeiten von Sprache aufzeigen, als dass sie – ähnlich wie der Lackmus-Test in der Chemie – zu eindeutigen Ergebnissen bei der Bestimmung grammatischer Kategorien führten.

Grenzen von Proben   Für alle Proben gilt, dass sie nicht blind angewendet werden dürfen: Dazu einige Beispiele:

Ersatzprobe: Sie leistet vielfache Dienste zum Beispiel in der Phonologie zur Ermittlung der Phoneme (Minimalpaarbildung), in der Morphologie zur Ermittlung von Stamm und Affixen. In der Syntax kann man sie zur Ermittlung von Satzgliedern oder von Wortklassen einsetzen. Es ist aber nicht so, dass alles, was an einer Satzstelle mit etwas anderem ausgetaucht werden kann, ein Paradigma bildet. In *ein guter Wein* kann *guter* durch *Liter* ausgetaucht werden. Daraus folgt aber nicht, dass *Liter* ein Adjektiv wäre.

Umstellprobe: Sie wird meistens in der Schule exklusiv zur Ermittlung von Satzgliedern eingesetzt. Sie versagt aber bei Sätzen, die diskontinuierliche Konstituenten (Konstituenten, die nicht nebeneinander stehen) haben, oder bei dislozierten Elementen, etwa in *Von Berlin hat er wenig gesehen*. Unsere Intuition sagt uns ganz klar, dass das Satzglied *wenig von Berlin* heißt.

Frageprobe: Keine Probe ist in der Schule prominenter zur Satzgliedermittlung als sie. Diese Probe hat aber ganz klare Grenzen. Beispielsweise kann mit ihr in einem Prädikativsatz wie *Mein Bruder ist Ingenieur* sowohl nach dem Subjekt als auch nach dem Prädikativ mit *Wer?* bzw. *Was?* gefragt werden. Aber nur *mein Bruder* ist Subjekt. In einem Satz wie *Ich trage meiner Mutter die Koffer* kann *meiner Mutter* mit *Wem?* erfragt werden. Da aber *meiner Mutter* nicht notwendig im Satz ist, kann es nicht als Dativobjekt behandelt werden.

Weglassprobe: Auch diese Probe wird zur Satzgliedermittlung genommen, insbesondere zur Ermittlung der fakultativen. In dem Satz *Eva hat seine und Josef hat ihre stinkenden Socken gewaschen* ist offensichtlich nach *seine* die Phrase *stinkende Socken* weggelassen. Daraus folgt aber nicht, dass diese Phrase ein Satzglied bildete.

Pronominalisierungsprobe: Ohne Zweifel eine der zuverlässigsten Proben zur Ermittlung von Satzgliedern. Da aber nicht alle Satzglieder pronominalisierbar sind, darf nicht der Schluss gezogen werden, dass, was nicht pronominalisiert werden kann, auch kein Satzglied sei.

Kurz und gut, ein blindes Anwenden versagt sich nicht nur wegen unzuverlässiger Ergebnisse, sondern auch, weil damit das Ziel, Sprachbewusstheit (Sprachintuition) zu fördern, nicht erreicht würde. Am besten ist es, wenn mehrere Proben zusammenspielen und das Zusammenspiel zu einer erklärenden grammatischen Argumentation führt. Führt man dies konsequent durch, kann man sagen, dass zwei sprachliche Ausdrücke zur selben grammatischen Kategorie gehören, wenn sie sich hinsichtlich aller Proben, die man durchführen kann, gleich verhalten. Wiederum ein Beispiel:

Der Ausgangssatz sei: *Inge liest den Spiegel* (zu diesem Beispiel vgl. Eisenberg & Menzel 1994).

Mit der Erweiterungsprobe wird der Satz mit den Adverbien *immer* und *oft* angereichert und es wird die Umstellprobe auf diese beiden Adverbien angewandt:

Inge liest *immer* den Spiegel.	Inge liest den Spiegel *immer*.	*Immer* liest Inge den Spiegel.	*Immer* Inge liest den Spiegel
Inge liest *oft* den Spiegel.	Inge liest den Spiegel *oft*.	*Oft* liest Inge den Spiegel.	

Tab. 24 | Wortartbestimmung durch linguistische Proben

Man kann sehen, dass *immer* und *oft* sich bis auf den letzten Satz gleich verhalten. In diesem Satz ist *immer* nicht durch *oft* ersetzbar. Aus der Spitzenstellungsprobe weiß man aber, dass vor dem finiten Verb im Aussagesatz nur ein Satzglied steht. Daher liegt es nahe, dass *immer* hier nicht Adverb ist. Dieses weiß man wiederum aus dem Umstand, dass Adverbien im Vorfeld stehen können und auf W-Fragen antworten. Beides ist aber nicht der Fall. Man kann nun draus den Schluss ziehen, dass *immer* und *oft* nicht zur selben Wortartkategorie gehören. Dies würde die Frage aufwerfen, zu welcher *immer* dann gehört, oder man zieht den naheliegenderen Schluss, dass *immer* in der letzten Verwendung die Wortart gewechselt hat und nun, da es durch *nur* ersetzt werden kann, als Partikel verwandt wird.

Art des Wissens für didaktisch-methodische Kompetenz

Welches Wissen braucht man im Rahmen der didaktisch-methodischen Kompetenz? Allgemein wird das deklarative Wissen überschätzt, aber natürlich kommt man ohne deklaratives Wissen nicht aus. Viel wichtiger aber ist – wie schon in der Orthographie – Problemlosungswissen vereint mit prozeduralem Wissen. Die linguistischen Proben sind Prozeduren, die dann ihre Wirkung erzielen, wenn sie im adäquaten Problemlösungszusammenhang eingesetzt werden. Daher ist auch in diesem Bereich möglich, was man *grammatisches Beweisen* nennen könnte. Ein Beispiel wurde bereits oben bei der Bestimmung von *immer* als Adverb und Partikel gegeben. Ein anderes Beispiel könnte dieses sein:

Wenn man das Subjekt in einem Prädikativsatz bestimmen möchte, tauchen bestimmte Schwierigkeiten auf. Der Satz sei: *Meine Schwester ist Ärztin.*

Wenn man mit *Wer?/Was?* fragt, erhält man zwei Subjekte. Zur Problemlösung ist es nötig zu wissen (deklaratives Wissen), dass kein Satz zwei Subjekte hat.

Man kann den Koordinationstest anwenden und erhält: *Meine Schwester und ihre Freundin sind Ärztinnen.* Eine Entscheidung ist also hier nicht möglich.

Nun kann man die Infinitivprobe anwenden. Zwar ist *Ärztin sein* natürlicher als *meine Schwester sein* – möglich ist aber beides – also wiederum kein Ergebnis.

Als nächstes kann man den Satz verneinen. Aber man kann beide Glieder verneinen: *Meine Schwester ist keine Ärztin – Ärztin ist meine Schwester nicht.* Immerhin fällt hier auf, dass im ersten Fall der Größe *meine Schwester* etwas abgesprochen wird, während im zweiten Fall gesagt wird, dass das Ganze nicht der Fall ist. Dies legt immerhin den Verdacht sehr nahe, dass *meine Schwester* das Subjekt ist.

Man kann nun mit der Ersatzprobe arbeiten: *Sie ist Ärztin,* aber nicht: **Meine Schwester ist es.* Wenn dieser Satz einen Sinn ergibt, meint *es* etwas ganz anderes. Ein klares Indiz dafür, dass *meine Schwester* Subjekt des Satzes ist.

Schließlich kann man die Klangprobe zusammen mit der Verschiebeprobe anwenden und feststellen, dass *Meine Schwester ist Ärztin* einen normalen Tonverlauf hat, während *Ärztin ist meine Schwester* einen Akzent auf *Ärztin* hat. Das wiederum zeigt, dass *Ärztin* nicht das Subjekt sein kann.

Da man eine Tätigkeit, die man mehr oder weniger natürlich ausführt, im Bereich *Sprache thematisieren* zum Gegenstand der Betrachtung macht, wird notwendigerweise auch metakognitives Wissen erzeugt; man kann etwas über seine eigenen Formulierungsroutinen erfahren und sie verändern. Dabei kann literarischer Sprachgebrauch, bezogen auf den man seinen eigenen Sprahgebrauch bedenken und relativieren kann, von einigem Interesse und Aufschluss sein. So beginnt das *Kommunistische Manifest* von Marx und Engels mit dem Satz: *Ein Gespenst geht um in Europa.* Erwarten würde man: *In Europa geht ein Gespenst um. In Europa* wird also von Marx/Engels in das Nachfeld gestellt und somit besonders

Problemlösungswissen an einem Beispiel

Metakognitives Wissen

gewichtet. Damit ist ein Signal bereits mit dem ersten Satz gesetzt.

In der Literatur zur Sprachdidaktik taucht immer wieder die Frage auf, wann der richtige Zeitpunkt für die Thematisierung der Form der Sprache sei. Diese Frage wird häufig falsch gestellt, denn mit dem Erwerb einer alphabetischen Schrift sind die Schülerinnen gezwungen, auf die Form und nicht nur auf den Inhalt zu achten (s. *phonologische Bewusstheit*). Sofern man fragt, ab wann Schülerinnen Sätze und Wörter zergliedern sollen, ist auch diese Frage falsch gestellt, da auch dies im Zusammenhang mit der Orthographie von Anfang an nötig ist. Die Frage ist nur dann richtig gestellt, wenn sie im Fokus hat, ab wann Schülerinnen herkömmlichen terminologischen Grammatikunterricht machen sollen. Die Antwort darauf ist, dass ein isolierter Unterricht nicht nur im Bereich der Grammatikbetrachtung immer unsinnig ist. Bedauerlich ist, dass im heutigen Schulcurriculum Grammatikunterricht im engeren Sinne mit der 8.–10. Klasse endet, obwohl sich im Zusammenhang mit Literatur als sprachlich gestalteten Kunstwerken viele sprachliche Fragen auftun und manche philologischen Probleme ohne sprachliche Analyse gar nicht lösbar sind.

So wie philosophische Fragen an die Sprache (*Warum sprechen Menschen? Warum unterscheiden sich Sprachen? Können Tiere sprechen? Wer hat die Sprache erfunden?*) und linguistische (*Warum sprechen Ausländer Deutsch ganz anders? Warum haben sie einen Akzent?*) von Anfang an in der Schule gestellt werden können und mit Kindern über die Probleme räsoniert werden kann, genauso sollte grammatische Rekonstruktion zum Pflichtcurriculum der ganzen Schule gehören.

Thematisierung von Sprache: Wann?

Zusammenfassung

In diesem Abschnitt wurden besonders die grammatische Terminologie und die linguistischen Proben fokussiert. Dabei wurde herausgearbeitet, dass eine grammatische Terminologie kein Selbstzweck ist, sondern zur Begriffssicherung dient, aber auch zur Benennung von sprachlichen Erscheinungen über eine Einzelsprache hinweg. Dabei wurde auch auf die Entstehung der heute üblichen Terminologie eingegangen. Bei den linguistischen Proben wurden ihr textuelles und ihr grammatisches Potential hervorgehoben, aber es wurden auch ihre Grenzen dargestellt. Wie sich Proben gegenseitig ergänzen und wie sie zum grammatischen Beweisen eingesetzt werden können, wurde gezeigt. Betont wurde, dass es im Bereich Sprache thematisieren zwar auch um deklaratives Wissen geht, in erster Linie aber um Problemlösungswissen, das zu prozeduralem Wissen verdichtet werden kann. Dabei sollte das Potential metakognitiven Wissens v. a. auch im Zusammenhang mit der Betrachtung literarischer Sprache gesehen werden.

6.3 Diagnose, Beurteilungs- und Förderkompetenz

Grammatische Fähigkeiten werden in der Schule gewöhnlich im Zusammenhang mit schriftlichen Aufgaben diagnostiziert und beurteilt. Mit zu den häufigsten Fehlern zählt dabei beispielsweise der sog. *Bezugsfehler.* Ein Blick in Lehrpläne zeigt allerdings, dass das schulische Curriculum zwar Pronomen als Wortart kennt, aber nicht Pronominalisierung im Text.

Beispiel: Bezugsfehler

    Dahinter verbirgt sich eine generelle Schwierigkeit des gegenwärtigen schulischen Curriculums. Es ist im Wesentlichen am Wort orientiert, wobei das Curriculum die Klasse der Partikel überhaupt nicht kennt, danach kommt der Satz als einfacher Satz und später als Satzgefüge; Texte spielen in ihrer Struktur so gut wie keine Rolle. Das Problem der Vertextung kommt nicht in den Horizont. Dadurch werden sprachsystematische Phänomene häufig nur über Fehler thematisiert, ohne dass das ganze System verstanden würde. Dabei sind die Schwierigkeiten, die sich im Bereich der Pronominalisierung auftun, schnell erklärt. Bezugsfehler treten auf, wenn mehrere Bezugswörter für ein Pronomen vorhanden sind. Gewöhnlich geht der Weg so vor sich, dass nach links im Text geschaut wird, bis das erste passende Bezugswort gefunden ist. Ein Bezugswort passt dann, wenn es in Numerus und Genus übereinstimmt. Diese einfache Regel hat aber ihre Tücken. In: *Er lehnte an dem Pfeiler gegenüber dem großen Fenster, das ihn widerspiegelte* wäre *Pfeiler* das erste passende Bezugswort; intuitiv aber unterstellen wir, dass *er* widergespiegelt wird. Engel (1988, S. 87) gibt an, dass »sich Verweisformen bevorzugt auf das Subjekt« beziehen würden, ohne dass daraus »eine strenge Regel«(ebd., S. 88) ableitbar wäre.

In: *Obwohl das Metrum des Gedichts ein Jambus ist, ist es oft gebrochen* (Mayer 1999) ist der erste Bezugspunkt *Gedicht*, genommen werden muss aber auch hier das Subjekt *Metrum*, da unser Weltwissen sagt, dass Gedichte nicht gebrochen werden.

Häufig sind Fälle wie *Friedrich Schillers »Wilhelm Tell« erzählt von dem Kampf der Schweizer gegen die Habsburger. Es erzählt auch von dem Jäger Wilhelm Tell* (ebd.). Hier wird stillschweigend unterstellt, dass *das Drama* ergänzt wird. Pronominalisierung ist aber eine syntaktische Erscheinung, in Bezug auf die Kohäsion des Textes und nicht seiner Kohärenz.

Noch ein komplexes Beispiel aus einer Inhaltsangabe zu einer Kurzgeschichte von Siegfried Lenz:

In der Kurzgeschichte »Die Nacht im Hotel« geht es um zwei Männer (...) Sie treffen in einem Hotelzimmer, in dem der eine bereits zu Bett gegangen ist und dessen zweites Bett der andere bezieht, aufeinander. Als der eine eintritt, wird er von dem (...) Mitbewohner (...) ins Bett dirigiert. Sie kommen ins Gespräch, und der eine berichtet über seinen sensiblen Sohn. (...) (ebd.)

Das Problem, vor dem der Schreiber steht, ist offensichtlich: Er kann am Anfang seiner Inhaltsangabe die beiden Männer noch nicht mit Namen einführen, daher werden sie nur als die *zwei Männer* bezeichnet. Die folgende Bezugnahme *der eine - der andere* gebraucht die beiden Pronominalausdrücke so, als wären zuvor die *zwei Männer* als *der eine* bzw. *der andere* identifiziert worden; *zwei Männer* verweist aber selbst nur auf zwei noch nicht weiter bestimmte Personen männlichen Geschlechts. Ein zweites Problem ist die Bezugnahme mit *dessen* auf Hotelzimmer. Formal ist der Bezug aber *der eine*. Erst das Weltwissen sagt dem Leser, dass einem Hotelbesucher nicht das Bett des Zimmers gehört, in dem er schläft und geht zur nächsten möglichen Stelle, die dann ein Treffer ist.

Problemlösungs-
-wissen für
Verbesserungen

Die Beispiele zeigen, wie sehr sich ein Schreiber in dem Geflecht, das er textuell aufbaut, verheddern kann. Man kann auch nicht sagen, dass hier die Pronominalisierung als solche nicht verstanden sei, daher ist die Markierung mit *Bz* für Bezugsfehler wenig hilfreich. Wie kann man fördern? Wichtig ist, dass das Geflecht deutlich gemacht wird und dass Formulierungsalternativen angegeben werden. So wäre im ersten Beispiel eine Nominalkomposition *Gedichtmetrum* eine – stilistisch allerdings wenig überzeugende – Möglichkeit, eine andere wird durch Umstellung und Ergänzung erzeugt, die *Metrum* nach rechts bringt: *Obwohl das Gedicht den Jambus als Metrum hat, ist es/dieses oft gebrochen.* Noch deutlicher würde es, wenn man semantisch *Metrum* in *Grundmetrum* änderte, weil man dann besser versteht, was *gebrochen* bedeutet. Im zweiten Beispiel würde es genügen, wenn *Drama* vor *Wilhelm Tell* ergänzt würde. In diesem Fall wäre der Bezug eindeutig.

Schwieriger ist das letzte Beispiel:

In der Kurzgeschichte »Die Nacht im Hotel« geht es um zwei Männer (...) Sie treffen nacheinander in einem Hotelzimmer ein. Der eine hat bereits sein Bett bezogen, als der andere eintrifft. Jener dirigiert diesen in sein Bett. Sie kommen ins Gespräch...

Zum einen wird der Text mit *nacheinander* informativ angereichert und die Bezüge werden durch *dieser* und *jener* – das ist die wesentliche Neuerung – eindeutig gemacht. Eine andere Lösung bestünde darin, dass die beiden Männer eine definite Beschreibung durch *der erste Mann – der zweite Mann* bekommen:

In der Kurzgeschichte »Die Nacht im Hotel« geht es um zwei Männer (...) Sie treffen nacheinander in einem Hotelzimmer ein. Der erste Mann hat bereits sein Bett bezogen, als der zweite eintrifft. Jener/der erste dirigiert den zweiten in sein Bett. Sie kommen ins Gespräch ...

Bei einer solcher Rekonstruktion können auch andere Probleme mit besprochen werden, z.B. dass es sinnvoll ist zu erwähnen, warum zwei völlig fremde Männer in einem Hotelzimmer übernachten und dass kein Licht brennt, so dass der eine den anderen *dirigieren* muss.

Kurz zusammengefasst. Die Markierung eines grammatischen Fehlers ist zwar nötig, aber für ein Verständnis nicht ausreichend. Dazu braucht man Erklärung und Rekonstruktion auf der Basis der schriftlichen bzw. grammatischen Proben. In diesem Falle können Schülerinnen ein Problembewusstsein entwickeln und Stück für Stück prozedurales Wissen ausbilden. Wesentlich ist auf Seiten der Lehrkraft:

– Erarbeitung des sprachlichen Problems,

- Hinweise für Lösungen, gegebenenfalls Bereitstellen von problemlösenden Prozeduren,
- begriffliche Fassung,
- Metareflexion zur Problemlösung.

Wegen mit Dativ als Beispiel

Einer der häufigsten schriftlichen Fehler, sofern man überhaupt davon sprechen kann, ist die Verwendung von *wegen* mit dem Dativ. Die normative Grammatik schreibt aber *wegen* mit Genitiv vor. Für eine sprachliche Thematisierung mit dem Ziel der Förderung von Sprachbewusstsein sollte es eine Frage sein, warum die normative Grammatik den Genitiv verlangt, während in der mündlichen Sprache fast nur noch der Dativ gebraucht wird. Die problemlösende Prozedur kann in diesem Fall darin liegen, dass die Kasusparadigmen bei den Präpositionen genauer angesehen werden. Dabei fällt auf, dass es nicht nur eine klare Verteilung bei den Orts- und Richtungspräpositionen gibt, sondern dass auch die mit Genitiv verbundenen Präpositionen eine Gruppe bilden, da sie offensichtlich einen erkennbaren Wortartwechsel hinter sich haben (vgl. Mat. 22).

Mat. 22: Präpositionen mit dem Genitiv

abseits, abzüglich, anlässlich, anfangs, angesichts, anhand, anstatt, an Stelle (anstelle), aufgrund, ausgangs, außerhalb, beiderseits, betreffs, bezüglich, dank, diesseits, eingangs, einschließlich, hinsichtlich, infolge, inklusive, inmitten, innerhalb, jenseits, kraft, längsseits, laut, mangels, minus, mittels, oberhalb, plus, rücksichtlich, seitens, seitlich, seitwärts, statt, trotz, um - willen, unbeschadet, unfern, ungeachtet, unterhalb, unweit, vermittels, vermöge, vorbehaltlich, während, wegen, von - wegen, zeit, zuzüglich, zwecks

Untersucht man nun die Gründe für den Dativgebraucht bei *wegen*, kann sich Folgendes bei begrifflicher Fassung ergeben:
- Gewöhnlich regieren Präpositionen den Dativ oder Akkusativ, teilweise mit festen Regelungen.
- Präpositionen, die den Genitiv regieren, sind Wörter, denen man die andere Wortart noch ansieht. Substantive (*dank* ...), Adjektive/Partizipien (*während* ...), Adverbien (*links* ...); Syntagmen (*auf Grund* ...) werden auch als Präpositionen gebraucht.

Sind Substantive aufeinander bezogen, so ist die gewöhnliche Kasusrelation der Genitiv (*das Haus meines Vaters ...*).

Daraus kann man den Schluss ziehen, dass Wörter, die nur noch als Präpositionen erkannt werden, den Dativ oder Akkusativ regieren. Daher liegt es nahe, auch *wegen* mit dem Dativ zu verbinden.

- Wichtig ist offenbar, dass ein Kasus obliquus angezeigt wird. Daher wird auf den Dativ ausgewichen, wenn der Genitiv unmarkiert ist. Dadurch wird das Rektionsgefüge deutlich. Dies ist der Fall bei *wegen Steinen (!) auf der Straße [...]*; manchmal bei Substantiven auf [e]s mit Nullartikel im Genitiv: *wegen Umbau (wegen Umbaus)*; bei Verbindung mit Pronomina *wegen manchem, wegen beidem, wegen dir* (bzw. *deinetwegen*), *wegen mir* (bzw. *meinetwegen*)
- Ähnliches gilt für das Aufeinandertreffen mehrerer Genitive: *wegen Omas Geburtstag;*. Auch hier muss das Rektionsgefüge deutlich bleiben: Da Substantive einen Genitiv als Attribut regieren können, kann der Unterscheidbarkeit wegen der von der Präposition geforderte Kasus nicht auch im Genitiv stehen. Man sieht also auf einen Blick die Abhängigkeiten.

wegen Omas Geburtstag

Aus all dem kann man den Schluss ziehen, dass Dativgebrauch bei *wegen* nichts Ungewöhnliches ist, ja man kann prognostizieren, dass sich der Dativ durchsetzen wird, da heutzutage *wegen* im Paradigma der Genitivpräpositionen wie ein Fremdkörper wirkt. Außerdem kann man prognostizieren, dass andere Präpositionen dem Weg von *wegen* folgen werden und in der Tat hört man immer häufiger *dank seinem ..., infolge seinem ...*

Die Perspektive ist eine erklärende, rekonstruierende; keine, die Sprache außerhalb der Diskussionsfähigkeit stellen würde.

Zu einer sinnvollen Förderung sprachlicher Fähigkeiten gehört auch, dass mit der einen Hand nicht genommen wird, was mit der anderen gegeben wurde. Dies ist beispielsweise der Fall, wenn in der 2. Klasse mühsam *wandern* als Verb eingeführt wird und dazu der Merksatz notiert wird, dass man Verben klein schreibe. Dies ist besonders kontraproduktiv, wenn zugleich das Lied *das Wandern ist des Müllers Lust* gesungen wird. Sinnvoll ist hier ein anderes Vorgehen. Schon früh sollten Schülerinnen daran gewöhnt werden, dass man Dinge ordnen kann, so auch Wör-

Beispiel: Wortartenbestimmung

ter, dass sich aber eine Ordnung gemeinhin nicht von selbst, quasi auf sehr natürliche Weise ergibt, sondern auf der Grundlage eines Ordnungswillens. Das Ziel bei der Wortartbestimmung muss ganz wesentlich von der Orthographie mit bestimmt werden, denn es wäre wenig sinnvoll zwei oder mehr Klassifikationen zu lernen. In der Orthographie sind aber die Wortarten wesentlich syntaktisch bestimmt. Daher sollte die Wortartbestimmung am Anfang ebenso verfahren. Ein einfacher Vorschlag ist eine Wortschatzkiste, in die Wörter aus Texten eingeordnet werden und aus der heraus Sätze gebaut werden. Eine solche Wortschatzkiste kann so aussehen (Vgl. Abb. 49):

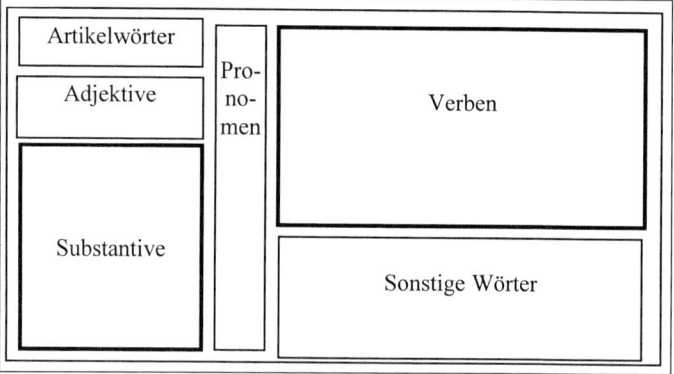

Abb. 49 | Wortschatzkiste

Wie man leicht ersehen kann, ist die Kiste bereits als Fördermaterial aufgebaut. Ganz links befindet sich die nominale Wortgruppe, die durch ein Pronomen ersetzt werden kann, rechts davon die Verben, vor denen (Personal-)Pronomen unmittelbar stehen können. Die letzte Kategorie sind *Sonstige Wörter*, die in der Grundschule noch nicht weiter differenziert werden.

Der Witz der Ordnung liegt darin, dass Kinder aus z.B. auf Pappe geschriebenen Sätzen die Wörter ausschneiden und einsortieren. So kommt *Wandern* im Lied zu den Substantiven (und wird entsprechend groß geschrieben); in dem Satz *wir wandern gerne* aber kommt *wandern* zu den Verben und ist dort entsprechend klein geschrieben. Der Witz einer Wortschatzkiste ist nicht nur, dass aus vorgegebenen Sätzen Wörter einsortiert werden, sondern dass ebenso aus den Wörtern aus der Kiste Sätze gebildet werden. Zieht ein Kind *Wandern*, so kann es dieses Wort nicht als Verb gebrauchen, dazu müsste es *wandern* gezogen haben.

Zusammenfassung

Fehler können, wie so häufig, auch in der Grammatik Fenster zum Denken sein. Fehlermarkierung ist daher auch in der Grammatik der Beginn einer gezielten Förderung, die mit der Beschreibung des sprachlichen Problems beginnt und mit Metareflexion zur Problemlösung endet. Zu den Aufgaben der Didaktik gehört es aber auch, Fehler zu vermeiden, vor allen nicht selbst welche zu induzieren. Am Beispiel der Wortarten wurde gezeigt, wie dies möglich ist.

Aufgaben

1. *Im schönsten Winkel meines Gartens blühen die Rosen, die viel Pflege brauchen, weil sie schnell verwildern.*
   Bestimmen Sie
   a) die Satzglieder und Gliedteile
   b) die Wortarten dieses Satzes.
   c) Geben Sie mindestens 2 alternative Formulierungen mit anderer Wortstellung an.
   d) Welche Illokution hat die Äußerung?
2. Geben Sie Prozeduren für die Bestimmungen bei der ersten Aufgabe an.
3. Schreiben Sie selbst eine Verbesserung des folgenden Textes (aus Fix & Melenk 2000, CD), der bereits unter schriftlichen Gesichtspunkten eine Rolle gespielt hat:

Das Unwetter
Die Exberten vermuten das am 6.6.1995 ein riesiges Unwetter nach Amerika kommt, es wird viele Schäden und Tote geben. Deshalb werden die Einwohner sofort iwackuiert um das schliemste zu vermeiden. Das Unwetter kommt immer näher, als es dar war bricht plötzlich das Unwetter los, Gewitter und ein riesiger Orckan saust durch ganz Amerika. Es werden viele Gebäude zerstört. Die Krankenhäuser sind überfüllt. Die Schäden werden über 25 Millionen Dollar berechnet. Die Aufräumarbeiten werden auf ein Monat geschätzt. Man hofft das es nicht soviel Tote gibt wie vermutet.

ARBEIT MIT EINEM SCHULBUCH | 7

7.1 Themasuche und Lesestoffe

Im Kapitel 2.3 wurde bereits auf integrativen Deutschunterricht als notwendige Klammer für die Arbeitsbereiche hingewiesen. Nachdem nun alle Teilgebiete der Sprachdidaktik durchgegangen sind, muss auf diese nötige Klammer wieder zurückgekommen werden.

Die Frage nach der Integration der Arbeitsbereiche ist eine Frage nach dem richtigen didaktischen Arrangement. Denn dasjenige, was unter einer systematischen Betrachtungsweise getrennt wird, gehört sowohl in der Wirklichkeit, besonders aber im Kopf der Schülerin zusammen.

Wenn dies so ist, so muss man ganz im Gegensatz zu den anderen Kapiteln hier konsequent von der Schülerin aus denken, um zu dem zu kommen, was an Sachgegebenem an welcher Stelle gelernt werden soll. Für das Sachgegebene gilt, dass es in den Horizont der Schülerin gebracht werden muss, wo es sich nicht naturgemäß befindet. Wer würde schon aus eigenem Antrieb über die Kommasetzung oder die Substantive nachdenken?

Ausgangspunkt für Integration: Ein ansprechendes Thema

Daher fragen wir als Erstes, was von dem, was vom Curriculum her erwünscht und nötig ist, bereits im Horizont der Schülerinnen ist. Es kann dies nur etwas sein, was bereits aus sich selbst heraus als sinnvoll angesehen wird. Das sind kaum schulische Themen wie Aufsätze schreiben oder die Orthographie, sondern interessante Themen der Welt, etwa das Thema *Entdeckungen* für eine 5. Klasse. (Die Aufbereitung dieses Themas im Folgenden orientiert sich an Tandem. Ein Deutschbuch für das 5. Schuljahr, Schöningh 2003, S. 136–161)

Ermittlung der Dimensionen eines Themas

Hat man ein Thema gefunden, so muss es als Erstes in verschiedene altersgemäße Dimensionen aufgefächert werden. Solche können sein:

Entdeckungen in der Nähe: *Gewohntes ungewohnt, Bekanntes unbekannt*; Entdeckungen mithilfe der Sinne: *Hörst du es? – Riechst du es? – Spürst du es?*

Entdeckungen in der Ferne: *Andere Länder, andere Tiere – Schätze entdecken.* Solche Themenfelder ergeben sich aus allgemein pädagogischen und didaktischen Überlegungen.

Nach dieser Dimensionierung stellt sich nun die Frage, wie das Thema didaktisch aufbereitet werden muss, sodass Fünftklässler darauf anspringen. Anders gefragt: Wie beginnt man, um Schülerinnen einen Einstieg zu ermöglichen. Nimmt man alle Arbeitsbereiche, so liegt in Lesestoffen etwas, was Schülerinnen aus sich selbst heraus als sinnvoll ansehen. Während Literatur Sinn im Hier und Jetzt stiften kann, muss bei anderen Gegenständen Sinn erst erzeugt werden.

Einstieg in ein Thema: geeignete Lesestoffe

Daran schließt sich die Frage an, welche Art von Literatur sich dazu besonders eignet.

Es muss eine Literatur sein, die Sinn in sich hat, indem die Art und Weise des Gegebenseins jenen Sog ausübt, der uns fesselt und die unterschiedlichsten Bildwelten in unserem Kopf erzeugt. An eine solche Literatur darf man nicht auch immer die höchsten literarischen Wertmaßstäbe anlegen. Auf der anderen Seite kann aber die Schule nicht bei solcher Literatur stehen bleiben, wenn wir es als ihre Aufgabe ansehen, Schülerinnen neue Sinnhorizonte zu eröffnen. Also wird es ganz wesentlich darum gehen, einen gewissermaßen geschenkten Sinn mit fortzuspinnen, damit sich neue Sinnhorizonte eröffnen.

Hier haben wir also ein erstes Feld von Integration. In ihm werden Lesestoffe verflochten, solche, die unmittelbar ansprechen und so Sinn eröffnen mit solchen, die erst – teilweise vielleicht sogar mühsam – erarbeitet werden müssen. Eine Integration liegt aber auch vor, wenn Lesestoffe der unterschiedlichsten Art unter einem Thema, das altersgemäß Kinder bzw. Jugendliche ansprechen kann, zusammengebunden werden. Eine dritte Art von Integration und vermitteltem Sinn ergibt sich, wenn an die Auseinandersetzung mit den literarischen Inhalten Themen anderer Arbeitsbereiche angedockt werden.

Beispiel für thematische Auffächerung und Lesestoffe

Lesestoffe für die Einheit unter der didaktischen Auffächerung des Thema könnten sein (vgl. Tab. 25):

Gewohntes – ungewohnt		
Rolf Krenzer: Streng geheime Bekanntmachung	Gedicht	Sehr einfaches Gedicht, das die Notwendigkeit, Entdeckungen der unmittelbaren Umgebung zu machen, anspricht.
Ben Kuipers: Der Weg zum Schatz	Erzählung	Auszug aus einem Kinder-/Jugendbuch. In dem Auszug erkundet ein Junge seine nächste Umgebung, die ihm völlig verfremdet erscheint.

Frederik Hetmann: Geräusch der Grille – Geräusch des Geldes	Erzählung	Der kleine Text von Hetmann thematisiert das Phänomen, dass unterschiedliche Menschen Unterschiedliches wahrnehmen. Gleichzeitig findet hier die Hinwendung zum Wahrnehmen statt.
Spiele, die die Sinne schärfen	Spiele	(Klang-)Spiele, die eine gezielte Wahrnehmung erfordern.
Bekanntes – unbekannt		
Rätselhafte Bilder	Bilder	Durch Nahaufnahmen verfremdete Bilder, die entschlüsselt werden sollen.
Aus dem Tagebuch des James Cook	Sachtext	Tagebucheintrag des Entdeckers James Cook, nachdem er sein erstes Känguru, ein für ihn seltsames Tier ohne Namen, gesehen hatte.
Hörst du es? – Riechst du es? – Spürst du es?		
Ein Spiel, das die Wahrnehmung schärft	Spiel	Die Schülerinnen geben in einem Wahrnehmungsparcours ihre Sinneseindrücke mit den passenden Substantiven wieder.
Verborgene Schätze entdecken		
Mark Twain: Die Schätzgräber	Erzählung	Zur klassischen Jugendliteratur zählender Text aus *Die Abenteuer von Tom Sawyer und Huckleberry Finn*.
Franz Auf der Mauer: Hurra, da ist ja wirklich Gold	Sachtext	Ein Sachtext über Goldwäscher in der Schweiz.
Bekanntes verrätselt und neu entdeckt		
Rätselgedichte	Gedichte	Zwei Rätselgedichte von Schiller, bei denen der beschriebene Gegenstand erraten werden muss.
Gesucht: der Dichter	Sachtexte/ Bilder	Die Schülerinnen suchen auf der Grundlage von gegebenen Informationen den Dichter der beiden Gedichte (= Schiller)

Tab. 25 | Integration thematisch, von Textsorten und verschiedenen Lesestoffen

7.2 Integration der Arbeitsbereiche

Wenn das Thema soweit aufgefächert ist, kann als Nächstes daran gedacht werden, welche Stoffgebiete von anderen Arbeitsbereichen dazupassen.

Im Schreiben ist das in einer 5. Klasse entweder *Erzählen* oder *Beschreiben*. Da Entdecken immer etwas mit Neuem zu tun hat, eignet sich besonders das Beschreiben; dies auch deswegen, weil für Entdeckungen das Thema *Sinneswahrnehmung (Hörst du es? – Riechst du es? – Spürst du es?)* virulent wird, ein Thema, das seinen genuinen Platz bei Beschreibungen hat.

Mit dem Thema *Beschreiben* kann man den Bogen schlagen zu grammatischen Themen. Beschreibungen sind nichts anderes als Begriffsexplikationen. Begriffe fassen wir gemeinhin in Substantiven; also eignet sich besonders das Thema *Substantive*. Grundsätzlich könnte man auch an Adjektive denken, da es beim Beschreiben um Genauigkeit geht. Dann aber müssen die Substantive als sprachliche Formen für Begriffe bereits voll verfügbar sein. Mit dem Thema Substantiv ergibt sich von selbst orthographisch das Thema *Großschreibung*.

Zwanglos hat also das Thema *Entdeckungen* drei Fokussierungen ergeben, die für ein schulisches Curriculum einer 5. Klasse bedeutsam sind: Im Schreiben *Beschreibungen anfertigen;* in diesem Zusammenhang werden *Substantive* als besonders bedeutsame Wortart für Beschreibungen thematisiert, wobei diese Wortart in der Orthographie auf die *Großschreibung* verweist. Schließlich kann bei Beschreibungen mündlich auch das Thema *Kurzreferate* integriert werden – aber Integration bedeutet nicht, dass in jeder Unterrichtseinheit immer auch jedes Arbeitsfeld angesprochen werden müsste. Abb. 50 zeigt diese mehrfache Verflechtung.

Wo liegen die Schwierigkeiten bei einer Integration?
Drei Gefahren müssen in der Planung besonders bedacht werden:

1. Die erste Gefahr besteht darin, dass literarische Texte nur noch Ausgangspunkte (Andockstellen) für Schreiben, Sprachthematisierung und Rechtschreiben sind.
2. Die zweite besteht in Beliebigkeit. Man kann schließlich von jedem Thema aus irgendein sprachliches oder schriftliches

Integration der Arbeitsbereiche

Schwierigkeiten bei der Planung von integrativen Einheiten

251

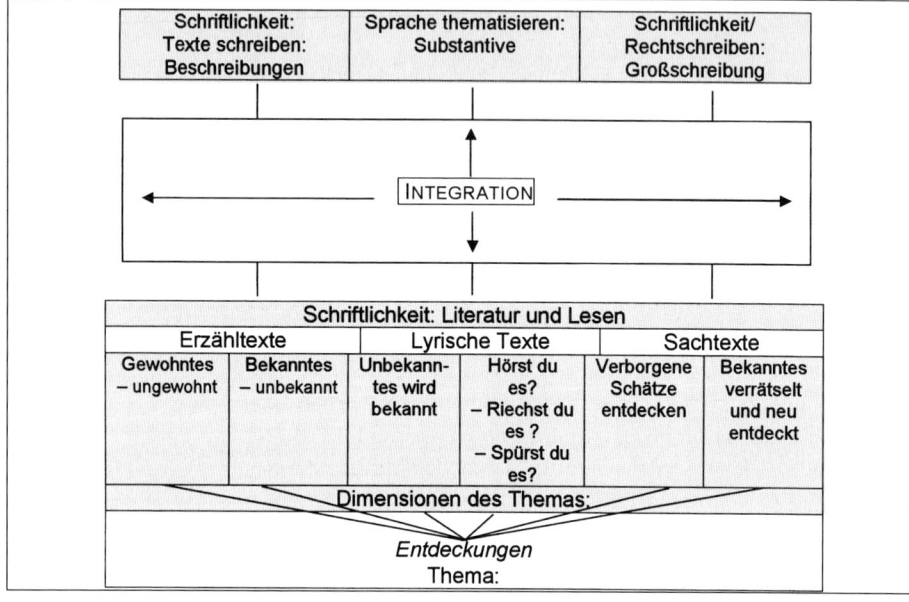

Abb. 50 | Struktur einer integrativen Unterrichtseinheit

Problem ansprechen. Man hätte bei *Entdeckungen* vielleicht auch auf spannendes Erzählen im Schriftlichen und ebenso auf jede beliebige Wortart kommen können.

3. Die dritte Gefahr besteht darin, dass alles etwas angesprochen wird, nichts aber wirklich richtig. Dabei muss aber gerade der nichtliterarische Stoff vertieft und geübt werden. Gerade diese Einsicht hat Lehrkräfte immer wieder bewogen, die Arbeitsbereiche zu separieren und in eigenen Lektionen zu unterweisen.

Diskussion der Schwierigkeiten

Alle drei Gefahren verdienen eine angemessene Auseinandersetzung.

• Zur ersten: Bereits die bisherige Erörterung hat gezeigt, wie man dieser Gefahr begegnen kann. Das Thema *Entdeckungen* steht die ganze Einheit durch im Vordergrund, die literarischen Texte bedienen dieses Inhaltsfeld. Literarische Texte verlieren also keineswegs ihren Eigenwert, sondern sind die Träger dessen, was inhaltlich zu einem Thema erschlossen werden soll und kann. Nur bleibt man nicht nur bei der inhaltlichen Erschließung stehen, sondern thematisiert auch, was für eigenes Tun (in diesem Fall *Beschreiben*) von Bedeutung ist.

- Zur zweiten: In gewisser Weise ist der Einwand richtig und dass es so ist, ist von großem Vorteil. Positiv gewendet bedeutet der Einwand, dass eine mögliche Integration argumentativ ausgewiesen sein muss. In diesem Sinne wurde oben argumentativ gezeigt, welchen Weg es gibt, zu den Dimensionen des Themas *Entdeckungen* zu kommen und wie man *Texte schreiben, Sprachthematisierung* und *Orthographie* mit *Literatur und Lesen* zusammenbringen kann. Dass anderes auch möglich wäre, spricht nicht gegen diesen Vorschlag. Seine Güte muss er in Abgrenzung gegen andere Möglichkeiten zeigen und darüber hinaus muss er tauglich für ein ganzes Jahrescurriculum sein. Das bedeutet, dass man argumentativ zeigen muss, wie die genannten Gebiete, wenn sie nicht im Zusammenhang des Themas *Entdeckungen* besprochen werden, in einem anderen Zusammenhang besser aufgehoben sind. Die Güte des Arrangements zeigt sich zuletzt darin, wie ein ganzer Jahresstoff verteilt wird. Diese Fragen sind gegenwärtig von besonderer Brisanz, denn heute sind Lehrkräfte gehalten, in den Fachkonferenzen eigene Schulcurricula zu erstellen. Die Qualität des gemachten Vorschlags zeigt sich darin, dass beispielsweise Erzählen an dieser Stelle zu traktieren weniger sinnvoll wäre, da man dabei auf ein Erlebnis im Zusammenhang mit *Entdeckungen* abheben müsste. Man darf aber bezweifeln, dass Schülerinnen im Alter von 11 Jahren bereits tiefe Entdeckungen, die zu spannenden Erzählungen führen würden, gemacht haben. Wenn man des Weiteren vorbringt, dass die Adjektive bei Beschreibungen doch die geeignetere Wortart seien, verkennt man, dass es bei Beschreibungen in einer 5. Klasse bereits um den treffenden Fachwortschatz geht, der sich nicht in Umschreibungen aus Adjektiv und Substantiv ergibt, sondern begrifflich substantivisch gefasst ist. Das bedeutet, dass das didaktische Arrangement argumentativ gut gestützt werden kann, ohne dass behauptet würde, es gäbe keine Alternativen. Eine solche bestünde zum Beispiel darin, das Thema *Entdeckungen* für *Sich informieren* und *Informationen weitergeben* einzusetzen.
- Die dritte Gefahr benennt die Grundschwierigkeit des integrativen Arbeitens. Mit der Betonung des Inhaltlichen scheinen

die typisch schulischen Inhalte in den Hintergrund zu geraten. Werden die Inhalte dagegen angemessen behandelt, wird der inhaltliche Zusammenhang immer wieder unterbrochen. Man kann der Schwierigkeit begegnen, wenn man fragt, an welcher Stelle es für Schülerinnen Sinn macht, selbst zu beschreiben und über Substantive zu sprechen. Dies kann dann der Fall sein, wenn sie versuchen, vor dem Hintergrund interessanter Beschreibungen aus der Literatur selbst welche zu verfassen. Wenn die Schüler dies versuchen, brauchen sie sprachliche Werkzeuge an die Hand, die es ihnen ermöglichen, eine solche Aufgabe professionell zu erledigen. Dazu gehört zweifelsohne auch der Gebrauch von Substantiven. Anders ausgedrückt: Mit dem Beschreiben ist bereits das grammatische Thema *Substantiv* vorbereitet.

Allerdings braucht dies alles Zeit und auf den ersten Blick wird die inhaltliche, auf Entdeckungen ausgerichtete Arbeit, unterbrochen, weil es nun um Schreiben und Sprachthematisierung geht. Dadurch aber, dass man auch hier das inhaltliche Gegenstandsfeld im Wesentlichen gleichhält, treten nicht Risse und Sprünge auf, sondern jeweils nur – im Einzelnen vielleicht sogar besonders interessant empfundene – Neufokussierungen. Hat man eben eine Beschreibung von Kängurus gelesen, so kann nun das Beschreiben an Koalas geübt werden. Auch bei den Substantiven kann z. B. bei Artikeln der inhaltliche Bereich gewahrt bleiben, etwa bei der Frage, ob es *das Wombat* oder *der Wombat* heißt. Trotzdem wird man hier bei Transferaufgaben auch in andere Themenfelder gehen müssen.

Kette der Integration

Man hat also die folgende (integrative) Kette:

Texte zum Thema Entdeckungen – darunter mindestens ein Text mit einer Beschreibung

→ Stellen der schriftlichen Aufgabe, selbst etwas zu beschreiben

→ Erarbeitung von guten Beschreibungen: Aufbau, prototypische Beschreibung

→ Sprachliche Werkzeuge für Beschreibungen: Substantive und ihre Begleiter

→ Großschreibung von Substantiven.

Derartiges Wissen ist an den Stellen anzubieten, an denen es gebraucht wird. Damit wird unter einer großen thematischen Klammer in den verschiedensten Arbeitsbereichen gearbeitet.

Was lernen Schülerinnen dabei?

Lernen bei Integration

– Zuerst einmal können sie lernen, dass und wie ein großes Thema dimensioniert werden kann und welche Aspekte bei einem großen Thema angesprochen werden können. Hier ganz besonders das Thema *Wahrnehmung*.
– Darüber hinaus lernen Sie inhaltlich zum Thema etwas über die angebotenen Texte;
– sie lernen das Beschreiben und die Textsorte Beschreibung;
– damit zusammenhängend, erfahren sie etwas von der Leistung und den Besonderheiten der Wortart Substantiv, nicht zuletzt ihre orthographische Besonderheit.

Unter 2.3 wurde von der Notwendigkeit der Fokussierung gesprochen. Man kann jetzt leichter sehen, wie eine solche aussehen kann. Vor allen Dingen ist eine Fokussierung auch hinsichtlich der Ausbildung der nötigen Fähigkeiten von Schülerinnen zu bedenken. Dabei werden die fokussierten Arbeitsbereiche nicht nur beiläufig angesprochen, sondern vertieft auch in ihrer Systematik ausgearbeitet. Dies zeigt die Behandlung des Substantivs im vorliegenden Beispiel:

Tiefe der Behandlung in einem integrativen Ansatz: Substantive

Folgende Überschriften leiten diese Behandlung:

Außerdem wird in den oben erwähnten Wahrnehmungsparcours

Mit Substantiven beschreiben	An dem Beispiel von James Cook, der für seine Beschreibung keinen sprachlichen Ausdruck hatte, wird die Leistung von Substantiven verdeutlicht.
Substantiv und Artikel	Artikel werden im Deutschen nach unterschiedlichen Regeln vergeben, manche sind rein konventionell. Die Behandlung verweist auf Wörterbucharbeit, wo Artikel nachgesehen werden können.
Das Substantiv im Satz: es verändert seine Form	Nachdem das Substantiv unter der ersten Überschrift semantisch behandelt wurde, unter der zweiten syntaktisch, tritt nun die Morphologie ins Blickfeld. Damit sind alle kategorialen Dimensionen des Substantivs abgehandelt. Thematisch bleibt man dabei im Themenfeld *Australien*.
Substantive erweitern – genau beschreiben	Die syntaktische Charakterisierung als Art + ___ wird erweitert zu Art + Adj + ___
Neue Substantive bilden, um genau beschreiben zu können	Das Problem des Fachwortschatzes, in dem gehäuft Wortbildungen auftauchen, wird angesprochen. Im Hintergrund spielt dabei auch eine Rolle, dass Unterbegriffe entweder über Attribuierung (*das Tier, das einen Beutel hat*) oder durch Wortbildung (*Beuteltier*) gebildet werden.

Tab. 26 | Dimensionen des Substantivs in einer integrierten Einheit

255

das Problem des Nullartikel eingebaut. Mit verbundenen Augen erfahren die Schülerinnen verschiedene Nahrungsmittel, darunter auch solche mit Stoffbezeichnungen, die keinen Artikel bei sich haben. In der im Spiel vorgegeben Wendung *Das ist ...* wird der Unterschied deutlich. Während es bei einer Zitrone heißt: *das ist eine Zitrone*, heißt es bei Wasser: *das ist Wasser*.

7.3 Arbeiten mit einem Schulbuch

Die Ausführungen unter 7.2 zeigen, dass Integration aufwendig ist. Daher muss es dafür überlegte und ausgearbeitete Unterrichtsmaterialien geben, die hier entsprechende Angebote machen und auf diese Weise eine Lehrkraft entlasten. Die Aufgabe der Lehrkraft sollte es sein, dass sie didaktisch brauchbare Materialien, vor allem Schulbücher, auf ihre Schülerinnen anpasst. Dazu gehört, dass ein Schulbuch daraufhin geprüft wird, was an dem Angebot realistisch bei einer konkreten Klasse verwirklichbar ist und was weggelassen werden kann; ob das Angebot an der einen oder anderen Stelle ergänzt werden sollte oder muss und welche Leistungsüberprüfungen nötig sind. Bei der Beantwortung dieser Fragen können auch die Schülerinnen miteinbezogen werden. Das geht dann einfach, wenn eine Unterrichtseinheit im Schulbuch ihre Karten nicht nur für die Lehrkräfte im Lehrerband offenlegt, sondern auch für die Schülerinnen in Form einer Übersicht über all das, was in einer Einheit angesprochen wird. Die Schülerinnen können auf dieser Grundlage ihre eigenen Bedürfnisse artikulieren und einbringen.

Von einer Unterrichtseinheit sollte man auch erwarten, dass in ihr Wert darauf gelegt wurde, dass die verschiedenen Wissensarten bedacht worden sind. Dazu muss sie

- deklaratives Wissen bereitstellen oder Hinweise geben, wie es erlangt werden kann;
- Problemlösungswissen offerieren und Problemlösungsaufgaben stellen;
- Übungen bereitstellen, sodass prozedurales Wissen ausgebildet werden kann, und
- zu Metakognitionen anregen.

Schließlich sollte man von einem guten Schulbuch erwarten,

Unterrichtsmaterialien als Entlastung für Lehrkräfte

dass es die selbstständige Arbeit der Schülerinnen fördert. Es sollte zum Beispiel so aufbereitet sein, dass Formen wie Wochenplanarbeit möglich sind.

Unterrichtsmaterialien, die zur Selbsttätigkeit anregen

Erst durch die gemeinsame Arbeit der Lehrkraft mit den Schülerinnen wird ein Schulbuch lebendig und erhält den Geist eingehaucht, den es für eine gediegene didaktische Arbeit braucht.

Zusammenfassung

In diesem Kapitel wurde integratives Arbeiten vorgestellt. Auf diese Weise wurde am Schluss gezeigt, wie das, was in den Kapiteln zuvor analytisch getrennt wurde, aufeinander bezogen werden kann. Ausgangspunkt war nun nicht der zu lernende Gegenstandbereich, sondern die Schülerin mit ihrer Motivation. Integratives Arbeiten verlangt ein argumentativ ausgewiesenes, didaktisches Arrangement, das zu erstellen nicht allein einer Lehrkraft aufgebürdet werden kann. Daher stellt sich im Zusammenhang mit integrativem Arbeiten auch die Frage nach geeigneten Schulbüchern.

Aufgaben

Gegeben sei das Thema *Anders sein* für eine 5. Klasse
1. Geben Sie inhaltliche Dimensionen an.
2. Welche schriftliche Textform würden Sie in den Mittelpunkt stellen.
3. Welche Arbeitsbereiche würden Sie mit dem Thema verknüpfen?

KLEINE BÜCHERKUNDE FÜR DAS | 8
LEHRAMT DEUTSCH

8.1 Bibliographien

Deutsche National Bibliographie. Die deutsche Bibliothek Frankfurt (CD-ROM)

IBZ. Internationale Bibliographie der Zeitschriftenliteratur aus allen Gebieten des Wissens, hg. v. O. u. W. Zeller. Osnabrück. Dieterich (CD-ROM)

BIB-Report. Bibliographischer Index Bildungswissenschaft, hg. v. D. Schmidt. Duisburg. Verlag für Pädagogische Dokumentation. Erscheinen 1993 eingestellt.

ZEUS – Zentralblatt für Erziehungswissenschaft und Schule. Nachfolgeorgan des »Pädagogischen Jahresberichts« und des »BIB-report«, hg. v. H. Schmidt. Duisburg. Verlag für Pädagogische Dokumentation. Erscheinen 1994 eingestellt.

Unterrichtseinheiten, hg. v. H. Schmidt. Duisburg. Verlag für Pädagogische Dokumentation, 1987.

CD Bildung (Literaturdokumentation Bildung auf CD-Rom), erstellt vom FIS Bildung (Fachinformationssystem Bildung). Das jeweils aktuelle Update der CD Bildung unter: www.fachportal-paedagogik.de.

- **Spezialbibliographien in Beispielen**

Augst, G. 1992. Rechtschreibliteratur. Frankfurt: Lang.

Bibliographie zur Deutschen Grammatik: http://www.uni-potsdam.de/u/germanistik/bdg.htm.

Biere, Bernd U. 1991. Textverstehen und Textverständlichkeit

Becker-Mrotzek, M. 1992. Diskursforschung und Kommunikation in Institutionen

Antos, G. & Pogner, K. H. 1995. Schreiben

Thomé, G. & Thomé, D. 1999. Schriftspracherwerb

Alle: Heidelberg: Groos (= Studienbibliografien Sprachwissenschaft)

- **Internetportale**

http://www.bildunsserver.de

http://www.dipf.de

http://www.fachportal-paedagogik.de

8.2 Fachwörterbücher

A) Linguistik
Bußmann, H. 2002. Lexikon der Sprachwissenschaft, 3. Aufl. Stuttgart: Kröner.
Glück, H. 2005. Metzler Lexikon Sprache. 2. Aufl. Stuttgart (auch als CD in der Digitalen Bibliothek 34).

8.3 Lexika, Handbücher

A) Linguistik
Crystal, D. 2004. Die Cambridge-Enzyklopädie der Sprache. Übers. und bearb. der deutschen Ausg. S. Röhrich, A. Böckler & M. Jansen. 2. Aufl. Frankfurt: Zweitausendeins.
Hentschel, E. & Weydt, H. 2003. Handbuch der deutschen Grammatik. Berlin: de Gruyter.
König, W. 2004. dtv-Atlas zur deutschen Sprache. Tafeln und Texte. München: dtv (auch als CD in der Digitalen Bibliothek).

B) Sprach- und Literaturdidaktik
Bredel, U.; Günther, H.; Klotz, P.; Ossner, J. & Siebert-Ott, G. Hg. 2003. Didaktik der deutschen Sprache. 2 Bde. Paderborn: Schöningh (= utb).
Fritzsche, J. 1994. Zur Didaktik und Methodik des Deutschunterrichts. Bd 1: Grundlagen, Bd. 2: Schriftliches Arbeiten, Bd. 3: Umgang mit Literatur. Stuttgart: Klett.
Lange, G.; Neumann, K. & Ziesenis, W. 2003. Hg. Taschenbuch des Deutschunterrichts: Grundfragen und Praxis der Sprach- und Literaturdidaktik. Jubiläumsausgabe. 6., vollständig überarb. und erw. Aufl. Baltmannsweiler: Schneider-Verl. Hohengehren, Bd. 1. Grundlagen, Sprachdidaktik, Mediendidaktik, Bd. 2. Literaturdidaktik: klassische Form, Trivialliteratur, Gebrauchstexte.

8.4 Jahrbücher

Jahrbücher »lesen und schreiben« hg. v. H. Balhorn & H. Brügelmann, Konstanz: Libelle. Ab 2000 H. Balhorn & H. Giese, unter wechselnden Herausgebern und Titeln bei Kallmeyer, Seelze.

8.5 Einführungen und Gesamtdarstellungen

A) Linguistik

Grewendorf, G.; Hamm, F. & Sternefeld, W. 1999. Sprachliches Wissen. Eine Einführung in moderne Theorien der grammatischen Beschreibung. Frankfurt: stw.

Keller, J. & Leuninger, H. 1993. Grammatische Strukturen – Kognitive Prozesse. Ein Arbeitsbuch. Tübingen: Narr.

Linke, A.; Nussbaumer, M. & Portmann, P. 2001. Studienbuch Linguistik. 4. Aufl.,Tübingen: Niemeyer.

B) Sprach- und Literaturdidaktik

Abraham, U.; Beisbart, O.; Koß, G. & Marenbach, D. 2003. Praxis des Deutschunterrichts. Arbeitsfelder – Tätigkeiten – Methoden. Donauwörth: Auer.

Beisbart, O. & Marenbach D. 2002. Einführung in die Didaktik der deutschen Sprache und Literatur. 5. erw. u. erg. Aufl. Donauwörth: Auer

Huneke, H.W. & Steinig, W. 2002. Deutsch als Fremdsprache, 3. Aufl., Berlin. E. Schmidt.

Kämper-van den Boogaard, M. Hg. 2005. Didaktik Deutsch. Berlin: Cornelsen.

Steinig, W. & Huneke, H.W. 2002. Sprachdidaktik Deutsch. Eine Einführung. Berlin: E. Schmidt.

Willenberg, H. Hg. 2007. Kompetenzhandbuch für den Deutschunterricht. Baltmannsweiler: Schneider.

8.6 Zeitschriften

A) Linguistik

Deutsche Sprache. Zeitschrift für Theorie, Praxis, Dokumentation. Im Auftrag des Instituts für deutsche Sprache IDS Mannheim. Berlin: E. Schmidt.

Linguistische Berichte. Forschung - Information – Diskussion, hg. v. G. Grewendorf & A. v. Stechow. Hamburg: Buske.

Zeitschrift für germanistische Linguistik. Deutsche Sprache in Geschichte und Gegenwart, Deutsche Sprache in Gegenwart und Geschichte, hg. von Vilmos Ágel, Helmuth Feilke, Angelika Linke & Herbert Ernst Wiegand. Berlin: de Gruyter.

B) Sprach- und Literaturdidaktik

Der Deutschunterricht (vereinigt mit Diskussion Deutsch). Friedrich: Seelze.

Deutsch lernen. Zeitschrift für den Sprachunterricht mit ausländischen Arbeitnehmern. Hg. v. Sprachverband Deutsch für ausländische Arbeitnehmer e.V. Hohengehren: Schneider.

Deutschunterricht. Braunschweig: Westermann

Didaktik Deutsch. Halbjahresschrift für die Didaktik der deutschen Sprache und Literatur. Mitteilungsorgan des Symposion Deutschdidaktik e.V., hg. v. A. Bremerich-Vos; M. Fix, M. Kämper-van den-Boogaard & Th. Zabka, Baltmannsweiler: Schneider.

Ide. Zeitschrift für Deutschunterricht in Wissenschaft und Schule. Informationen zur Deutschdidaktik. Hg. v. Arbeitsgemeinschaft f. Deutschdidaktik am Inst. f. Germanistik der Univ. Klagenfurt. Innsbruck-Wien: Studienverlag.

Praxis Deutsch. Zeitschrift für den Deutschunterricht. Friedrich: Seelze.

C) Weitere Zeitschriften, in denen fachdidaktische Probleme erörtert werden

Osnabrücker Beiträge zur Sprachtheorie, hg. v. H. Bolte u.a., Osnabrück.

Wirkendes Wort. Deutsche Sprache und Literatur in Forschung und Lehre, hg. v. L. Bluhm & H. Rölleke. Trier: Wissenschaftlicher Verlag.

Schulstufenbezogene Zeitschriften wie *Grundschule, Grundschulszeitschrift* etc.

Entwicklungspsychologische Zeitschriften wie *Entwicklungspsychologie*

8.7 Ausgewählte weiterführende Literatur

- **Wörterbücher**

Deutsches Wörterbuch v. Jakob & Wilhelm Grimm. Leipzig: Hirzel 1854–1960 (Nachdruck dtv 1984).

Duden. 2003. Richtiges und gutes Deutsch. Wörterbuch der sprachlichen Zweifelsfälle, 5. neu bearb. u. erw. Aufl. Mannheim: Dudenverlag.

Duden. 2004. Das Synonymwörterbuch. Ein Wörterbuch sinnverwandter Wörter, 3. vollständig neu bearbeitete Aufl. Mannheim: Dudenverlag.

Duden. 2001. Herkunftswörterbuch. Etymologie der deutschen Sprache. 3. völlig neu bearb u. erw. Aufl. Mannheim: Dudenverlag.

Duden. 2005. Aussprachewörterbuch. Wörterbuch der deutschen Standardsprache. 6. überarb. und aktualisierte Aufl. Mannheim: Dudenverlag.

Duden. 2006. Die deutsche Rechtschreibung, hg. v. der Duden-Redaktion auf der Grundlage der neuen amtlichen Regeln. 24. Aufl. Mannheim: Dudenverlag.

Kühn, P. 2004. Mein Schulwörterbuch. Regensburg: Wolf Verlag (Hierzu auch: Kühn, P. 1994. Mein Schulwörterbuch: Didaktik und Methodik der Wörterbucharbeit. Bonn: Dümmler Verlag.)

Kühn, P. 2002. Mein erstes Schulwörterbuch. Regensburg: Wolf Verlag.

Muthmann, G. 2001. Rückläufiges deutsches Wörterbuch. Tübingen: Niemeyer.

Wahrig. Die deutsche Rechtschreibung. 2006. Leitung der Neuausgabe 2006 S. Krome. Gütersloh: Bertelsmann.

Wahrig, G. 2005. Deutsches Wörterbuch, Gütersloh: Bertelsmann.

- **Grammatiken/Sprachthematisierung**

Duden. 2005. Grammatik der deutschen Gegenwartssprache, 7., völlig neu erarbeitete Aufl. Mannheim: Dudenverlag.

Eisenberg, P. 2004. Grundriss der deutschen Grammatik. 2 Bde. Stuttgart: Metzler.

Fühmann, F. 1990. Die dampfenden Hälse der Pferde im Turm von Babel. Ein Spielbuch in Sachen Sprache. Ein Sachbuch der Sprachspiele. Ein Sprachbuch voll Spielsachen. Berlin: Kinderbuchverlag.

Macheiner, J. 1991. Grammatisches Varieté oder Die Kunst und das Vergnügen, deutsche Sätze zu bilden. Frankfurt. Eichborn.

Schülerduden. 1998. Grammatik. Eine Sprachlehre mit Übungen und Lösungen, bearb. v. P. Gallmann & H. Sitta. 4. Auflage. Mannheim: Dudenverlag.

Zifonun, G.; Hoffmann, L. & Strecker, B. 1997. Grammatik der deutschen Sprache. 3 Bde. Berlin: de Gruyter; dazu auch: http://hypermedia.ids-mannheim.de/grammis/

- **Schriftlichkeit/Schreiben (zus. mit Erstlesen – Erstschreiben)**

Schrift und Schriftlichkeit. 1996. Ein interdisziplinäres Handbuch internationaler Forschung, hg. v. H. Günther & O. Ludwig, 2. Bände. Berlin: de Gruyter (= HSK Bd. 10/1 u. 10/2)

Augst, G. & Dehn, M. 1998. Rechtschreibung und Rechtschreibunterricht. Können, Lehren, Lernen. Stuttgart: Klett.

Baurmann, J. & Weingarten, R. Hg. 1995. Schreiben. Prozesse, Produkte, Prozeduren. Opladen: Westdeutscher Verlag.

Brügelmann, H. 1994. Kinder auf dem Weg zur Schrift. Eine Fibel für Lehrer und Laien. 5. Aufl. Konstanz: Faude.

Klicpera, Chr. & Klicpera-Gasteiger, B. 1998. Psychologie der Lese- und Schreibschwierigkeiten. Entwicklung, Ursachen, Förderung. Weinheim: Beltz/pvu.

Klicpera, Chr.; Schabmann, A. & Klicpera-Gasteiger, B. 2003. Legasthenie. Stuttgart: utb.

Maas, U. 1992. Grundzüge der deutschen Orthographie. Tübingen: Niemeyer.

- **Mündlichkeit**

Pabst-Weinschenk, M. Hg. 2004. Grundlagen der Sprechwissenschaft und der Sprecherzeihung. München: utb.

- **Vergleich: Mündlichkeit – Schriftlichkeit:**

Ong, W. 1987. Oralität und Literalität. Die Technologisierung des Wortes. Opladen: Westdeutscher Verlag.

- **Lesen**

Franzmann, B.; Hasemann, K.; Löffler, D. & Schön, E. Hg. 1999. Handbuch Lesen. München: Saur.

8.8 Didaktische Materialien

Lehrerbände zu Schulbüchern.

8.9 Weitere Literatur

Aebli, H. 1996. 12 Grundformen des Lehrens. 9. Aufl., Stuttgart: Klett.

Anderson, J. 2001. Kognitive Psychologie. Eine Einführung. 3. Aufl. Heidelberg: Spektrum der Wissenschaft.

Dörner, D. 1989. Die Logik des Misslingens. Reinbek: Rowohlt.

Gardner, H. 1993. Der ungeschulte Kopf. Stuttgart: Klett.

Ivo, H. 1999. Deutschdidaktik. Die Sprachlichkeit des Menschen als Bildungsaufgabe in der Zeit. Baltmannsweiler: Schneider

Oerter, R. & Montada, L. Hg. 1987. Entwicklungspsychologie: Weinheim: pvu

Weidenmann, B. & Krapp, A. Hg. 1986. Pädagogische Psychologie. Weinheim: pvu.

Bibliographische Angaben | 9

A

Augst, Gerhard
Faigel, Peter
Von der Reihung zur Gestaltung. Untersuchungen zur Ontogenese der schriftsprachlichen Fähigkeiten von 13–23 Jahren.
1986 | Frankfurt.

Austin, John L.
Zur Theorie der Sprechakte (How to do things with words).
1962/1972 | Stuttgart.

B

Bausch, Karl-Heinz
Grosse, Siegfried
Grammatische Terminologie in Sprachbuch und Unterricht.
Hg. 1987 | Düsseldorf.

Becker Tabea
Mündliches und schriftliches Erzählen. Ein Vergleich unter entwicklungstheoretischen Gesichtspunkten.
2002 | In: Didaktik Deutsch 12, S.23–28.

Becker-Mrotzek, Michael
Schreibentwicklung und Textproduktion. Der Erwerb der Schreibtätigkeit am Beispiel der Bedienungsanleitung.
1997 | Opladen.

Bereiter, Carl
Development in Writing. In: Gregg, Lee W. & Steinberg, Erwin R. eds. Cognitive Processes in Writing.
1980 | Hillsdale, S. 73–93.

Berkemeier, Anne
Schrifterwerb im mehrsprachigen Kontext.
2003 | In. Bredel, Ursula; Günter, Hartmut; Klotz, Peter; Ossner, Jakob & Siebert-Ott. Gesa. Hg. Didaktik der deutschen Sprache. Ein Handbuch, Bd. 1. Paderborn, S. 297–06.

Berthold, Siegwart
Rhetorische Kommunikation.
2003 | In: Bredel, Ursula; Günter, Hartmut; Klotz, Peter; Ossner, Jakob & Siebert-Ott. Gesa. Hg. Didaktik der deutschen Sprache. Ein Handbuch, Bd. 1. Paderborn, S.148–159.

Bock, Michael u. a.
»Zur Funktion der Groß- und Kleinschreibung beim Lesen deutscher, englischer und niederländischer Texte«.
1989 | In: Eisenberg, Peter & Günther, Hartmut. Hg. Schriftsystem und Orthographie. Tübingen, S. 23–56.

BOCK, MICHAEL — *Zur Funktion der deutschen Groß- und Kleinschreibung – Einflüsse von Wortform, Muttersprache, Lesealter, Legasthenie und lauten vs. leisem Lesen.*
1990 | In: Stetter, Christian. Hg. Zu einer Theorie der Orthographie. Interdisziplinäre Aspekte gegenwärtiger Schrift- und Orthographieforschung. Tübingen, S. 1–32.

C

CUMMINS, JAMES — *The construct of language proficiency in bilingual education.*
1980 | In: Alatis, J. E. ed. Current Issues in Bilingual Education. Washington, S. 81–103.

D

DEHN, MECHTHILD — *Zeit für die Schrift.*
1988 | Bochum.

DEUTSCHES PISA-KONSORTIUM — *PISA 2000 – Die Länder der Bundesrepublik Deutschland im Vergleich.*
Hg. 2002 | Opladen.

DÖRNER, DIETRICH — *Problemlösen als Informationsverarbeitung.*
1976 | 2. Aufl. Stuttgart.

DÖRNER, DIETRICH — *Die Logik des Misslingens. Strategisches Denken in komplexen Situationen.*
1989 | Reinbek.

DROSDOWSKI GÜNTHER — *Hg. Duden Grammatik der deutschen Gegenwartssprache.*
1995 | 5. Aufl. Mannheim.

E

EGGERT, HARTMUT GARBE, CHRISTINE — *Literarische Sozialisation.*
2003 | 2. Aufl. Stuttgart.

EHLICH, KONRAD — Sprachaneignung und deren Feststellung bei Kindern mit und ohne Migrationshintergrund. *Was man weiß, was man braucht, was man erwarten kann*, 2005. In: K. Ehrlich, Hg. Anforderungen an Verfahren der regelmäßigen Sprachstandsfeststellung als Grundlage für die frühe und individuelle Förderung von Kindern mit und ohne Migrationshintergrund. Bonn, Berlin (= Bildungsreform, Bd. 11, hg. v. Ministerium für Bildung und Forschung).

EHLICH, KONRAD
U. A.
Hochsprachen in Europa.
Hg. 2000 | Freiburg.

EISENBERG, PETER
MENZEL, WOLFGANG
Grammatik-Werkstatt.
1994 | In: Praxis Deutsch 129, S.14–23.

ENGEL, ULRICH
Deutsche Grammatik.
1988 | Heidelberg.

EUROPÄISCHER
REFERENZRAHMEN
FÜR SPRACHEN
Lehren, lernen, beurteilen.
2001 | Berlin.

F

FEILKE, HELLMUTH
AUGST, GERHARD
Zur Ontogenese der Schreibkompetenz.
1989 | In: Antos, Gerd & Krings, Hans-Peter. Hg. Textproduktion. Ein interdisziplinärer Forschungsüberblick. Tübingen, S. 297–328.

FEILKE, HELLMUTH
Entwicklung schriftlich-konzeptualer Fähigkeiten.
2003 | In: Bredel, Ursula; Günter, Hartmut; Klotz, Peter; Ossner, Jakob & Siebert-Ott. Gesa. Hg. Didaktik der deutschen Sprache. Ein Handbuch, Bd. 1. Paderborn, S. 178–192.

FIENEMANN, JUTTA
KÜNGELEN,
RAINER V.
Formen mündlicher Kommunikation in Lehr- und Lernprozessen.
2003 | In: Bredel, Ursula; Günter, Hartmut; Klotz, Peter; Ossner, Jakob & Siebert-Ott. Gesa. Hg. Didaktik der deutschen Sprache. Ein Handbuch, Bd. 1. Paderborn, S. 133–147.

FIX, MARTIN
MELENK, HARTMUT
Schreiben zu Texten, Schreiben zu Bildimpulsen.
2000 | Das Ludwigsburger Aufsatzkorpus mit 2300 Schülertexten, Befragungsdaten und Bewertungen auf CD-ROM. Baltmannsweiler.

FIX, MARTIN
Textrevision in der Schule. Prozessorientierte Schreibdidaktik zwischen Instruktion und Selbststeuerung – empirische Untersuchungen.
2000 | Baltmannsweiler: Schneider.

FRITH, UTA
Psychologische Aspekte des orthographischen Wissens: Entwicklung und Entwicklungsstörung.
1986 | In: Augst, Gerhard (Hg.. New Trends in Graphemics and Orthography. Berlin, 218–233.

G

GLINZ, HANS — *Grundsätzliches über grammatische Begriffe und grammatische Termini.* 1987 | In: Bausch, Karl-Heinz & Grosse, Siegfried Hg. 1987. Grammatische Terminologie in Sprachbuch und Unterricht. Düsseldorf, S. 21–49.

GOFFMAN, ERWING — *Interaktionsrituale. Über Verhalten in direkter Kommunikation.* 1978 | Frankfurt.

GRICE, PAUL H. — *Logik und Konversation.* 1979 | In: Meggle, Georg. Hg. Handlung, Kommunikation, Bedeutung, Frankfurt, S. 243–265.

GRIEFSHABER, W. — *Sprachstandsdiagnose im kindlichen Zweitspracherwerb.* Funktionalpragmatische Fundierung der Profilanalyse (= http://spzwww.unimuenster.de/-griesha/pub/tprofilanalyse-azm-05.pdf; 1.8.2007).

GRÜNEWALD, HEINRICH — *Schrift als Bewegung.* 1970 | Empirische Untersuchungen über die Bewegungsstruktur der Lateinischen Ausgangsschrift und das schreibmotorische Verhalten. Weinheim.

GRZESIK, JÜRGEN — FISCHER, MICHAEL — *Was leisten Kriterien für die Aufsatzbeurteilung?* 1985 | Theoretische, empirische und praktische Aspekte des Gebrauchs von Kriterien und der Mehrfachbeurteilung nach globalem Ersteindruck. Opladen.

GÜNTHNER, SUSANNE — *Gattungen in der sozialen Praxis.* 1995 | In: Deutsche Sprache, Hft. 3, 193–218.

H

HASERT, JÜRGEN W. — *Fehlermaskierung beim Schreiben.* 1998 | In: Hasert, Jürgen, W. & Ossner, Jakob. Hg. Schriften schreiben. Oldenburg (= Osnabrücker Beiträge zur Sprachtheorie 56), S. 28–47.

HASERT, JÜRGEN W. — *Schulschriften.* 2003a | In: Bredel, Ursula; Günter, Hartmut; Klotz, Peter; Ossner, Jakob & Siebert-Ott. Gesa. Hg. Didaktik der deutschen Sprache. Ein Handbuch, Bd. 1. Paderborn, S. 319–328.

HASERT, JÜRGEN W. *Schreibgeräte und Schreiben.*
2003b | In: Bredel, Ursula; Günter, Hartmut; Klotz, Peter; Ossner, Jakob & Siebert-Ott. Gesa. Hg. Didaktik der deutschen Sprache. Ein Handbuch, Bd. 1. Paderborn, S. 307–318.

HASLER, HERBERT *Lehren und Lernen der geschriebenen Sprache.*
1991 | Darmstadt.

HAYES, JOHN *Identifying the Organization of Writing Process.* 1980. In: Gregg, Lee &
FLOWER, LINDA Steinberg, Erwin. eds. Cognitive Processes in Writing. Hilldale, S. 3-30.

HENNE, HELMUT *Einführung in die Gesprächsanalyse.*
REHBOCK, HELMUT 1979 | Berlin.

HORNUNG, ANTONIE *Schreibgewohnheiten ändern durch écriture automatique.*
1995 | In: Ossner, Jakob. Hg. Schriftaneignung und Schreiben (=OBST 51). Oldenburg.

K

KAPPEST, KLAUS *Rekodierungen auf dem Weg zum »Komparativ«.*
PETER 1998 | Siegen: masch. (= SPASS, Hft. 3).

KEIM, INKEN *»hey lan, isch geb dir konkret handy«*
ANDROUTSOPOULOS 2000 | Deutsch-türkische Mischsprache und Deutsch mit ausländischem
JANNIS Akzent: Wie Sprechweisen der Straße durch mediale Verarbeitung populär werden. [http://www.archetype.de/texte/2000/tuerkde.html; auch in: FAZ 21, 2001.]

KLEIN WOLFGANG *Argumentation und Argument.*
1980 | In: Zeitschrift für Literaturwissenschaft und Linguistik (Lili) 38/39, S. 9–57.

KLIEME, ECKHARD *Expertise. Zur Entwicklung nationaler Bildungsstandards.*
U. A. 2003 | Bundesministerium für Bildung und Forschung (BMBF).

KNAPP, WERNER *Schriftliches Erzählen in der Zweitsprache.*
1997 | Tübingen.

KOCH, PETER *Sprache der Nähe – Sprache der Distanz. Mündlichkeit und Schriftlichkeit*
ÖSTERREICHER, WULF *im Spannungsfeld von Sprachtheorie und Sprachgeschichte.*
In: Romanisches Jahrbuch 36, 1986, S. 15–43.

KUHLMANN, FRITZ — *Schreiben in neuem Geiste.*
1917 | München.

L

LOCKOWANDT, OSKAR U.A. — *Die Praxis des kreativen Erstschreibunterrichts.*
1981 | In: Neuhaus-Siemon, Elisabeth. Hg. Schreibenlernen im Anfangsunterricht der Grundschule. Königstein, S. 89 ff.

LUDWIG, OTTO — *Die Schulerzählung oder Erzählen in der Schule.*
1981 | In: Praxis Deutsch, 49, S. 15–21.

M

MANDL, HEINZ U. A. — *Psychologie des Wissenserwerbs.*
1986 | In: Weidenmann, B. & Krapp, A. Hg. Pädagogische Psychologie. Weinheim, S. 143–187.

MARQUARD, CHRISTIAN U. A. — *Motorische Schreibschwierigkeiten.*
2003 | In: Bredel, Ursula; Günther, Hartmut; Klotz, Peter; Ossner, Jakob & Siebert-Ott. Gesa. Hg. Didaktik der deutschen Sprache. Ein Handbuch, Bd. 1. Paderborn, S. 341–351.

MAY, PETER — *Die Hamburger Schreibprobe. Grundlegende Rechtschreibstrategien erfassen.*
1996 | In: Grundschule, 28. Jg., Heft 4, S. 17–20.

MAYER, ROLF — *Textoptimierung aus mikroökonomischer Sicht.*
1999 | In: Linguistische Berichte 177, S. 3–51.

MEIERS, KURT — *Fibeln und erster Leseunterricht.*
Hg. 1986 | Frankfurt.

N

NEULAND, EVA — *Sprachbewusstsein und Sprachvariation zur Entwicklung und Förderung eines Sprachdifferenzbewusstseins.*
1993 | In: Klotz, Peter & Sieber, Peter. Hg. Vielerlei Deutsch. Umgang mit Sprachvarietäten in der Schule. Stuttgart.

NUSSBAUMER, MARKUS — *Was Texte sind und wie sie sein sollen.*
1991 | Ansätze zu einer sprachwissenschaftlichen Begründung eines Kriterienrasters zur Beurteilung von schriftlichen Schülertexten. Tübingen.

O

ONG, WALTER — *Oralität und Literalität.*
1986 | Die Technologisierung des Wortes. Opladen.

OOMEN-WELKE, INGELORE — *Sprachen entdecken.*
19986 | In: Giese, Heinz & Ossner, Jakob. Hg. Sprache thematisieren, Freiburg, S. 123–146.

OSSNER, JAKOB — *Geschichte der Didaktik des Rechtschreibens.*
2003 | In: Bredel, Ursula; Günter, Hartmut; Klotz, Peter; Ossner, Jakob & Siebert-Ott. Gesa. Hg. Didaktik der deutschen Sprache. Ein Handbuch, Bd. 1. Paderborn, S. 355–368.

P

PERELMAN, CH. — *Das Reich der Rhetorik*
1980 | München.

Q

QUASTHOFF, ULLA — *Entwicklung mündlicher Fähigkeiten.*
2003 | In: Bredel, Ursula; Günter, Hartmut; Klotz, Peter; Ossner, Jakob & Siebert-Ott. Gesa. Hg. Didaktik der deutschen Sprache. Ein Handbuch, Bd. 1. Paderborn, S.105–120.

R

REICH, HANS H.
ROTH, HANS-JOACHIM — *Spracherwerb zweisprachig aufwachsender Kinder und Jugendlicher. Ein Überblick über den Stand der nationalen und internationalen Forschung.*
2002 | Hamburg.

REICH, HANS — *Entwicklungen des Unterrichts in Deutsch als Fremd- und Deutsch als Zweitsprache in Deutschland.*
2001 | In: Helbig, Gerhard; Götze, Lutz; Henrici, Gert & Krumm, Hans-Jürgen. Hg. Deutsch als Fremdsprache. Ein internationales Handbuch. 2 Halbbände. Berlin, S. 56–68.

RYLE, GILBERT — *Der Begriff des Geistes (The concept of mind)*
1949/1969 | Stuttgart.

S

SATTLER, BARBARA — *Linkshändigkeit.*
2003 | In: Bredel, Ursula; Günter, Hartmut; Klotz, Peter; Ossner, Jakob

& Siebert-Ott. Gesa. Hg. Didaktik der deutschen Sprache. Ein Handbuch, Bd. 1. Paderborn, S. 329–340.

SCHORCH, GÜNTHER *Entwicklung des Handschreibens.*
3003 | In: Bredel, Ursula; Günter, Hartmut; Klotz, Peter; Ossner, Jakob & Siebert-Ott. Gesa. Hg. Didaktik der deutschen Sprache. Ein Handbuch, Bd. 1. Paderborn, S. 286–296.

SELTING, MARGRET U. A. *Gesprächsanalytisches Transkriptionssystem (GAT).*
1998 | In: Linguistische Berichte 173, S. 91–122.

SIEBER, PETER *Parlando in Texten.*
1998 | Zur Veränderung kommunikativer Grundmuster in der Schriftlichkeit. Tübingen.

SIEBERT-OTT, GESA *Muttersprachendidaktik – Zweitsprachendidaktik – Fremdsprachendidaktik – Multilingualität*
2003 | In: Bredel, Ursula; Günther, Hartmut, Klotz, Peter. Ossner, Jakob & Siebert-Ott, Gesa. Hg. Didaktik der deutschen Sprache. Ein Handbuch, Bd. 1, Paderborn, S. 30–41.

T

TOPSCH, WILHELM *Kritische Untersuchung der Forschungsergebnisse der Vereinfachten Ausgangsschrift.*
1998 | In: Hasert, Jürgen, W. & Ossner, Jakob. Hg. Schriften schreiben. Oldenburg (= Osnabrücker Beiträge zur Sprachtheorie 56), S. 75–103.

TOULMIN, STEPHEN *Der Gebrauch von Argumenten.*
1975 | Kronberg.

W

WAGENSCHEIN, MARTIN *Verstehen lehren.*
1968 | Weinheim.

WAGNER, KLAUS R. *Erzähl-Erwerb und Erzählungs-Typen.*
1986 | In: Wirkendes Wort 2, S. 142–156

WANDRUSZKA, MARIO *Die europäische Sprachgemeinschaft: Deutsch — Französisch — Englisch — Italienisch — Spanisch im Vergleich.*
Tübingen 1990.

WATZLAWICK, PAUL U. A.
Menschliche Kommunikation. Formen, Störungen, Paradoxien.
1969 | Bern.

WEIDENMANN, BERND KRAPP, ANDREAS
Pädagogische Psychologie.
Hg. 1986 | Weinheim.

WEINERT, F. E.
Vergleichende Leistungsmessung in Schulen – eine umstrittene Selbstverständlichkeit.
2001 | In F. E. Weinert. Hg. Leistungsmessungen in Schulen. Weinheim und Basel, S. 17–31.

WERDER, LUTZ V.
Kreatives Schreiben in den Wissenschaften.
1992 | Berlin.

WUNDERLICH, DIETER
Arbeitsbuch Semantik.
1980 | Frankfurt.

WYGOTSKI, LEW S.
Unterricht und geistige Entwicklung im Schulalter.
1987 | In: Wygotski, Lew. Ausgewählte Schriften. Bd. 2. Arbeiten zur psychischen Entwicklung der Persönlichkeit. Köln, S. 287–306.

LÖSUNGEN ZU DEN AUFGABEN | 10

Kapitel 1 | **Aufgabe 1**

Lernfeld: Fachliche Kompetenz:
unterrichtsrelevante Sachverhalte
kennen

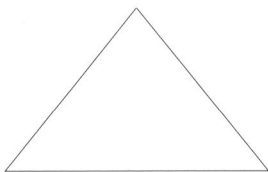

Personenfeld → Personale
Kompetenz:
angemessener Umgang mit
Heterogenität; didaktisch
angemessene Entscheidungen,
Entwicklungs- und Lernstände
diagnostizieren

Institutionenfeld → Institutionelle
Kompetenz:
systemische Bewertung
von Institutionen

Aufgabe 2

Deklaratives Wissen: Goethe wurde 1749 geboren und starb
1832; Ist das Subjekt ein nominales Satzglied, steht das Nomen
im Nominativ; eingebettete Nebensätze werden durch ein
paariges Komma vom Hauptsatz abgetrennt.
Problemlösungswissen: Mit der Umstellprobe kann man
Satzglieder ermitteln; wenn zwei finite Verben im Satz zu
finden sind, steht mindestens ein Komma.
Prozedurales Wissen: Die Interpunktion beherrschen, flüssig
schreiben können.
Metakognitives Wissen, Fehlersensibilität beim Rechtschreiben.
Sprache bewusst einsetzen.

Aufgabe 3

Pro-Argumente: 1) Abwechslung im Unterricht erfreut; 2)
Insbesondere jüngere Schülerinnen können über eine ganze
Schulstunde dem Unterricht nicht folgen
Contra-Argumente: 1) die Aussage ist ein methodistischer Satz,
der in seiner Verallgemeinerung nicht stimmt; 2) Es gibt genü-

gend Beispiele, die zeigen, dass auch jüngere Schülerinnen zum Beispiel eine ganze Stunde Vorgelesenem lauschen können. Synthese: Grundsätzlich muss eine Lehrkraft darauf achten, dass in einer Stunde Spannung aufrecht erhalten wird und die Schülerinnen aufmerksam folgen können; Leitlinie für das Unterrichten kann aber nicht ein methodistischer Satz sein, vielmehr müssen Unterrichtsformen angemessen sein.

Kapitel 2 | **Aufgabe 1**

Die größten Unterschiede finden sich gegenüber Hessen, die einen eigenen Arbeitsbereich »Kulturelle Praxis« ausweisen.

Aufgabe 2

Das Modell ist *analytisch,* da es aus der Analyse von Mündlichkeit und Schriftlichkeit als den tragenden Säulen des Deutschunterrichts gewonnen wurde. Der Arbeitsbereich *Sprache thematisieren* verdankt seinen Titel dem Umstand, dass die eigene Sprache (zumindest die Verkehrssprache des Unterrichts bei Deutsch als Zweitsprache) zum Thema gemacht wird.

Aufgabe 3

Medial mündlich – konzeptionell mündlich: Gespräch unter vier Augen, Plauderei
Medial mündlich – konzeptionell schriftlich: Rede mit Manuskript
Medial schriftlich – konzeptionell mündlich: Verschriftete Rede
Medial schriftlich – konzeptionell schriftlich: Wissenschaftlicher Aufsatz

Kapitel 3 | **Aufgabe 1**

Ansbach, Heilbronn, Frankfurt, Saarbrücken → Fränkisch
Bern, Freiburg → Alemannisch
Regensburg, Innsbruck → Bairisch
Oldenburg, Hannover → Niedersächsisch

279

Aufgabe 2

Innere Mehrsprachigkeit: Dialekt, Fachsprachen
Äußere Mehrsprachigkeit: DaZ, Fremdsprachen, Sorbisch

Aufgabe 3

	04/05	05/06
Freie Waldorfschulen	2,1	2,1
Schularten mit mehreren Bildungsgängen	3,1	3,6
Gymnasien	4,1	4,2
Kollegs	5,6	5,5
Realschulen	7,2	7,5
Grundschulen	11,5	11,2
Integrierte Gesamtschulen	13,1	13,5
Abendgymnasien	13,4	13,0
Förderschulen	15,9	15,7
Schulartunabhängige Orientierungsstufe	16,4	15,6
Hauptschulen	18,7	18,9
Vorklassen	23,3	15,5
Schulkindergärten	23,7	20,7
Abendrealschulen	26,3	24,1
Abendhauptschulen	38,6	35,0

Daraus kann man sehen, dass ausländische Mitbürger vor allem in Abendhaupt- und Abendrealschulen einen Schulabschluss **nach**machen; sehr gering sind die Anteile in privaten Schulen (freie Waldorf-Schule) und Gymnasien.
Zum Vergleich muss *http://www.destatis.de* → Bildung → Schulstatistik aufgerufen werden.
Aufgabe 4:
Stufe 4: 0
Stufe 3: 1 (hat der gesagt)
Stufe 2: 1 (nd ähm der Hase will den nehm ff)
Stufe 1: 6 (Und Hase bringt Sonne...)
Stufe 0: 18 (Der Jäger • • mit de Brille...)
Der erste Eindruck ist, dass die Schülerin kaum Deutsch kann; immerhin aber zeigt die Auswertung, dass auch Äußerungen auf der Stufe 2 und 3 vorkommen.

Kapitel 4 | **Aufgabe 1**

Die Aussage, dass jemand feige sei, ist ehrenrührig und daher imagegefährdend. Dies bedenkend, beginnt der Sprecher mit einer Entschuldigung als einer korrektiven Sequenz. Auf diese Weise sind auch Gemeinheiten sagbar. Nach Grice erfüllt der Sprecher die Maxime der Quantität, indem er seinen Gesprächbeitrag so informativ wie nötig macht. Die Information ist
a) auf der Beziehungsebene: *Entschuldig bitte ...*
b) auf der Inhaltsebene: *Du bist feige.*

Aufgabe 2

Auffällig ist, dass der Erzähler ohne jede Einleitung beginnt. Offensichtlich kann er unterstellen, dass alle Hörer verstehen, wovon die Rede ist. Dabei ist die Erzählung aber als Höhepunkt-Erzählung angelegt. Dasselbe gilt für einen abrundenden Schluss, auch dieser fehlt, weil auch hier der Erzähler unterstellen kann, dass alle wissen wie es ausgegangen ist. Auffällig ist auch der Gebrauch der bestimmten Artikel (*das Loch, die Mädchen, die Waldhütte*), der anzeigt, dass etwas als bekannt unterstellt werden kann.
Wenn das so ist, dann kann man annehmen, dass das Kind ein Erlebnis, das allen bekannt ist, erzählt. Solche Begebenheiten eigenen sich aber nicht für Höhepunkt-Erzählungen, sondern für Geflechterzählungen. Hier sollte der Rat an die Lehrkraft ansetzen. Transkriptionszeichen: (.) = Mikropause, (-) = kurze Pause, (2,0) = Pause von 2 Sekunden. (lacht) = der Sprecher lacht. Bei GAT-Transkriptionen wird gewöhnlich die Schriftart Courier verwandt, deren Zeichensatz so gut wie immer gelesen werden kann. Man folgt bis auf die Eigennamen der Kleinschreibung. Großbuchstaben signalisieren Hervorhebung.

Kapitel 5.1 | **Aufgabe 1**

Modell von Flower & Hayes:
  Zu *Planning* gehört: *Organizing, Goal Setting,*
  zu *Tanslating: Translating.*
  zu *Reviewing: Reading, Editing.*
Modell von Bereiter:
  Zum *assoziativen Schreiben* gehören: *Controlled Association,*
  zum *performativen Schreiben: Rules of Style,*
  zum *kommunikativen Schreiben: Social Cognition,*

zum *unified wiriting*: *Critical Judgement*,
zum epistemischen Schreiben: *Reflective Thinking*.

Aufgabe 2

Ideenfindung: *Brainstorming, Clustering, Mindmapping* (In
gewisser Weise kann man auch *automatisches Schreiben* und die
Achrostikon-Technik dazurechnen, da eine Schreibblockade
immer auch eine Blockade der Ideenfindung ist).
Komplexitätsreduktion: *Reizwörter, Bildergeschichten, Strukturgerüste*, die durch ein *Elfchen* oder ein *Haiku* gegeben werden, auch das
Achrostikon ist ein solches Komplexität reduzierendes Gerüst.

Aufgabe 3

Nach dem kleinen Kriteriensatz von Grzesik & Fischer:
1. textanalytisch gut – textanalytisch schlecht:
Der Text ist textanalytisch schwach. Ausgehend von *Unwetter*
als Leitbegriff werden lediglich sieben Aussagen getroffen, die
assoziativ an den Begriff gereiht sind.
2. sprachlich gut – sprachlich schlecht
Der Text ist sprachlich sehr mangelhaft:
orthographisch: zahlreiche Fehler auch im Grundwortschatzbereich
Morphologisch-syntaktisch: Der Tempusgebrauch ist mangelhaft,
da zuerst eine Prognose abgegeben, dann aber das Unwetter als
faktisch geschildert wird, schließlich kehrt der Schreiber wieder
ins Futur zurück und gebraucht dann wieder das Präsens. Am
Ende wird sogar aus der Rückschau der Schaden berechnet.
Syntaktisch finden sich Unterordnungen; im Wortgebrauch
zeigt der Schreiber durchaus einen ansprechenden Wortgebrauch im Assoziationsfeld *Unwetter: Schäden, Tote, Evakuierung, Gewitter, Orkan, Zerstörung, Krankenhaus, Aufräumarbeiten*
3. In Kontextbezügen gut – in Kontextbezügen schlecht
Der Text bleibt lediglich in dem (mangelhaft) beschriebenen
Katastrophenszenario.
Nach Nussbaumer kann man feststellen:
– kurzer Text mit schwacher syntaktischer Gliederung an der
Oberfläche; darunter jedoch syntaktische Unterordnung; große
Schwächen im Tempusgebrauch.

Der Wortschatz ist in dem engen Rahmen des Textes durchaus variabel.

Der Schreiber bemüht sich um Kohäsion (*deshalb, um zu, als*).

Die Gesamtidee ist mediengeleitet konventionell; der Text ist ungegliedert;

Der Text hat eine innere Logik: Vom Herannahen des Unheils bis zur Schadensberechnung, dabei bleibt aber vieles implizit; der Rezipient wird nicht geführt.

Man müsste dem Schüler unbedingt raten, dass er einen (temporalen) Standpunkt einnehmen muss, von dem aus er das zu erzählende Geschehen betrachtet. Dies ist der auffälligste (nicht orthographische) Fehler, der angegangen werden müsste (vgl. auch Lösung zur Aufgabe 3, Kap. 6 unten).

Kapitel 5.2 | **Aufgabe 1**

Schulausgangsschrift	Vereinfachte Ausgangsschrift	Lateinische Ausgangsschrift
Ausgangsschrift	*Ausgangsschrift*	*Ausgangsschrift*
Drehrichtungswechsel	*Drehrichtungswechsel*	*Drehrichtungswechsel am häufigsten*
	modular, zweigliedrig	
Deckstriche	*Deckstriche*	*Deckstriche am häufigsten*
Großbuchstaben der Druckschrift entlehnt	*Großbuchstaben der Druckschrift entlehnt*	
zügig		

Man beachte, dass alle drei Schriften Ausgangsschriften sind und dass alle drei (notgedrungen) mit Drehrichtungswechsel und Deckstrichen arbeiten müssen.

Aufgabe 2

Das Kind schreibt auf einem 2-Linien-System, das nur das Mittelband angibt (2. Klasse Grundschule) in Vereinfachter Ausgangsschrift. Erkennbar ist die VA an den bis zur Oberkante Mittelband hochgezogenen Endstrichen, die allerdings nicht immer durchgeführt sind. Bei dem verbesserten *Moritz* macht das Kind auch einen Aufstrich, ein Element, das es in der VA nicht gibt, an einigen Stellen verhindert das modulare Prinzip der VA einen durchgezogenen Strich (erstes Vorkommen von *Klasse,* letztes Vorkommen von *Moritz*); eine ganze Reihe von Buchstaben sind verformt (z.B. zweites *m* in *kommt*; überhaupt ist auffällig, dass bei *m* die Rechtsneigung vernachlässigt wird); ein Homomorphiekonflikt liegt in *Glückssterne* vor: *r* und *n* sind zu *m* zusammengezogen.

Kapitel 5.3 | **Aufgabe 1**

(a)
Ausgangspunkt sei der Satz: Der Papst ließ seinen Vorgänger heiligsprechen.
1. Würde *heiligsprechen* in dem angegebenen Satz auseinander geschrieben, wäre *heilig* Modaladverbiale zu sprechen. Der Satz wäre dann umformbar in: *Der Papst ließ seinen Vorgänger sprechen und zwar heilig.* Dies meint aber der angegebene Satz eindeutig nicht.
2. Während *sprechen* kein weiteres Komplement (z.B. ein Objekt) bei sich hat, regiert *heiligsprechen* einen Akkusativ: *jemanden heiligsprechen*
3. In dem gegebenen Satz kann man also *heiligsprechen* nur zusammenschreiben.
(b)
1. Würden *die roten* bzw. *die schwarzen* kleingeschrieben, läge ein adjektivischer Gebrauch vor. In diesem Falle müsste ein Bezugssubstantiv auffindbar sein. (Wie etwa in: *Ich kaufe mir neue Socken. Die roten sind für Sonntag, die schwarzen für Werktage.*) Ein solches Substantiv ist nicht auffindbar.
2. *die Roten* bzw. *die Schwarzen* ist jeweils attribuierbar: *die konservativen Roten – die progressiven Schwarzen...*
3. In dem gegebenen Satz kann man also *Roten* und *Schwarzen* nach dem Artikel nur großschreiben.

284

Aufgabe 2

(a)

Fehlerarten	Beispiele
Gruppe A: Fehler im Regelbereich	
1. Laut-Buchstabe	
– Verdoppelung von Konsonanten-buchstaben – Schreibung von langem, betonten /i:/	*(mußten) beherschten (Naß)*
2. Einbettung in die Wortfamilie	
– Herleitung von Wortfamilien (Auslautverhärtung, <ä>; <äu><ß>)	
3. Wortfehler	
– das - dass – Falsche Endungen	*das (statt dass; 2x)*
4. Groß- und Kleinschreibung	
– Klein- statt Großschreibung – Groß- statt Kleinschreibung	*meister es (Satzanfang)* *Pitsch Naß Sauber*
5. Getrennt- und Zusammenschreibung	
– Getrennt- statt Zusammenschrei-bung – Zusammen- statt Getrenntschrei-bung	*Pitsch Naß* *nachhause*
6. Zeichensetzung	
– Redezeichen (Anführungszeichen, Komma beim Redebegleitsatz)	
– Reihendes Komma (Aufzählung) – Paariges Komma (Gliedsätze) – Sonstige	*beherrschten hat; Wohnung um sie;* *ab, und; einschalteten platzte;*
Gruppe B: Fehler im Lernwortschatz	
– <ß> (wenn es keine Wortfamilie mit <ss> gibt) – Wörter mit stummem <h> – Wörter mit doppeltem Vokalbuch-staben – andere Lernwörter – Fremdwörter	

Fehlerarten	Beispiele
Gruppe C: Andere Fehler	
Zum Beispiel: – vergessene i-, ü-, ä-, äu-Punkte – vergessene Satzschlusszeichen – falsche, ausgelassene oder zu viele Buchstaben	*Azubipartnertin Wasserlohre* *nahause*

Man kann feststellen, dass die Verdoppelung von *ss* noch nicht richtig sitzt. (Dabei mag in dem vorliegenden Text eine Rolle spielen, dass der Schüler in der Grundschule noch die alte ß-Schreibung lernte; daher sind die Fehler im Raster eingeklammert.) Die meisten Konsonantenbuchstabenverdoppelungen sind richtig geschrieben.

Die Konjunktion *dass* ist fehlerträchtig (nie richtig geschrieben). Noch nicht richtig sitzt die Großschreibung und die Interpunktion (häufigste Fehler); bei dem Wort *pitschnass* wird so gut wie alles falsch gemacht. Hier kann orthographisches Beweisen schnell helfen, da *pitsch* alleine nicht vorkommen kann.

Auffällig ist auch der Umstand, dass typische Flüchtigkeitsfehler in der Gruppe *Andere Fehler* vorkommen.

(b)

Wort im Text: *Wasserrohre* Grundform: *Wasserrohr* Wortart: Substantiv Anfälligkeit: *Rohr (stummes –h–)* Wortfamilie: *Rohr, Röhricht, röhren*	Wort im Text: *beherrschten* Grundform: *beherrschen* Wortart: Verb Wortfamilie: *Herr, herrlich,* *Herrscher*

Kapitel 6 | **Aufgabe 1**

a) Satzglieder und Gliedteile:

im schönsten Winkel meines Gartens = Lokaladverbiale (Lokalangabe, adverbiale Bestimmung des Ortes)

schönsten = Adjektivattribut

meines Gartens = Genitivattribut

blühen = Prädikat des Hauptsatzes
die Rosen = Subjekt des Hauptsatzes
die viel Pflege brauchen = Attributsatz (Relativsatz als Attribut)
zu *die Rosen*
die = Subjekt des Attributsatzes
viel Pflege = Akkusativobjekt des Attributsatzes
brauchen = Prädikat des Attributsatzes
weil sie schnell verwildern = Adverbialsatz/Gliedsatz/Kausalsatz
(abhängig vom Attributsatz)
sie = Subjekt des Kausalsatzes
schnell = Modaladverbiale (adverbiale Bestimmung der Art und
Weise) des Kausalsatzes
verwildern = Prädikat des Kausalsatzes

b) Wortarten:
Verben: *blühen, brauchen, verwildern*
Substantive: *Winkel, Gartens, Rosen, Pflege*
Artikelwörter: *meines, die, viel*
Adjektive: *schönsten, schnell*
Konjunktion: *weil*
Pronomen: *die* (= Relativpronomen), *sie* (= Textpronomen)
Präpositionen: *im*

c) *Die Rosen, die viel Pflege brauchen, weil sie schnell verwildern,
blühen im schönsten Winkel meines Gartens.* Nachteile dieser
Formulierung ist, dass der Hauptsatz sehr auseinandergerissen
ist.
*Im schönsten Winkel meines Gartens blühen die Rosen, die, weil
sie schnell verwildern, viel Pflege brauchen.* Auch diese Variante
ist, da nach dem Relativpronomen sofort eine Begründung
kommt, ohne dass der Grund schon genannt wäre, weniger
brauchbar.
Nicht zulässig wäre: *Weil sie schnell verwildern, blühen im
schönsten Winkel meines Gartens die Rosen, die viel Pflege
brauchen.* Dieser Satz heißt, dass die Rosen im schönsten
Winkel des Gartens stehen, weil sie schnell verwildern. Aber
dann würde man sie vermutlich an einen weniger schönen
Platz stellen. Der Kausalsatz ist jetzt plötzlich vom Hauptsatz
abhängig und nicht, wie im Ausgangssatz vom Relativsatz!

d) die Illokution ist eine Aussage, genauer eine Feststellung. Denn jeder kann überprüfen, ob es sich so verhält oder nicht.

Aufgabe 2

Prozeduren für die Satzgliedbestimmung:
Hauptsatz: *Im schönsten Winkel meines Gartens blühen die Rosen*
– ohne Attribute: *die Rosen blühen* → Probe: *Weglassprobe*.
Adverbiale Bestimmung des Hauptsatzes: *Die Rosen blühen und das geschieht/ und zwar im schönsten Winkel meines Gartens* →
Probe: Und-das-geschieht- / und-zwar-Probe; möglich auch:
Fragetest: *Wo blühen die Rosen?*
Adverbiale Bestimmung des Hauptsatzes ohne Attribute: *im Winkel* → Weglassprobe
Prädikat: *stehen* → Probe: Koordinationstest (in diesem Fall: Setzen des Subjekts in die Einzahl): *die Rose blüht*
Subjekt des Hauptsatzes: *die Rosen* → Frageprobe: *Wer/was blüht?* Wird bei Satznegation nicht negiert: *Die Rosen blühen nicht.*
Analog die beiden anderen Sätze.
Prozeduren für die Wortartbestimmung:
Die Verben können mit Personalpronomina verbunden werden; die Substantive mit Artikelwörtern. Umgekehrt: Da *meines, die, viel* mit einem Substantiv im vorliegenden Fall verbunden sind, sind sie Artikelwörter. Die Bestimmung geschieht hier also syntaktisch. Dagegen sind *die* und *sie* Pronomen, da sie auf anderes verweisen: *die* auf *die Rosen*; *sie* auf *die*, das seinerseits auf *die Rosen* verweist. *Schnell* ist Adjektiv (=morphologische Bestimmung), das im vorliegenden Satz aber als adverbiale Bestimmung gebraucht wird.

Aufgabe 3

Das Unwetter
Die Experten vermuteten (→ das Präteritum ist gewöhnlich die Erzählzeit), *dass am 6.6.1995 ein riesiges Unwetter nach Kalifornien* (→ Ersetzung aufgrund von Weltwissen: Amerika ist keine einheitliche geographisch-klimatische Zone) *komme* (→ indirekte Rede), *das* (→ relativer Satzanschluss) *viele Schäden und Tote bringen* (→ treffendes Wort) *werde* (→ indirekte Rede).

Deshalb wurden (→ s.o.) *die Einwohner sofort evakuiert, um das Schlimmste zu vermeiden. Der Tag der Katastrophe* (→ Ersetzung zur Vermeidung einer Wiederholung im kommenden Teilsatz) *kam* (→ s.o.) *immer näher. Am 6.6. brach das Unwetter, wie vorhergesagt, los* (→ Aufbau einer temporalen Ordnung; *plötzlich* wird ersetzt, da nach der Vorhersage kaum mehr von *plötzlich* die Rede sein kann). *Ein riesiger Orkan brauste* (→ Ersetzung durch ein treffenderes Wort) *durch Kalifornien. Viele Gebäude wurden zerstört, die Krankenhäuser waren überfüllt, es gab Tote* (→ Aus dem letzten Satz wissen wir, dass es Tote gab, also sollten sie auch hier genannt sein; zudem ergibt sich so auch die Möglichkeit der steigernden Reihung). *Die Schäden wurden auf 250 Millionen Dollar* (→ aus dem Weltwissen weiß man, dass der Betrag von 25 Millionen Dollar sehr gering bei einer solchen Katastrophe ist) *berechnet, die Aufräumarbeiten wurden auf einen Monat geschätzt. Man hoffte, dass die Zahl der Toten die ursprünglichen Annahmen nicht übersteigen würde* (→ wegen der geänderten Temporalität muss eine größere inhaltliche Änderung vorgenommen werden).

Unter schriftlichen Gesichtspunkten fehlt dem Text noch orientierende Einleitung und wertender Schluss.

Vergleicht man den Text mit dem der Viertklässlerin (Abb. 48), so fällt auf, dass diesem Text grundsätzlich die adäquate temporale Ausrichtung fehlt. Diese muss erst hergestellt werden. Dies geschieht unter Fördergesichtspunkten dadurch, dass sie zuerst einmal konsequent aufgebaut und eingehalten wird.

Kapitel 7 | **Aufgabe 1**

Dimensionen des Themas können sein:
Anders sprechen (Andere Sprachen der Welt)
Anders sein – Freunde werden (Trotz Unterschieden Freundschaften pflegen)
Anders schreiben (Andere Schriften, z.B. auch die Blindenschrift)
Anders sehen (Behinderung)

Aufgabe 2

Anders sein – Freunde werden weist einen Weg zu Brieffreund-schaften und damit zur Textform Brief, die gemeinhin Gegen-stand der 5. Klasse ist.

Aufgabe 3

Texte schreiben: Briefe schreiben
Sprachthematisierung (Sprachliche Werkzeuge für das Briefe schreiben): Anreden und Grußformeln und ihren pragma-tischen Einsatz; ganze Sätze (Subjekt und Prädikatsverband; notwendige Satzglieder), da häufig gerade bei informellen Briefen zu einem mündlichen Kurzstil gegriffen wird.

REGISTER | 11

2-Linien-System 148
4-Linien-System 137, 148

A
Ableitung 220 f.
Adjektiv 212
Adverb 213 f.
Adverbiale Bestimmungen 204 f.
Adverbialsatz 208
Akrostichon(technik) 115
Aktzeit 216
Anfangsrand (Silbe) 155
Anforderungsstufen 45 f.
Anführungszeichen 166 f.
Angemessenheit, didaktische 16, 22
Anlauttabelle 169 f.
Arbeitsbereich 38 ff.
Argumentationsschema 88
Argumentative Fähigkeiten (Förderung) 99
Argumentieren 87 ff.
Argumentieren (Entwicklung) 123
Artikelprobe 178
Artikelwort 211
Auffächerung (Thema) 249 f.
Aufsatzbeurteilung 125 ff.
Aufsatzbeurteilung: Analyseraster 129 f.
Aufsatzbeurteilung: Kriterien 125 ff.
Ausgangsschrift 140 ff.
Äußerungszeichen 165, 181
Automatisches Schreiben 114

B
Basisqualifikationen 63 ff.
Bauschema: nominales Satzglied 207
Bauschema: Satz 205
Begleitsatz 170 f.
Beschreiben (Entwicklung) 122 f.
Betrachtzeit 216
Beurteilung 25
Beurteilungskompetenz 24 ff.
Bewusstheit 31 ff.
Beziehungsaspekt 74 ff.
Bezugsfehler 239 f.

Bildergeschichte 115 f.
Bildungsstandards 40
Bindestrich-Schreibung 162
Brainstorming 112 f. Bücherkunde 260 ff.

C
Clustering 113

D
Deckstrich 141
Derivation 220 f.
Deutsch als Zweitsprache (DaZ) 57 ff.
Diagnose-, Beurteilungs- und Förderkompetenz: motorisches Schreiben 147 ff.
Diagnose-, Beurteilungs- und Förderkompetenz: Mündlichkeit 97 ff.
Diagnose-, Beurteilungs- und Förderkompetenz: Rechtschreiben 188 ff.
Diagnose-, Beurteilungs- und Förderkompetenz: Sprache thematisieren 239 ff.
Diagnose-, Beurteilungs- und Förderkompetenz: Texte schreiben 112 ff.
Diagnosekompetenz 24 ff.
Dialekt 55
Didaktik und Methodik 26 ff.
Didaktische und methodische Kompetenz 22 ff..
Didaktisch-methodische Kompetenz: Texte schreiben 112 ff.
Didaktisch-methodische Kompetenz: Getrennt- und Zusammenschreibung 174 ff.
Didaktisch-methodische Kompetenz: Groß- und Kleinschreibung 178 ff.
Didaktisch-methodische Kompetenz: Interpunktion 181 ff
Didaktisch-methodische Kompetenz: Motorisches Schreiben 141 ff.
Didaktisch-methodische Kompetenz: Mündlichkeit 89 ff.
Didaktisch-methodische Kompetenz: Phonem-Graphem-Beziehung 169 ff.
Didaktisch-methodische Kompetenz: Rechtschreiben 168 ff.
Didaktisch-methodische Kompetenz: Sprache thematisieren 226 ff.

Didaktisch-methodische Kompetenz:
  Worttrennung am Zeilenende 186 f.
Diktat 190 f.
Diskursive Basisqualifikation 63
Diskussion (Analyseparameter) 84 f.
Diskutieren 83 ff.
Doppelpunkt 165
Druckschrift 136 ff., 141 f.

E
Elfchen 116
Endrand (Silbe) 155
Entscheidung, didaktische 22 ff.
Entscheidung, rationale 14
Entwicklungsstufen 45 f.
Ersatzprobe 231
Erweiterungsprobe 231
Erzählen 80 ff.
Erzählen (Entwicklung) 121 f.
Erzählkreis 97 f.
Erzähltypen 83
Erziehungskompetenz 21
Es-ist-der-Fall-dass-Probe 231
Europäischer Referenzrahmen 53
Evaluations- und Entwicklungskompetenz 26
Extrasilbisch 156

F
Face-to-face-Kommunikation 72 ff.
Fachliche Kompetenz: motorisches Schreiben
  136 ff.
Fachliche Kompetenz: Mündlichkeit 72 ff.
Fachliche Kompetenz: Rechtschreiben 1551 ff.
Fachliche Kompetenz: Sprache thematisieren
  198 ff.
Fachliche Kompetenz: Texte schreiben 104 ff.
Fachmethode 31
Fehlerraster 193 f.
Förderkompetenz 24 ff.
Formulieren 117 f.
Frageprobe 231
Fremdsprache 53 ff.

G
Geflechterzählung 83
Generating (Ideenfindung) 105,112 ff.
Gesagt-Gemeint 78 ff.
Geschriebene Sprache 134
Gespräch (Analyseparameter) 81, 84 f.
Gespräch (Phasen) 76
Gesprächsablauf 76 f.
Gesprächsbeschreibung 76 f.
Gesprächsfähigkeit 9l ff.
Gesprächsschritt 76
Gesprochene Sprache 134
Getrennt- und Zusammenschreibung 160 ff.
Getrennt- und Zusammenschreibung:
  didaktisch-methodische Kompetenz 174 ff.
Gliedsatz 208
Gliedteil (Satz) 206 f.
Globalbeurteilung 128 f.
Grammatische Proben 230 ff.
Grammatische Terminologie 229 f.
Graphem 154
Groß- und Kleinschreibung 162 ff.
Groß- und Kleinschreibung: Didaktisch-
  methodische Kompetenz 178 ff-

H
Haiku 116
Hamburger Schreibprobe 190 f.
Handlungsfelder des Deutschunterrichts 43
Handschrift 142, 146
Herkunftssprache 58 ff.
Hochsprache 54, 90 f.
Höhepunkterzählung 83

I
Ideenfindung 112 ff.
Idiomatisierte Gesamtbedeutung 162
Illokution 222 f.
Image (personales) 94
Immersion 58 f.o
Infinitiv-Probe 231
Institutionenfeld 17 f.

Integration der Arbeitsbereiche 49, 251 ff.

I
Integration und Systematik 49
Integration, thematisch 249 f.
Integration (Grammatik) 255
Integration (Unterrichteinheit) 252
Integration (Arbeitsbereiche) 251 f.
Integrativer Deutschunterricht 47 ff., 248 ff.
Interaktionspartner 98
Interkulturalität 52
Interpunktion 165 ff.
Interpunktion: Didaktisch-methodische
Kompetenz 181 ff.

K
Klangprobe 232
Kleinbuchstaben 138
Kleinschreibung 162 ff.
Kohärenz 107
Kohäsion 107
Komma (Gliedsatz) 1828 ff.
Komma (infinite Formen) 183 f.
Komma(setzung) 165 f., 185
Komma, reihendes 181 f.
Kommunikation, Daten 72 ff.
Kommunikationsaxiome 75
Kommunikationskompetenz 21 f.
Kompetenz 16, 18
Kompetenz, fachliche 19 f.
Kompetenz, personale 20 ff.
Kompetenzmodell 44
Komposition 219 f.
Konjunktion 213
Können und Wissen 14 f., 31 ff, 44
Konsonant, ambisyllabischer 156
Konversationelle Implikatur 78 f.
Konversationsmaxime 79
Konversion 220 f.
Kooperationsprinzip 79
Koordinationsprobe 232
Kopulativbildung 2206
Kreativität (Schreiben) 111

L
Lateinische Ausgangsschrift (LA) 140 ff, 145
Lehren, genetisches 30
Lehrplan 38 ff.
Lernfeld 17 f.
Lernwort 171 ff.
Leserorientierung (Rechtschreiben) 151
Lesestoff, geeigneter 249
Lexikalisches Wort 158
Lineatur 137
Liniensysteme 148
Linkshänder 148 f.

M
Majuskel 138
Medieneinsatz 24
Mehrsprachigkeit 52 ff.
Mehrsprachigkeit, äußere 56
Mehrsprachigkeit, innere 53
Mehrsprachigkeit, sprachenübergreifende 55
Methode 26 ff.
Methodismus 27 ff.
Migration 56 ff.
Mindmapping 113 f.
Miniaturisierung 138
Minuskel 138
Mittelband 137
Modus ponens 88 f.
Modus tollens 89
Modus (Verb) 215
Morphologisch-syntaktische Basisqualifikation
63, 65 ff.
Motorische Schriftproduktion 9
Motorisches Schreiben 136 ff.
Motorisches Schreiben: Diagnose-, Beurtei-
lungs- und Förderkompetenz 147 ff.
Motorisches Schreiben: didaktisch-metho-
dische Kompetenz 143 ff.
Motorisches Schreiben: fachliche Kompetenz
136 ff.

Motorisches Schreiben: Mehrsprachigkeit 149
Motorisches Schreiben (strategische Probleme) 150
Mündliche Kommunikation 72 ff.
Mündliche Kommunikation (Taxonomie) 73
Mündliche Sprache 134
Mündlichkeit 42 f.
Mündlichkeit, konzeptionell 42 ff, 72 ff.
Mündlichkeit, medial 42 ff., 72 ff.
Mündlichkeit: Diagnose-, Beurteilungs- und Förderkompetenz 97 ff.
Mündlichkeit: didaktisch-methodische Kompetenz 89 f.
Mündlichkeit: fachliche Kompetenz 72 ff.

N
Nebensatz 208
Negationsprobe 232
Nichtverbales 74

O
Oberband 137
Objekt 201 f.
Orientierungsteil 108
Orthographie s. Rechtschreiben
Orthographisches Beweisen 175 ff.

P
Paraphrase 221 ff.
Paraphrasierungsprobe 232
Partikel 214
Passiv-Probe 232
Passung 29 f.
Perlokution 222 f.
Personenfeld 17 f.
Phonem 154
Phonem-Graphem-Beziehung 153 ff.
Phonem-Graphem-Beziehung: didaktisch-methodische Kompetenz 169 ff.
Phonem-Graphem-Korrespondenz 157
Phonologisches Wort 156,158
Position (einer Äußerung) 223

Prädikat 202 f.
Prädikativ 203 f.
Präfigierte Verben (Schreibung) 161
Pragmatik 221 ff.
Pragmatische Basisqualifikation 63 ff.
Präposition 213
Präsentationstechnik 87
Problemlösen, dialektisches 109 f.
Problemlösungswissen 32
Pronomen 212
Pronominalisierungsprobe 232

R
Rechtschreibaufbau 152
Rechtschreiben 151 ff.
Rechtschreiben: didaktisch-methodische Kompetenz 168 ff.
Rechtschreiben: Diagnose-, Beurteilungs- und Förderkompetenz 188 ff.
Rechtschreiben: fachliche Kompetenz 151 ff.
Rechtschreibentwicklung 188 ff.
Rechtschreibkarten 191 f.
Rechtschreibrätsel 191
Rechtschreibreform 164
Rechtschreibung 103
Regelgeleitetes Wort 171 ff.
Reizwort(geschichte) 115
Rezeptiv-phonische Basisqualifikation 63
Rhetorik 85 ff.
Rhetorische Fähigkeiten (Förderung) 98 f.
Rhetorische Kompetenz 95 ff.
Richtungswechsel 141
Rückbildung 220

S
Sagen und Meinen 224 f.
Satz 199 ff.
Satz: Zweigliedrigkeit 200
Satzart 225 f.
Satzbauplan 205
Satzzeichen 181
Satzglied 200 ff.
Satzpuzzle 199 f.

Schallfülle 154 f.
Schallfülle-Test 154 f.
Schlussregel (Logik) 88 f.
Schreibblockade 114f.
Schreiben 102 ff.
Schreiben: dialektisches Problemlösen 109 f.
Schreibentwicklungsmodell 123 f.
Schreibgerät 143
Schreibhaltung 148
Schreibkonferenz 1206
Schreibprobe (Formulieren) 118
Schreibprozess 104 ff.
Schreibprozessmodell (Flower & Hayes) 105
Schreibrichtung 139
Schreibrichtung, dextrale 139
Schreibrichtung, sinistrale 139
Schriftliche Sprache 134
Schriftlichkeit 42 f., 102 ff.
Schriftlichkeit, konzeptionelle 42 ff.
Schriftlichkeit, mediale 42 ff.
Schriftspracherwerb 188 ff.
Schulausgangsschrift (SAS) 140 ff, 1462
Schulbuch 248 ff.
Schulbucharbeit 256 f.
Schulschrift 140 ff.
Semantik 221 ff.
Semantische Basisqualifikation 63
Silbe 161 ff.
Silbenkern 155 f.
Sonorität 150 f., 170
Spiel 92 ff.
Spiel, mediales 92
Spiel, personales 92
Spitzenstellungsprobe 233
Sprachaktklasse 223
Sprachbewusstheit 68 ff., 227 f.
Sprache thematisieren 198 ff.
Sprache thematisieren: Diagnose-, Beurtei-
    lungs- und Förderkompetenz 239 ff.
Sprache thematisieren: didaktisch-metho-
    dische Kompetenz 226 ff.
Sprache thematisieren: fachliche Kompetenz
    198 ff.

Sprachendifferenzbewusstsein 54
Sprachprofilbogen 65 ff.
Sprachstandsdiagnose 65 ff.
Sprachthematisierung, systematische 228 f.
Sprachvergleich 61 f.
Sprechakt 222 f.
Sprechzeit 216
Standardsprache 54
Strichpunkt 165 f.
Subjekt 201
Submersion 58 f.
Substantiv 2117

T

Tempus 216
Terminologie, grammatische 229 f.
Text 107
Texte schreiben 102 ff.
Texte schreiben: Diagnose-, Beurteilungs- und
    Förderkompetenz 121
Texte schreiben: didaktisch-methodische
    Kompetenz 112 ff.
Texte schreiben: fachliche Kompetenz 103 ff.
Textformen (Entwicklung) 121
Textordnungsmuster 108
Textrevision 119
Textsorte 108
Thema-Rhema-Folge 107, 116 f.
Themasuche 248 ff.
Themendimension 248 ff.
Topologie 207 ff.
Transkript 77 f.
Transkriptionsverfahren 77 f.

U

Umlautschreibung 159 f.
Umstellprobe 233
Und-das-geschieht-Probe 233
Und-zwar-Probe 233
Universelle Spezialisierung 89
Unterband 137
Unterrichtsgegenstand (mündliche Sprache)
    89 f.

Unterrichtsmedium (mündliche Sprache) 89 f.
Unterrichtsmethoden 26 f.
Unterstützungssystem 169

V
Variabilität, sprachliche 117
Verb 210 f.
Verb: Kategorien 214 ff.
Verbundenes Schreiben 139 f.
Vereinfache Ausgangsschrift (VA) 140 ff, 145
Vergleichs- und Verstärkungsbildung 220
Verkehrsschrift 142
Verlängerungsformen 159
Verschleifung 138
Vortrag 95 f.

W
Weglassprobe 233
Wirkung (Rede) 86
Wissen, deklaratives 32
Wissen, metakognitives 32
Wissen, prozedurales 32
Wissensarten (motorisches Schreiben) 147 f.

Wissensarten (Schreiben) 132 f.
Wissensarten 31 ff., 9l f.
Wissensarten (Sprache thematisieren) 236 ff.
Wissensarten (Rechtschreiben) 168 ff.
Wort, lexikalisches 158
Wort, phonologisches 156, 158
Wortart 209 ff.
Wortartenbestimmung 236, 243 f.
Wortbildung 219 f.
Wortfeld 217 ff.
Wortschatzkiste 244
Wortsschatzanalyse 173 f.
Worttrennung am Zeilenende 167
Worttrennung am Zeilenende: didaktisch- methodische Kompetenz 186 f.

Z
Zeitdimension 216
Züricher Analyseraster (Textbeurteilung) 129
Zusammenschreibung 160 ff.
Zusammensetzung 219 f.
Zweisprachige Kinder 59 ff.
Zweitsprachigkeit (Förderung) 57 ff.

pro Studium Pädagogik

■ Hans Jürgen Apel,
Werner Sacher (Hg.)
Studienbuch Schulpädagogik
UTB 2949 M
ISBN 978-3-8252-**2949**-8
Klinkhardt. 3., überarb. u. erw. Aufl. 2007.
470 S., kart.,
EUR 26,90, sfr 45,80

■ Achim Barsch
Mediendidaktik Deutsch
StandardWissen Lehramt
UTB 2808
ISBN 3-8252-**2808**-8
Schöningh. 2006.
Ca. 224 S., 20 Abb.,
ca. EUR 14,90, sfr 26,80

■ Franzjörg Baumgart (Hg.)
Erziehungs- und Bildungstheorien
Erläuterungen, Texte, Arbeitsaufgaben
UTB 2957 M
ISBN 978-3-8252-**2957**-3
Klinkhardt. 3., durchges. Aufl. 2007.
302 S.,
EUR 18,90, sfr 33,00

■ Karl-Richard Bausch, Herbert Christ,
Hans-Jürgen Krumm (Hg.)
Unter Mitarbeit von über 100
Fachgelehrten
Handbuch Fremdsprachenunterricht
UTB 8043 L
ISBN 978-3-8252-**8043**-7
A. Francke. 5., unv. Aufl. 2007.
673 S., kart.,
EUR 39,90, sfr 64,00

■ Ursula Bredel
**Sprachbetrachtung und
Grammatikunterricht**
StandardWissen Lehramt
UTB 2890 M
ISBN 978-3-8252-**2890**-3
Schöningh. 2007.
319 S., 18 Abb., zahlr. Tab.,
EUR 17,90, sfr 31,40

■ Hannelore Faulstich-Wieland
Einführung in die Genderstudien
Einführungstexte Erziehungswiss. Bd. 12,
UTB 8256 L
ISBN 978-3-8252-**8256**-1
Barbara Budrich. 2., durchg. Aufl. 2006.
233 S., 3 Abb., 5 Tab., kart.,
EUR 16,90, sfr 29,70

■ Martin Fix
Texte schreiben
Schreibprozesse im Deutschunterricht
StandardWissen Lehramt
UTB 2809
ISBN 3-8252-**2809**-6
Schöningh. 2006.
Ca. 224 S., 20 Abb.,
ca. EUR 14,90, sfr 26,80

■ Ingrid Gogolin,
Marianne Krüger-Potratz
**Einführung in die interkulturelle
Pädagogik**
Einführungstexte Erziehungswiss. Bd. 9,
UTB 8246 L
ISBN 978-3-8252-**8246**-2
Barbara Budrich. 2006.
262 S., 4 Abb., kart.,
EUR 14,90, sfr 26,30

■ Herbert Gudjons
Frontalunterricht - neu entdeckt
Integration in offene Unterrichtsformen
UTB 2948 M
ISBN 978-3-8252-**2948**-1
Klinkhardt. 2., überarb. Aufl. 2007.
277 S., 15 farb. Abb., kart.,
EUR 19,90, sfr 34,70

■ Helmut Hanisch
Unterrichtsplanung im Fach Religion
Theorie und Praxis
UTB 2921 M
ISBN 978-3-8252-**2921**-4
Vandenhoeck & Ruprecht. 2007.
221 S., 4 Grafiken, 34 Kopiervorlagen,
EUR 19,90, sfr 34,70

pro Studium Pädagogik

■ Klaus Harney, Heinz-Hermann Krüger (Hg.)
**Einführung in die Geschichte der
Erziehungswissenschaft und
Erziehungswirklichkeit**
Einführungskurs Erziehungswiss. Bd. 3
UTB 8109
ISBN 3-8252-**8109**-4
Verlag Barbara Budrich. 3., erw. u. akt.
Aufl. 2006. 352 S., kart.,
EUR 16,90, sfr 30,10

■ Thomas Hülshoff
Emotionen
UTB 2051
ISBN 3-8252-**2051**-6
Reinhardt. 3., akt. Aufl. 2006.
336 S., 33 Abb., 2 Tab.,
EUR 19,90, sfr 34,90

■ Christian Klicpera, Alfred Schabmann,
Barbara Gasteiger-Klicpera
Legasthenie
UTB 2472 M
ISBN 978-3-8252-**2472**-1
Reinhardt. 2., akt. Aufl. 2007.
316 S., 19 Abb., 94 Übungsfragen,
EUR 23,90, sfr 41,00

■ Gabriele Kniffka, Gesa Siebert-Ott
Deutsch als Zweitsprache
StandardWissen Lehramt
UTB 2891 M
ISBN 978-3-8252-**2891**-0
Schöningh. 2007. 244 S., 12 Abb.,
EUR 14,90, sfr 26,30

■ Heinz-Hermann Krüger,
Werner Helsper (Hg.)
**Einführung in Grundbegriffe und
Grundfragen der
Erziehungswissenschaft**
Einführungskurs Erziehungswiss. Bd. 1
UTB 8092
ISBN 3-8252-**8092**-6
Barbara Budrich. 8., durchges. Aufl. 2007.
347 S., 6 Abb., 1 Tab., kart.,
EUR 17,90, sfr 31,40

■ Heinz-Hermann Krüger
**Einführung in Theorien und
Methoden der
Erziehungswissenschaft**
Einführungskurs Erziehungswiss. Bd. 2
UTB 8108
ISBN 3-8252-**8108**-6
Barbara Budrich. 4., durchg. Aufl. 2007.
256 S., 4. Abb. u. 27 Fotos, kart.,
EUR 16,90, sfr 29,70

■ Martina Löw
**Einführung in die Soziologie der
Bildung und Erziehung**
Einführungstexte Erziehungswiss. Bd. 8,
UTB 8243 L
ISBN 978-3-8252-**8243**-1
Barbara Budrich. 2., durchg. Aufl. 2007.
163 S., 11 Abb., 2 Fotos, kart.,
EUR 14,90, sfr 26,30

■ Winfried Marotzki, Arnd-Michael Nohl,
Wolfgang Ortlepp
**Einführung in die
Erziehungswissenschaft**
Einführungstexte rziehungswiss. Bd. 1
hrsg. von H. H. Krüger
UTB 8247 L
ISBN 978-3-8252-**8247**-9
Barbara Budrich. 2., durchges. Aufl.
2006. 208 S., kart.,
EUR 16,90, sfr 29,70

■ Peter Marx
Lese- und Rechtschreiberwerb
Standardwissen Lehramt
UTB 2946 M
ISBN 978-3-8252-**2946**-7
Schöningh. 2007. 200 S.,
EUR 17,90, sfr 31,40

■ Philipp Mayring
Qualitative Inhaltsanalyse
UTB 8229 L
ISBN 978-3-8252-**8229**-5
Beltz. 9. Aufl. 2007. 135 S., kart.,
EUR 13,90, sfr 24,70

pro Studium Pädagogik

■ Günther Opp, Wolfram Kulig, Kirsten Puhr
Einführung in die Sonderpädagogik
Einführungstexte Erziehungswiss. Bd. 5,
hrsg. von H.H. Krüger
UTB 8279 L
ISBN 978-3-8252-**8279**-0
Barbara Budrich. 2., durchg. Aufl. 2006.
186 S., 5 Abb., 4 Tab., kart.,
EUR 16,90, sfr 29,70

■ Manfred Pienemann, Jörg-U. Keßler,
Eckhard Roos (Hrsg.)
Englischerwerb in der Grundschule
Ein Studien- und Arbeitsbuch
UTB 2756 M
ISBN 978-3-8252-**2756**-2
Schöningh. 2006. 266 S., 3 Abb.,
12 Schaubilder, 1 Foto, 60 Tab.,
EUR 17,90, sfr 31,40

■ Gisbert Rinschede
Geographiedidaktik
Grundriss Allgemeine Geographie
UTB 2324 M
ISBN 978-3-8252-**2324**-3
Schöningh. 3., völlig neu bearb. u. erw.
Aufl. 2007. 544 S., zahlr. Tab. u. Abb.,
EUR 22,90, sfr 39,60

■ Detlef H. Rost
**Interpretation und Bewertung päda-
gogisch-psychologischer Studien**
Eine Einführung
UTB 8306 L
ISBN 978-3-8252-**8306**-3
Beltz. 2., überarb. u. erw. Aufl. 2007.
301 S., kart.,
EUR 22,90, sfr 39,60

■ Heike Schnoor, Marburg, Carmen Lange,
Artur Mietens
Qualitätszirkel
UTB 2757 M
ISBN 978-3-8252-**2757**-9
Schöningh. 2006.
187 S., 25 Abb., 10 Tab.,
EUR 12,90, sfr 23,00

■ Günther Schorch
Studienbuch Grundschulpädagogik
Die Grundschule als Bildungsinstitution
und pädagogisches Handlungsfeld
UTB 2951 M
ISBN 978-3-8252-**2951**-1
Klinkhardt. 3., überarb. u. erw. Aufl. 2007.
280 S.,
EUR 18,90, sfr 33,00

■ Karsten Speck
Schulsozialarbeit
Eine Einführung
UTB 2929 S
ISBN 978-3-8252-**2929**-0
Ernst Reinhardt. 2007. 173 S., 14 Tab.,
EUR 14,90, sfr 26,30

■ Roland W. Wagner
**Mündliche Kommunikation
in der Schule**
StandardWissen Lehramt
UTB 2810 M
ISBN 978-3-8252-**2810**-1
Schöningh. 2006. 278 S., 17 Abb.,
EUR 16,90, sfr 29,70

■ Elke Wild, Judith Gerber
**Einführung in die pädagogische
Psychologie**
Einführungstexte Erziehungswiss. Bd. 7
hrsg. von H.H. Krüger
UTB 8327 L
ISBN 978-3-8252-**8327**-8
Barbara Budrich. 2006.
224 S., 28 Abb., 3 Tab., kart.,
EUR 14,90, sfr 26,30

■ Sandra Winkel, Franz Petermann,
Ulrike Petermann
Lernpsychologie
basics
UTB 2817 M
ISBN 978-3-8252-**2817**-0
Schöningh. 2006.
314 S., 22 Abb., 19 Tab., 14 Fotos,
EUR 19,90, sfr 34,70